Scott Foresman
Cuaderno de lectores y escritores

PEARSON Glenview, Illinois • Boston, Massachusetts • Chandler, Arizona
Upper Saddle River, New Jersey

Copyright © by Pearson Education, Inc., or its affiliates. All Rights Reserved. Printed in the United States of America. This publication is protected by copyright, and permission should be obtained from the publisher prior to any prohibited reproduction, storage in a retrieval system, or transmission in any form or by any means, electronic, mechanical, photocopying, recording, or likewise. The publisher hereby grants permission to reproduce these pages, in part or in whole, for classroom use only, the number not to exceed the number of students in each class. Notice of copyright must appear on all pages. For information regarding permissions, write to Pearson Curriculum Group Rights & Permissions, One Lake Street, Upper Saddle River, New Jersey 07458.

Pearson, Scott Foresman, and Pearson Scott Foresman are trademarks, in the U.S. and/or other countries, of Pearson Education, Inc., or its affiliates.

ISBN-13: 978-0-328-48381-5
ISBN-10:   0-328-48381-8
7 8 9 10 V016 15 14 13 12

Contenido

Registros de lectura independiente 1–6
Diarios de estrategias 7–36
Sugerencias para hablar de un libro 37
Sugerencias para comentar entre compañeros 38
Guía para la autoevaluación de escritura 39

Unidad 1: Momentos decisivos

Semana 1: Mi diario de aquí hasta allá
- Comprensión 40
- Escritura 41, 45
- Vocabulario 42, 46
- Normas 43, 50
- Ortografía 44, 49
- Investigación 47, 48

Semana 2: Lewis y Clark y yo: El cuento de un perro
- Comprensión 51
- Escritura 52, 56
- Vocabulario 53, 57
- Normas 54, 61
- Ortografía 55, 60
- Investigación 58, 59

Semana 3: A orillas del río Plum
- Comprensión 62
- Escritura 63, 67
- Vocabulario 64, 68
- Normas 65, 72
- Ortografía 66, 71
- Investigación 69, 70

Semana 4: El príncipe sapo espinoso
- Comprensión 73
- Escritura 74, 78
- Vocabulario 75, 79
- Normas 76, 83
- Ortografía 77, 82
- Investigación 80, 81

Semana 5: Cartas a casa desde Yosemite
- Comprensión 84
- Escritura 85, 89
- Vocabulario 86, 90
- Normas 87, 94
- Ortografía 88, 93
- Investigación 91, 92

Semana 6: Semana de repaso
- Ortografía 95, 97, 99, 101, 103
- Normas 96, 98, 100, 102, 104

Lección de proceso de la escritura 105–108

Unidad 2: Trabajo en equipo

Semana 1: El cine no fue siempre así
- Comprensión 109
- Escritura 110, 114
- Vocabulario.................... 111, 115
- Normas 112, 119
- Ortografía 113, 118
- Investigación.................. 116, 117

Semana 2: El periódico de la Escuela Coyote
- Comprensión 120
- Escritura 121, 125
- Vocabulario.................... 122, 126
- Normas 123, 130
- Ortografía 124, 129
- Investigación.................. 127, 128

Semana 3: Escena dos
- Comprensión 131
- Escritura 132, 136
- Vocabulario.................... 133, 137
- Normas 134, 141
- Ortografía 135, 140
- Investigación.................. 138, 139

Semana 4: Caballos heroicos: Historias verdaderas de caballos asombrosos
- Comprensión 142
- Escritura 143, 147
- Vocabulario.................... 144, 148
- Normas 145, 152
- Ortografía 146, 151
- Investigación.................. 149, 150

Semana 5: Así que quieres ser presidente
- Comprensión 153
- Escritura 154, 158
- Vocabulario.................... 155, 159
- Normas 156, 163
- Ortografía 157, 162
- Investigación.................. 160, 161

Semana 6: Semana de repaso
- Ortografía 164, 166, 168, 170, 172
- Normas 165, 167, 169, 171, 173

Lección de proceso de la escritura............................ 174–177

Contenido

Unidad 3: Ciclos de la naturaleza

Semana 1: El pájaro mosca
- Comprensión 178
- Escritura 179, 183
- Vocabulario..................... 180, 184
- Normas 181, 188
- Ortografía 182, 187
- Investigación................... 185, 186

Semana 2: Las ballenas de Adelina
- Comprensión 189
- Escritura 190, 194
- Vocabulario..................... 191, 195
- Normas 192, 199
- Ortografía 193, 198
- Investigación................... 196, 197

Semana 3: De cómo la noche llegó del mar
- Comprensión 200
- Escritura 201, 205
- Vocabulario..................... 202, 206
- Normas 203, 210
- Ortografía 204, 209
- Investigación................... 207, 208

Semana 4: El ojo de la tormenta
- Comprensión 211
- Escritura 212, 216
- Vocabulario..................... 213, 217
- Normas 214, 221
- Ortografía 215, 220
- Investigación................... 218, 219

Semana 5: Paul Bunyan
- Comprensión 222
- Escritura 223, 227
- Vocabulario..................... 224, 228
- Normas 225, 232
- Ortografía 226, 231
- Investigación................... 229, 230

Semana 6: Semana de repaso
- Ortografía 233, 235, 237, 239, 241
- Normas 234, 236, 238, 240, 242

Lección de proceso de la escritura............................ 243–246

Contenido

Unidad 4: Acertijos y misterios

Semana 1: El caso de la basura jadeante
Comprensión 247
Escritura 248, 252
Vocabulario 249, 253
Normas 250, 257
Ortografía 251, 256
Investigación 254, 255

Semana 2: Encantado: El delfín rosado del Amazonas
Comprensión 258
Escritura 259, 263
Vocabulario 260, 264
Normas 261, 268
Ortografía 262, 267
Investigación 265, 266

Semana 3: Los habladores de código navajos
Comprensión 269
Escritura 270, 274
Vocabulario 271, 275
Normas 272, 279
Ortografía 273, 278
Investigación 276, 277

Semana 4: Buscador de conocimiento: El hombre que descifró los jeroglíficos egipcios
Comprensión 280
Escritura 281, 285
Vocabulario 282, 286
Normas 283, 290
Ortografía 284, 289
Investigación 287, 288

Semana 5: La goliza
Comprensión 291
Escritura 292, 296
Vocabulario 293, 297
Normas 294, 301
Ortografía 295, 300
Investigación 298, 299

Semana 6: Semana de repaso
Ortografía 302, 304, 306, 308, 310
Normas 303, 305, 307, 309, 311

Lección de proceso de la escritura 312–315

Unidad 5: Aventuras por tierra, aire y agua

Semana 1: Bomberos paracaidistas: Dedicados a combatir incendios

    Comprensión 316
    Escritura 317, 321
    Vocabulario.................... 318, 322
    Normas 319, 326
    Ortografía 320, 325
    Investigación.................. 323, 324

Semana 2: La ciudad perdida: El descubrimiento de Machu Picchu

    Comprensión 327
    Escritura 328, 332
    Vocabulario.................... 329, 333
    Normas 330, 337
    Ortografía 331, 336
    Investigación.................. 334, 335

Semana 3: Francisco Sarabia: Conquistador del cielo

    Comprensión 338
    Escritura 339, 343
    Vocabulario.................... 340, 344
    Normas 341, 348
    Ortografía 342, 347
    Investigación.................. 345, 346

Semana 4: Diario de la Antártida: Cuatro meses en el fin del mundo

    Comprensión 349
    Escritura 350, 354
    Vocabulario.................... 351, 355
    Normas 352, 359
    Ortografía 353, 358
    Investigación.................. 356, 357

Semana 5: Paseo lunar

    Comprensión 360
    Escritura 361, 365
    Vocabulario.................... 362, 366
    Normas 363, 370
    Ortografía 364, 369
    Investigación.................. 367, 368

Semana 6: Semana de repaso

    Ortografía 371, 373, 375, 377, 379
    Normas 372, 374, 376, 378, 380

Lección de proceso de la escritura............................ 381–384

Unidad 6: Alcanzar nuestras metas

Semana 1: Mi hermano Martin
- Comprensión 385
- Escritura 386, 390
- Vocabulario 387, 391
- Normas 388, 395
- Ortografía 389, 394
- Investigación 392, 393

Semana 2: Una biblioteca para Juana: El mundo de Sor Juana Inés
- Comprensión 396
- Escritura 397, 401
- Vocabulario 398, 402
- Normas 399, 406
- Ortografía 400, 405
- Investigación 403, 404

Semana 3: Cuando tía Lola vino de visita a quedarse
- Comprensión 407
- Escritura 408, 412
- Vocabulario 409, 413
- Normas 410, 417
- Ortografía 411, 416
- Investigación 414, 415

Semana 4: Un regalo del corazón
- Comprensión 418
- Escritura 419, 423
- Vocabulario 420, 424
- Normas 421, 428
- Ortografía 422, 427
- Investigación 425, 426

Semana 5: El hombre que fue a la cara oculta de la Luna
- Comprensión 429
- Escritura 430, 434
- Vocabulario 431, 435
- Normas 432, 439
- Ortografía 433, 438
- Investigación 436, 437

Semana 6: Semana de repaso
- Ortografía 440, 442, 444, 446, 448
- Normas 441, 443, 445, 447, 449

Lección de proceso de la escritura 450–453

Nombre _____

Unidad 1 Registro de lectura independiente

Tiempo de lectura	Título y autor	¿Sobre qué trata?	¿Cómo lo calificarías?	Explica tu calificación.
Desde ____ hasta ____			**Excelente** **Malo** 5 4 3 2 1	
Desde ____ hasta ____			**Excelente** **Malo** 5 4 3 2 1	
Desde ____ hasta ____			**Excelente** **Malo** 5 4 3 2 1	
Desde ____ hasta ____			**Excelente** **Malo** 5 4 3 2 1	
Desde ____ hasta ____			**Excelente** **Malo** 5 4 3 2 1	

Lectura independiente

Nombre _____

Unidad 2 Registro de lectura independiente

Tiempo de lectura	Título y autor	¿Sobre qué trata?	¿Cómo lo calificarías?	Explica tu calificación.
Desde _____ hasta _____			Excelente Malo 5 4 3 2 1	
Desde _____ hasta _____			Excelente Malo 5 4 3 2 1	
Desde _____ hasta _____			Excelente Malo 5 4 3 2 1	
Desde _____ hasta _____			Excelente Malo 5 4 3 2 1	
Desde _____ hasta _____			Excelente Malo 5 4 3 2 1	

Lectura independiente

Nombre _____

Unidad 3 Registro de lectura independiente

Tiempo de lectura	Título y autor	¿Sobre qué trata?	¿Cómo lo calificarías?	Explica tu calificación.
Desde ____ hasta ____			**Excelente** **Malo** 5 4 3 2 1	
Desde ____ hasta ____			**Excelente** **Malo** 5 4 3 2 1	
Desde ____ hasta ____			**Excelente** **Malo** 5 4 3 2 1	
Desde ____ hasta ____			**Excelente** **Malo** 5 4 3 2 1	
Desde ____ hasta ____			**Excelente** **Malo** 5 4 3 2 1	

Lectura independiente

Nombre _____

Unidad 4 Registro de lectura independiente

Tiempo de lectura	Título y autor	¿Sobre qué trata?	¿Cómo lo calificarías?	Explica tu calificación.
Desde ____ hasta ____			**Excelente** 5 4 3 **Malo** 2 1	
Desde ____ hasta ____			**Excelente** 5 4 3 **Malo** 2 1	
Desde ____ hasta ____			**Excelente** 5 4 3 **Malo** 2 1	
Desde ____ hasta ____			**Excelente** 5 4 3 **Malo** 2 1	
Desde ____ hasta ____			**Excelente** 5 4 3 **Malo** 2 1	

Lectura independiente

Nombre _____

Unidad 5 Registro de lectura independiente

Tiempo de lectura	Título y autor	¿Sobre qué trata?	¿Cómo lo calificarías?	Explica tu calificación.
Desde ____ hasta ____			Excelente Malo 5 4 3 2 1	
Desde ____ hasta ____			Excelente Malo 5 4 3 2 1	
Desde ____ hasta ____			Excelente Malo 5 4 3 2 1	
Desde ____ hasta ____			Excelente Malo 5 4 3 2 1	
Desde ____ hasta ____			Excelente Malo 5 4 3 2 1	

© Pearson Education, Inc., 4

Lectura independiente

Nombre _____

Unidad 6 Registro de lectura independiente

Tiempo de lectura	Título y autor	¿Sobre qué trata?	¿Cómo lo calificarías?	Explica tu calificación.
Desde ____ hasta ____			**Excelente** 5 4 3 2 1 **Malo**	
Desde ____ hasta ____			**Excelente** 5 4 3 2 1 **Malo**	
Desde ____ hasta ____			**Excelente** 5 4 3 2 1 **Malo**	
Desde ____ hasta ____			**Excelente** 5 4 3 2 1 **Malo**	
Desde ____ hasta ____			**Excelente** 5 4 3 2 1 **Malo**	

Lectura independiente

Nombre _____

Diario de estrategias

> La **ficción realista** es un género de narraciones que trata sobre personajes y sucesos que son imaginarios, pero parecen reales. La ficción realista incluye las siguientes características:
> - Los personajes parecen gente real que podrías conocer.
> - El ambiente parece real, como una ciudad o pueblo, una escuela u otros lugares que podrías conocer.
> - El argumento es posible y podría suceder en la vida real.

Instrucciones A medida que leas *Mi diario de aquí hasta allá,* busca ejemplos de personajes, del ambiente y del argumento que hacen de este cuento una ficción realista. Escribe esos ejemplos abajo.

Personajes _____
_____
_____
_____

Ambiente _____
_____
_____
_____

Argumento _____
_____
_____
_____

Explorar el género

Piensa en los personajes, el ambiente y el argumento de otro cuento que hayas leído y que fuera de ficción realista. ¿Qué semejanzas y diferencias encuentras entre ese cuento y *Mi diario de aquí hasta allá*? Escríbelas. Usa una hoja aparte si necesitas más espacio.

_____
_____
_____

Comprensión

Nombre _____

Diario de estrategias

Título de la selección _____ **Autor** _____

> Los buenos lectores hacen preguntas mientras leen. **Preguntar** nos ayuda a verificar nuestra comprensión y a aclarar cualquier cosa que sea confusa. Preguntar también ayuda a hacer inferencias y a interpretar los textos que leemos, y favorece la conversación. A medida que leas, usa la siguiente estrategia de preguntar.
> - Da un vistazo previo a la selección y piensa en cualquier pregunta que tengas sobre el tema.
> - Lee con una pregunta en mente y haz anotaciones cuando encuentres información que se refiera a la pregunta.
> - Escribe otras preguntas que surjan mientras lees y busca las respuestas en el texto.
> - Recuerda que no todas las preguntas se responden en el texto. A veces, tenemos que hacer inferencias o interpretaciones basadas en la información que proporciona el autor.

Instrucciones A medida que leas la selección, usa la tabla de abajo para escribir en la columna de la izquierda cualquier pregunta que tengas sobre el texto. Escribe respuestas, inferencias o interpretaciones en la columna de la derecha.

Preguntas	Respuestas, inferencias, interpretaciones

Comprensión

Nombre _____

Diario de estrategias

Título de la selección _____ **Autor** _____

> Los **conocimientos previos** son lo que ya sabemos sobre un tema. Usar conocimientos previos nos ayuda a comprender mejor lo que leemos. Activa tus conocimientos previos de la siguiente manera:
> - Da un vistazo previo a la selección para saber de qué se trata.
> - Piensa en lo que ya sabes sobre el tema.
> - Relaciona la selección con tu propio mundo: la gente, los lugares y los sucesos que ya conoces.

Instrucciones Usa la gráfica S-Q-A de abajo para anotar tus conocimientos previos sobre la selección. Haz una lista de lo que ya sabes en la columna S. Luego, haz una lista de lo que quieres aprender en la columna Q. Después de leer, haz una lista de lo que aprendiste en la columna A. Escribe un resumen corto de la selección en una hoja aparte.

S	Q	A

Comprensión 9

Nombre _____

Diario de estrategias

> Los **cuentos picarescos** son un género de cuentos que tratan sobre un animal que burla a otros personajes del cuento más grandes y fuertes. Los cuentos picarescos incluyen las siguientes características:
> - El personaje picaresco generalmente es pícaro e inteligente.
> - Generalmente el pícaro intenta ganar algo o escapar de una situación peligrosa.
> - Los personajes del cuento generalmente aprenden una lección.

Instrucciones A medida que leas *El príncipe sapo espinoso,* busca ejemplos de un personaje picaresco, lo que el pícaro gana o cómo escapa, y qué lección aprenden los personajes del cuento. Escribe esos ejemplos abajo.

Personaje picaresco _____
_____
_____

Lo que gana o cómo escapa _____
_____
_____

Lección _____
_____
_____

Explorar el género

Piensa en otro cuento picaresco que hayas leído. ¿Qué semejanzas o diferencias encuentras entre ese cuento y *El príncipe sapo espinoso*? Escríbelas. Usa una hoja aparte si necesitas más espacio.
_____
_____
_____
_____

Nombre _____

Diario de estrategias

Título de la selección _____ Autor _____

> La **estructura del texto** se refiere a la manera en que el autor organiza el texto. Causa y efecto así como comparar y contrastar son dos tipos de estructura del texto. Saber cómo está estructurado un texto ayuda a mejorar nuestra comprensión. Éstas son maneras de identificar la estructura del texto:
>
> - Antes de leer, dale un vistazo previo al texto. Haz predicciones y preguntas, y usa las características del texto, como los títulos, los encabezados y las ilustraciones, para intentar identificar la estructura.
> - A medida que lees, busca lenguaje que te dé claves sobre la organización.
> - Después de leer, recuerda la organización y resume el texto.

Instrucciones Mientras das el vistazo previo y lees la selección, escribe las características del texto que te ayuden a identificar la estructura del texto. Recuerda hacer preguntas y predicciones, usar las características del texto y buscar claves en el lenguaje para identificar la estructura del texto. Después de leer, indica cuál es la estructura del texto y haz un resumen corto de la selección.

Antes de leer _____

_____

_____

_____

Durante la lectura _____

_____

_____

_____

Estructura del texto y resumen _____

_____

_____

_____

Comprensión

Nombre _____

Diario de estrategias

Título de la selección _____ **Autor** _____

> Los **conocimientos previos** son lo que ya sabemos sobre un tema. Usar conocimientos previos nos ayuda a comprender mejor lo que leemos. Activa tus conocimientos previos de la siguiente manera:
>
> - Da un vistazo previo a la selección para saber de qué se trata.
> - Piensa en lo que ya sabes sobre el tema.
> - Relaciona la selección con tu propio mundo: la gente, los lugares y los sucesos que ya conoces.

Instrucciones Usa la gráfica S-Q-A de abajo para anotar tus conocimientos previos sobre la selección. Haz una lista de lo que ya sabes en la columna S. Luego, haz una lista de lo que quieres aprender en la columna Q. Después de leer, haz una lista de lo que aprendiste en la columna A. Escribe un resumen corto de la selección en una hoja aparte.

S	Q	A

12 **Comprensión**

Nombre _____

Diario de estrategias

Título de la selección _____ **Autor** _____

> La **ficción histórica** es un género de narraciones que puede incluir personajes y sucesos que son reales o, como en la ficción realista, son imaginarios, pero parecen reales. La ficción histórica incluye las siguientes características:
> - El relato sucede en el pasado.
> - El ambiente es un lugar que todavía existe o que existió en el pasado.
> - Incluye detalles auténticos sobre los personajes y el ambiente que ayudan al lector a comprender cómo fue vivir en ese lugar en ese tiempo.

Instrucciones A medida que leas *El periódico de la Escuela Coyote*, busca ejemplos del tiempo y el lugar en los que se desarrolla el cuento, y detalles auténticos que hacen que este cuento sea ficción histórica. Escribe esos ejemplos abajo.

Tiempo _____
_____

Lugar _____
_____

Detalles auténticos _____
_____

Explorar el género

Piensa en el tiempo, el lugar y los detalles auténticos de otro cuento que hayas leído y que fuera de ficción histórica. ¿Qué semejanzas y diferencias encuentras entre ese cuento y *El periódico de la Escuela Coyote*? Escríbelas. Usa una hoja aparte si necesitas más espacio.

_____
_____
_____
_____
_____

Comprensión 13

Nombre _____

Diario de estrategias

Título de la selección _____ Autor _____

> Las **obras de teatro,** o piezas teatrales, son textos escritos para ser representados ante una audiencia. Las obras de teatro generalmente se dividen en actos y escenas. Las obras de teatro tienen los mismos elementos literarios que otros tipos de ficción. Las obras de teatro incluyen los siguientes elementos literarios:
> - Personaje y ambiente
> - Argumento
> - Tema

Instrucciones A medida que leas *Escena dos,* busca ejemplos de los elementos literarios de obras de teatro. Escribe esos ejemplos abajo.

Personaje y ambiente _____
_____
_____
_____

Argumento _____
_____
_____
_____

Tema _____
_____
_____
_____

Explorar el género

Piensa en el personaje, el ambiente, el argumento y el tema de otra obra de teatro que hayas leído. ¿Qué semejanzas y diferencias encuentras entre esa obra de teatro y *Escena dos*? Escríbelas. Usa una hoja aparte si necesitas más espacio.

_____
_____
_____

14 Comprensión

Nombre _____

Diario de estrategias

> Los buenos lectores **verifican** su comprensión de lo que han leído y usan estrategias de corrección para **aclarar** su comprensión. Para verificar y aclarar puedes hacer lo siguiente:
> - Haz preguntas durante y después de la lectura, y resume para comprobar tu comprensión.
> - Ajusta tu ritmo de lectura, continúa leyendo o vuelve a leer la sección que te causó confusión.
> - Visualiza lo que lees.
> - Usa las características del texto y las ilustraciones como ayuda para aclarar el texto.

Instrucciones Mientras lees, anota los números de página de los lugares en los que tuviste dificultad para comprender. Luego, describe la estrategia de corrección que usaste para aclarar el significado.

Dónde tuve dificultades en el texto _____

_____

Estrategias de corrección que usé

_____
_____
_____
_____
_____

Resumen de la selección

Escribe un resumen de dos o tres oraciones de la selección. Usa una hoja aparte si necesitas más espacio.

_____
_____
_____

Comprensión 15

Nombre _____

Diario de estrategias

Título de la selección _____ Autor _____

> Cuando **inferimos,** usamos nuestros conocimientos previos con la información del texto para plantear nuestras propias ideas sobre lo que leemos. Para inferir, o hacer inferencias, intenta los siguientes pasos:
> - Piensa en lo que ya sabes sobre los temas.
> - Combina lo que sabes con la información del texto para hacer inferencias.
> - Básate en tus inferencias y piensa en ideas, moralejas, lecciones o temas en el texto.

Instrucciones Mientras lees la selección, usa tus conocimientos previos y las claves del texto para hacer inferencias. Usa la tabla de abajo para mostrar cómo hiciste tus inferencias. Luego escribe un enunciado que resuma el tema, la moraleja o la lección de la selección.

Lo que sé	Información del texto	Lo que infiero

Enunciado que resume el tema, la moraleja o la lección _____

_____

_____

16 **Comprensión**

Nombre _____

Diario de estrategias

Título de la selección _____ Autor _____

> Las **ideas importantes** de los textos de no ficción son las ideas principales sobre un tema que el autor quiere que el lector comprenda. Para identificar las ideas importantes, puedes hacer lo siguiente mientras lees:
>
> - Dale un vistazo previo a la selección y lee los títulos, los encabezados y las leyendas.
> - Busca palabras que tengan una fuente especial, como cursiva, negrita y listas de viñetas.
> - Busca palabras o frases señaladoras, como *por ejemplo* y *más importante*.
> - Usa las características del texto, como fotografías e ilustraciones, diagramas, tablas y mapas.

Instrucciones Usa la tabla de abajo para escribir cualquier idea importante y detalles que encuentres mientras lees la selección. Haz una lista de las características del texto o palabras señaladoras que usaste para ubicar esas ideas. Escribe un resumen corto de la selección usando esas ideas importantes y detalles.

Ideas importantes	Detalles

Escribe un resumen _____

_____

_____

_____

Comprensión 17

Nombre _____

Diario de estrategias

Título de la selección _____ **Autor** _____

> La **estructura del texto** se refiere a la manera en que el autor organiza el texto. Causa y efecto así como comparar y contrastar son dos tipos de estructura del texto. Saber cómo está estructurado un texto ayuda a mejorar nuestra comprensión. Éstas son maneras de identificar la estructura del texto:
>
> - Antes de leer, dale un vistazo previo al texto. Haz predicciones y preguntas, y usa las características del texto, como los títulos, los encabezados y las ilustraciones, para intentar identificar la estructura.
> - A medida que lees, busca lenguaje que te dé claves sobre la organización.
> - Después de leer, recuerda la organización y resume el texto.

Instrucciones Mientras das un vistazo previo y lees la selección, escribe las características del texto que te ayuden a identificar la estructura del texto. Recuerda hacer preguntas y predicciones, usar las características del texto y buscar claves en el lenguaje para identificar la estructura del texto. Después de leer, indica cuál es la estructura del texto y haz un resumen corto de la selección.

Antes de leer _____

_____

_____

_____

Durante la lectura _____

_____

_____

_____

Estructura del texto y resumen _____

_____

_____

_____

_____

Nombre _____

Diario de estrategias

Título de la selección _____ **Autor** _____

> Los **mitos** son cuentos antiguos que han pasado de boca en boca durante siglos. Algunos mitos tienen muchas versiones diferentes dependiendo de la cultura. Las características de los mitos incluyen:
> - Las creencias de una cultura particular se ven reflejadas en la historia.
> - Los personajes generalmente son dioses, diosas y humanos que interactúan con las fuerzas de la naturaleza.
> - El argumento suele centrarse en sucesos que intentan explicar un fenómeno natural.

Instrucciones A medida que leas *De cómo la noche llegó del mar,* busca ejemplos de elementos de una cultura particular, de personajes como dioses, diosas y humanos, y de sucesos que intenten explicar algo de la naturaleza. Estos elementos hacen que este cuento sea un mito. Escribe los ejemplos abajo.

Cultura _____

_____

_____

Personajes _____

_____

_____

Sucesos _____

_____

_____

Explorar el género

Piensa en la cultura, los personajes y los sucesos de otro cuento que hayas leído y que fuera un mito. ¿Qué semejanzas y diferencias encuentras entre ese cuento y *De cómo la noche llegó del mar*? Escríbelas. Usa una hoja aparte si necesitas más espacio.

_____

_____

Comprensión

Nombre _____

Diario de estrategias

Título de la selección _____ Autor _____

> Cuando **predecimos,** decimos lo que creemos que sucederá en una selección. Las predicciones se basan en un vistazo previo o en lo que ya hemos leído. **Establecemos un propósito** para guiar nuestra lectura. Para predecir y establecer un propósito, puedes hacer lo siguiente:
>
> - Lee el título y el nombre del autor. Busca ilustraciones y otras características del texto.
> - Piensa en por qué estás leyendo y establece un propósito.
> - Usa tus conocimientos previos, o lo que ya sabes, para hacer una predicción.
> - A medida que leas, comprueba y cambia tu predicción basándote en la nueva información.

Instrucciones Dale un vistazo previo a la selección. Haz una predicción y establece un propósito para leer la selección. A medida que leas, comprueba tus predicciones y establece un nuevo propósito cuando sea necesario. Cuando termines de leer, escribe un resumen de la selección.

Antes de leer

Haz una predicción _____

_____

Establece un propósito para leer _____

_____

Durante la lectura

Comprueba y cambia tu predicción _____

_____

Establece un nuevo propósito _____

_____

Después de la lectura

Escribe un resumen _____

_____

_____

Nombre _____

Diario de estrategias

Título de la selección _____ Autor _____

> Un **cuento exagerado** es un cuento humorístico que relata una historia sobre personajes exagerados y sucesos imposibles, pero usa detalles realistas. Un cuento exagerado incluye las siguientes características:
> - Muchos detalles pertenecen a la vida diaria.
> - Se exagera excesivamente a los personajes.
> - Los sucesos que se describen no podrían suceder en la realidad.

Instrucciones A medida que leas *Paul Bunyan,* busca ejemplos de detalles realistas, personajes exagerados y sucesos imposibles que hacen que este cuento sea un cuento exagerado. Escribe esos ejemplos abajo.

Detalles realistas _____

_____

_____

Personajes exagerados _____

_____

_____

Sucesos imposibles _____

_____

_____

Explorar el género

Piensa en los detalles realistas, los personajes exagerados y los sucesos imposibles de otro cuento exagerado que hayas leído. ¿Qué semejanzas y diferencias encuentras entre ese cuento y *Paul Bunyan*? Escríbelas. Usa una hoja aparte si necesitas más espacio.

_____

_____

Comprensión 21

Nombre _____

Diario de estrategias

Título de la selección _____ **Autor** _____

> **Visualizamos** para crear imágenes en nuestra mente mientras leemos. Crear imágenes nos ayuda a comprender lo que leemos. Para visualizar, intenta lo siguiente:
> - Combina lo que ya sabes con los detalles del texto para formar una imagen mental.
> - Piensa en los sucesos del cuento o de la selección. Usa tus cinco sentidos para crear imágenes e intenta situarte dentro del cuento o la selección.

Instrucciones Mientras lees la selección, usa los sentidos como ayuda para visualizar lo que sucede o la información que el autor proporciona. Anota lo que relaciones con cosas que puedas ver, oír, saborear, oler y tocar.

Ver _____

_____

_____

Oír _____

_____

_____

Saborear _____

_____

_____

Oler _____

_____

_____

Tocar _____

_____

_____

22 Comprensión

Nombre _____

Diario de estrategias

Título de la selección _____ Autor _____

> El **texto expositivo** describe personas y sucesos reales. Un **texto expositivo** es un tipo de texto de no ficción. Los textos expositivos incluyen las siguientes características:
> - El tema se relaciona con el mundo y personas reales.
> - La información del texto es verdadera.
> - Las selecciones suelen incluir características del texto, como encabezados, fotografías y leyendas, diagramas, mapas, tablas y gráficas.

Instrucciones A medida que leas *Encantado: El delfín rosado del Amazonas,* busca ejemplos de características del texto expositivo. Escribe los ejemplos abajo.

Tema de la selección _____

_____

_____

Información _____

_____

_____

_____

Características del texto _____

_____

_____

Explorar el género

Piensa sobre otra selección que hayas leído y que también fuera un texto expositivo. ¿Qué semejanzas y diferencias encuentras entre esa selección y *Encantado: El delfín rosado del Amazonas?* Escríbelas. Usa una hoja aparte si necesitas más espacio.

_____

_____

_____

Comprensión 23

Nombre _____

Diario de estrategias

Título de la selección _____ Autor _____

> Las **ideas importantes** de los textos de no ficción son las ideas principales sobre un tema que el autor quiere que el lector comprenda. Para identificar las ideas importantes, puedes hacer lo siguiente mientras lees:
> - Dale un vistazo previo a la selección y lee los títulos, los encabezados y las leyendas.
> - Busca palabras que tengan una fuente especial, como cursiva, negrita y listas de viñetas.
> - Busca palabras o frases señaladoras, como *por ejemplo* y *más importante.*
> - Usa las características del texto, como fotografías e ilustraciones, diagramas, tablas y mapas.

Instrucciones Usa la tabla de abajo para escribir cualquier idea importante y detalles que encuentres mientras lees la selección. Haz una lista de las características del texto o palabras señaladoras que usaste para ubicar esas ideas. Escribe un resumen corto de la selección usando esas ideas importantes y detalles.

Ideas importantes	Detalles

Escribe un resumen _____

_____

_____

_____

24 Comprensión

Nombre _____

Diario de estrategias

Título de la selección _____   Autor _____

Una **biografía** relata la historia de toda o una parte de la vida de una persona real. Generalmente, los sucesos de la vida de esa persona se cuentan en el orden en que ocurrieron. Las biografías incluyen las siguientes características:

- El tema es una parte o toda la vida de una persona real.
- Los sucesos de la vida de la persona generalmente se cuentan en el orden en que ocurrieron.
- Los sucesos se cuentan en una narración en tercera persona y se usan pronombres como *él, ella, se, lo, la,* etc. al referirse a esa persona.

Instrucciones Mientras leas *Buscador de conocimiento: El hombre que descifró los jeroglíficos egipcios,* busca elementos que hacen que esta selección sea una biografía: el tema es una parte o toda la vida de una persona, los sucesos están en orden y la historia se narra en tercera persona. Escribe ejemplos de esos elementos abajo.

Tema _____
_____
_____

Sucesos _____
_____
_____

Narración en tercera persona _____
_____
_____

Explorar el género

Piensa en otra selección que hayas leído y que fuera una biografía. ¿Qué semejanzas y diferencias encuentras entre esa biografía y *Buscador de conocimiento: El hombre que descifró los jeroglíficos egipcios?* Escríbelas. Usa una hoja aparte si necesitas más espacio.

_____
_____

Comprensión 25

Nombre _____

Diario de estrategias

Título de la selección _____ **Autor** _____

> Los buenos lectores **verifican** su comprensión de lo que han leído y usan estrategias de corrección para **aclarar** su comprensión. Para verificar y aclarar puedes hacer lo siguiente:
> - Haz preguntas durante y después de la lectura, y resume para comprobar tu comprensión.
> - Ajusta tu ritmo de lectura, continúa leyendo o vuelve a leer la sección que te causó confusión.
> - Visualiza lo que lees.
> - Usa las características del texto y las ilustraciones como ayuda para aclarar el texto.

Instrucciones Mientras lees, anota los números de página de los lugares en los que tuviste dificultad para comprender. Luego, describe la estrategia de corrección que usaste para aclarar el significado.

Dónde tuve dificultades en el texto _____

_____

Estrategias de corrección que usé

_____
_____
_____
_____
_____

Resumen de la selección

Escribe un resumen de dos o tres oraciones de la selección. Usa una hoja aparte si necesitas más espacio.

_____
_____
_____
_____

Comprensión

Nombre _____

Diario de estrategias

Título de la selección _____ Autor _____

> Las **ideas importantes** de los textos expositivos son las ideas principales sobre un tema que el autor quiere que el lector comprenda. Para identificar las ideas importantes, puedes hacer lo siguiente mientras lees:
>
> - Dale un vistazo previo a la selección y lee los títulos, los encabezados y las leyendas.
> - Busca palabras que tengan una fuente especial, como cursiva, negrita y listas de viñetas.
> - Busca palabras o frases señaladoras, como *por ejemplo* y *más importante.*
> - Usa las características del texto, como fotografías e ilustraciones, diagramas, tablas y mapas.

Instrucciones Usa la tabla de abajo para escribir cualquier idea importante y detalles que encuentres mientras lees la selección. Haz una lista de las características del texto o palabras señaladoras que usaste para ubicar esas ideas. Escribe un resumen corto de la selección usando esas ideas importantes y detalles.

Ideas importantes	Detalles

Escribe un resumen _____

_____

_____

_____

Comprensión

Nombre _____

Diario de estrategias

Título de la selección _____ **Autor** _____

> **Visualizamos** para crear imágenes en nuestra mente mientras leemos. Crear imágenes nos ayuda a comprender lo que leemos. Para visualizar, intenta lo siguiente:
> - Combina lo que ya sabes con los detalles del texto para formar una imagen mental.
> - Piensa en los sucesos del cuento o de la selección. Usa tus cinco sentidos para crear imágenes e intenta situarte dentro del cuento o la selección.

Instrucciones Mientras lees la selección, usa los sentidos como ayuda para visualizar lo que sucede o la información que el autor proporciona. Anota lo que relaciones con cosas que puedas ver, oír, saborear, oler y tocar.

Ver _____
_____
_____

Oír _____
_____
_____

Saborear _____
_____
_____

Oler _____
_____
_____

Tocar _____
_____
_____

28 Comprensión

Nombre _____

Diario de estrategias

Título de la selección _____ Autor _____

> La **estructura del cuento** es el orden de las partes importantes del cuento, que se suceden a lo largo del principio, el desarrollo y el final. Para identificar la estructura del cuento, los buenos lectores hacen lo siguiente:
> - Buscan el conflicto, o problema, al principio del cuento.
> - Siguen la complicación a medida que se desarrolla el conflicto.
> - Reconocen el clímax cuando los personajes enfrentan el conflicto.
> - Identifican cómo logra resolverse el conflicto.

Instrucciones Mientras lees la selección, grafica la estructura del cuento usando el mapa de argumento de abajo. Cuando termines, vuelve a contar brevemente el cuento en una hoja aparte.

Estructura del argumento

Título _____

Personajes _____

Ambiente _____

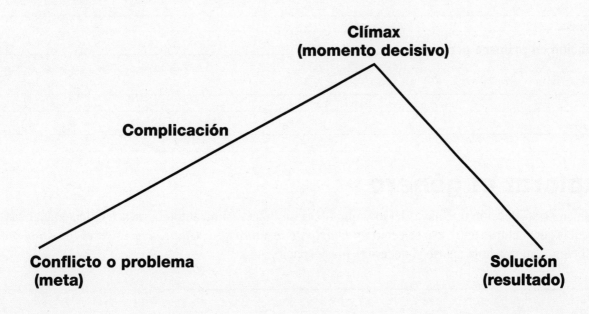

Comprensión

Nombre _____

Diario de estrategias

Los diarios y las autobiografías son dos tipos de textos de no ficción literaria. Un **diario** es un libro donde una persona real escribe día a día lo que le pasa y piensa. Una **autobiografía** es un texto donde una persona real narra hechos pasados de toda o parte de su vida. Los diarios y las autobiografías tienen semejanzas y diferencias:

- En diarios y autobiografías, el tema es la vida de una persona real.
- Tanto en el diario como en la autobiografía, los sucesos se narran en primera persona.
- En el diario, los sucesos se narran día a día. En la autobiografía se narran hechos del pasado, generalmente en el orden en que ocurrieron.

Instrucciones A medida que leas *Diario de la Antártida: Cuatro meses en el fin del mundo,* busca ejemplos que hacen que esta selección sea un diario: ejemplos del tema, del orden de los sucesos y de la narración en primera persona. Escribe esos ejemplos abajo.

Tema _____

_____

_____

Sucesos _____

_____

_____

Narración en primera persona _____

_____

_____

Explorar el género

Piensa en otra selección que hayas leído y que fuera un diario o una autobiografía. ¿Qué semejanzas y diferencias encuentras entre esa selección y *Diario de la Antártida: Cuatro meses en el fin del mundo?* Escríbelas. Usa una hoja aparte si necesitas más espacio.

_____

_____

Nombre _____

Diario de estrategias

Un cuento de **ciencia ficción** es un cuento inventado que generalmente cuenta la vida en el futuro o en otro mundo. La ciencia ficción incluye las siguientes características:

- Los sucesos y el argumento pueden basarse en leyes, teorías o hechos científicos verdaderos.
- Algunos personajes y sucesos pueden ser fantásticos y no basarse en hechos científicos.
- Las descripciones del ambiente pueden incluir detalles de cómo podría ser el futuro u otro mundo.

Instrucciones A medida que leas *Paseo lunar*, busca ejemplos de leyes científicas verdaderas, elementos fantásticos, como personajes y sucesos, y detalles del futuro o de otro mundo que hacen que este cuento sea de ciencia ficción. Escribe esos ejemplos abajo.

Leyes científicas verdaderas _____

_____

_____

Elementos fantásticos _____

_____

_____

Detalles del futuro o de otro mundo _____

_____

_____

Explorar el género

Piensa en otra selección de ciencia ficción que hayas leído. ¿Qué semejanzas y diferencias encuentras entre ese cuento y *Paseo lunar*? Escríbelas. Usa una hoja aparte si necesitas más espacio.

_____

_____

Comprensión 31

Nombre _____

Diario de estrategias

Título de la selección _____ Autor _____

> Los buenos lectores hacen preguntas mientras leen. **Preguntar** nos ayuda a verificar nuestra comprensión y a aclarar cualquier cosa que sea confusa. Preguntar también ayuda a hacer inferencias y a interpretar los textos que leemos, y favorece la conversación. A medida que leas, usa la siguiente estrategia de preguntar.
>
> - Da un vistazo previo a la selección y piensa en cualquier pregunta que tengas sobre el tema.
> - Lee con una pregunta en mente y haz anotaciones cuando encuentres información que se refiera a la pregunta.
> - Escribe otras preguntas que surjan mientras lees y busca las respuestas en el texto.
> - Recuerda que no todas las preguntas se responden en el texto. A veces, tenemos que hacer inferencias o interpretaciones basadas en la información que proporciona el autor.

Instrucciones A medida que leas la selección, usa la tabla de abajo para escribir en la columna de la izquierda cualquier pregunta que tengas sobre el texto. Escribe respuestas, inferencias o interpretaciones en la columna de la derecha.

Preguntas	Respuestas, inferencias, interpretaciones

32 Comprensión

Nombre _____

Diario de estrategias

Título de la selección _____ **Autor** _____

Cuando **resumimos** y **parafraseamos**, recogemos las ideas y los sucesos importantes de una selección en pocas oraciones. Parafrasear es decir lo que hemos leído en nuestras propias palabras. Los buenos lectores resumen y parafrasean lo que han leído para comprobar y mejorar su comprensión. Mantener las ideas y los sucesos importantes en orden lógico también mejora la comprensión. Para resumir o parafrasear, haz lo siguiente:

- En los cuentos de ficción, busca las ideas importantes del argumento, incluido el clímax.
- En la no ficción, busca las ideas importantes que presente el autor.
- Haz anotaciones mientras lees como ayuda para resumir o parafrasear, siempre con los sucesos en orden lógico.
- Vuelve a decir los datos importantes con tus propias palabras.

Instrucciones Mientras lees la selección, escribe abajo cualquier idea o suceso importante del argumento. Recuerda anotar los sucesos en orden lógico. Cuando termines de leer, usa tus notas para resumir o parafrasear la selección.

Ideas o sucesos importantes

_____
_____
_____
_____
_____

Resumen

_____
_____
_____
_____
_____

Comprensión

Nombre _____

Diario de estrategias

Título de la selección _____ Autor _____

> Cuando **inferimos,** usamos nuestros conocimientos previos y la información del texto para plantear nuestras propias ideas sobre lo que leemos. Para inferir, o hacer inferencias, intenta los siguientes pasos:
> - Piensa en lo que ya sabes sobre los temas.
> - Combina lo que sabes con la información del texto para hacer inferencias.
> - Básate en tus inferencias y piensa en ideas, moralejas, lecciones o temas en el texto.

Instrucciones Mientras lees la selección, usa tus conocimientos previos y las claves del texto para hacer inferencias. Usa la tabla de abajo para mostrar cómo hiciste tus inferencias. Luego escribe un enunciado que resuma el tema, la moraleja o la lección de la selección.

Lo que sé	Información del texto	Lo que infiero

Enunciado que resume el tema, la moraleja o la lección _____

_____

_____

_____

34 Comprensión

Nombre _____

Diario de estrategias

Título de la selección _____ **Autor** _____

> Cuando **predecimos,** decimos lo que creemos que sucederá en una selección. Las predicciones se basan en un vistazo previo o en lo que ya hemos leído. **Establecemos un propósito** para guiar nuestra lectura. Para predecir y establecer un propósito, puedes hacer lo siguiente:
> - Lee el título y el nombre del autor. Busca ilustraciones y otras características del texto.
> - Piensa en por qué estás leyendo y establece un propósito.
> - Usa tus conocimientos previos, o lo que ya sabes, para hacer una predicción.
> - A medida que leas, comprueba y cambia tu predicción basándote en la nueva información.

Instrucciones Dale un vistazo previo a la selección. Haz una predicción y establece un propósito para leer la selección. A medida que leas, comprueba tus predicciones y establece un nuevo propósito cuando sea necesario. Cuando termines de leer, escribe un resumen de la selección.

Antes de leer

Haz una predicción _____

_____

Establece un propósito para leer _____

_____

Durante la lectura

Comprueba y cambia tu predicción _____

_____

Establece un nuevo propósito _____

_____

Después de leer

Escribe un resumen _____

_____

Comprensión 35

Nombre _____

Diario de estrategias

Título de la selección _____ **Autor** _____

> Los **conocimientos previos** son lo que ya sabemos sobre un tema. Usar los conocimientos previos nos ayuda a comprender mejor lo que leemos. Activa tus conocimientos previos de la siguiente manera:
> - Da un vistazo previo a la selección para saber de qué se trata.
> - Piensa en lo que ya sabes sobre el tema.
> - Relaciona la selección con tu propio mundo: la gente, los lugares y los sucesos que ya conoces.

Instrucciones Usa la tabla S-Q-A de abajo para anotar tus conocimientos previos sobre la selección. Haz una lista de lo que ya sabes en la columna S. Luego, haz una lista de lo que quieres aprender en la columna Q. Después de leer, haz una lista de lo que aprendiste en la columna A. Escribe un resumen corto de la selección en una hoja aparte.

S	Q	A

Comprensión

Nombre _____

Sugerencias para hablar de un libro

- Habla claramente.
- Haz contacto visual.
- Habla sobre un libro que a TI te guste.
- No reveles el final.
- Habla de 2 a 4 minutos y comparte información importante o divertida del libro.

Instrucciones Usa los puntos de abajo como ayuda para organizar tu exposición sobre libros.

1. ¿Cuál es el título del libro?
2. ¿Quién es el autor?
3. ¿Cuál es el género?
4. ¿Qué otros libros ha escrito el autor?

Si tu libro es de ficción...

5. ¿Cuál es el aspecto más emocionante del libro, el argumento, los personajes o el tema? Explica por qué.
6. Describe brevemente una escena, un ambiente o un personaje del libro.

Si tu libro es de no ficción...

7. ¿Qué información importante aprendiste de este libro?
8. Describe brevemente una parte interesante del libro.
9. ¿Tienes alguna conexión personal con el cuento o el tema? Explica cuál es.
10. Explica por qué tu audiencia debería leer este libro.

Nombre _____

Sugerencias para comentar entre compañeros

Antes de escribir

- Ayuda a tu compañero con una lluvia de ideas para su escrito.

- Comenta con tu compañero el tema de escritura. ¿Debería reducir o ampliar su tema?

Antes del primer borrador

- Antes de intercambiar las hojas, dile a tu compañero lo que te gustaría que buscara al leer tu escrito.

- Usa notas adhesivas o una hoja de cuaderno para anotar las preguntas o los comentarios que tengas sobre el escrito de tu compañero.

- Señala las ideas o la información que está bien escrita.

- Comenta cualquier información que te parezca innecesaria o confusa, pero asegúrate de que tus comentarios sean útiles y considerados.

Revisión

- Lee el escrito de tu compañero en voz alta para escuchar tanto sus fortalezas como los lugares donde tenga que mejorar.

- Siempre dile a tu compañero lo que crees que hizo bien en su escrito.

- Comienza con un cumplido o señalando una fortaleza, y luego hazle sugerencias para mejorar. Por ejemplo, "Me gustó _____. ¿Qué te parece si _____?".

- Recuerda también verificar la ortografía y la gramática.

Otras áreas que deberías comentar

- Título
- Introducción
- Conclusión
- Descripciones
- Ejemplos
- Uso de verbos, sustantivos, adjetivos o adverbios

Nombre _____

Guía para la autoevaluación de escritura

Nombre del producto de escritura _____

Instrucciones Repasa tu borrador final. Califícate a ti mismo en una escala del 4 al 1 (4 es el puntaje más alto) en cada característica de la escritura. Después de completar la tabla, responde las preguntas abajo.

Características de la escritura	4	3	2	1
Enfoque/Ideas				
Organización				
Voz				
Lenguaje				
Oraciones				
Normas				

1. ¿Cuál es el mejor aspecto de tu escritura? ¿Por qué lo crees?

_____
_____
_____
_____

2. Escribe algo que podrías cambiar en tu escritura si tuvieras la oportunidad de escribirlo de nuevo.

_____
_____
_____
_____
_____

Escritura

Nombre _____

Mi diario

Secuencia

- Los sucesos de un cuento ocurren en un orden determinado, o **secuencia**. La secuencia de sucesos puede ser importante para comprender un cuento.

Instrucciones Lee el texto. Luego escribe los sucesos en el orden en que ocurrieron.

Cuando Anna conoció a Lexi, esperaban la audición para la obra de teatro escolar. La familia de Anna se acababa de mudar a los Estados Unidos desde Uruguay hacía un mes y Anna todavía estaba aprendiendo inglés. Su madre, una actriz famosa en su país, animó a Anna a hacer una prueba para la obra de teatro. Anna quería hacer un buen trabajo y agradar a su madre.

Mientras el profesor de teatro escuchaba la actuación de cada estudiante, Anna y Lexi practicaban sus líneas en silencio. Lexi se volvió hacia Anna y le preguntó: "¿Quieres que practiquemos juntas?" Anna asintió con su cabeza, pero en el fondo temía que Lexi se riera de la manera en que decía algunas palabras.

Pero Lexi no se reía, sino que Lexi susurraba las líneas de Anna para ayudarla a pronunciarlas correctamente. Esto permitió que Anna se relajara y no se preocupara. Poco después, las niñas se reían como mejores amigas. En realidad, fueron mejores amigas por el resto del año.

1. _____
2. _____
3. _____
4. _____
5. _____

Actividad para la casa Su hijo completó una línea cronológica con el orden de los sucesos de un texto corto. Hablen sobre los sucesos principales de un día típico. Pida a su hijo que coloque esos sucesos en orden secuencial usando la línea cronológica.

Comprensión

Nombre _____

Mi diario

Escritura • Ficción realista

Aspectos principales de la ficción realista
- tiene personas y sucesos inventados
- tiene sucesos que podrían pasar en la vida real
- sucede en un ambiente que parece real
- comenta problemas que la gente podría tener en la vida real

El momento más importante

Este año, Travis estaba decidido a entrar al equipo de básquetbol. Las pruebas eran el día siguiente. Travis practicó lanzar y eludir hasta tarde esa noche. Ni siquiera estudió para su examen de matemáticas.

Al día siguiente, a Travis no le fue muy bien en su examen de matemáticas.

"Bueno. Ahora mismo el básquetbol es más importante", pensó.

Cuando sonó la campana, Travis corrió al gimnasio.

"Uno, dos, tres…", Travis contó cuántos más daban la prueba. "Doce. Sólo tengo que ser mejor que siete niños más para entrar al equipo".

Al final, Travis se sentía bastante bien de cómo lo había hecho.

A la mañana siguiente, Travis llegó a la escuela y corrió al gimnasio. La lista del nuevo equipo de básquetbol estaría puesta allí. La leyó dos veces. No podía ser. Tendría que esperar hasta el próximo año para intentarlo nuevamente.

Luego, oyó su nombre por los altavoces. "Travis Sorenson, por favor, venga a la oficina".

Cuando fue a la oficina, el entrenador Roberts estaba sentado con el director Stevens.

—Siéntate Travis —dijo el Sr. Stevens—. El entrenador Roberts tiene algo que decirte.

—Probablemente ya te diste cuenta que no te seleccionaron para el equipo —dijo el entrenador Roberts.

—Sí, entrenador —dijo Travis un poco confundido y avergonzado.

—Sólo quiero que sepas por qué no te escogimos. Tienes que mejorar tus calificaciones en matemáticas. Si trabajas arduamente durante el año, puedes volver a participar en la prueba para entrar al equipo.

De repente, Travis sonrió de oreja a oreja. Trabajar arduamente para mejorar en las matemáticas sería como entrenar arduamente para entrar al equipo de básquetbol.

—De acuerdo, entrenador —dijo Travis—; y ya sé que lo puedo hacer.

1. ¿Cuál es el problema principal en el cuento?

_____

2. Subraya el momento crucial para el personaje principal.

Nombre _____

Mi diario

Vocabulario

Instrucciones Escoge la palabra de la lista que corresponda a cada definición. Escribe la palabra en la línea de la izquierda.

_____ 1. que vive en una ciudad; residente de un país

_____ 2. aceptamos

_____ 3. encogerse para resguardarse del frío

_____ 4. circunstancias favorables

_____ 5. causarían tristeza

Verifica las palabras que conoces
- ____ acurrucar
- ____ ciudadano
- ____ diario
- ____ entristecerían
- ____ oportunidades
- ____ recibimos
- ____ tortillería

Instrucciones Escoge la palabra de la casilla que completa la oración. Escribe la palabra en la línea de la izquierda.

_____ 6. Laura escribe los sucesos de cada día en su _____.

_____ 7. Todos coinciden en que la _____ de don Carlos es la mejor del vecindario.

_____ 8. _____ a nuestros amigos en casa todos los viernes.

_____ 9. Creo que tuvieron varias _____ de corregir su error.

_____ 10. Las actividades de los _____ se desarrollaron normalmente.

Escribe un cuento

En una hoja aparte, escribe un cuento sobre cómo convertirse en amigo de alguien nuevo. Usa tantas palabras de vocabulario como sea posible.

Actividad para la casa Su hijo identificó y usó palabras de vocabulario de *Mi diario de aquí hasta allá*. Escriba con su hijo oraciones originales con las palabras de vocabulario.

Nombre _____

Mi diario

Oraciones enunciativas e interrogativas

Una **oración** es un grupo de palabras que expresa un pensamiento completo. Todas las oraciones comienzan con letra mayúscula. Las **oraciones enunciativas** afirman o niegan algo y acaban en punto. Las **oraciones interrogativas** expresan una pregunta y se escriben entre signos de interrogación.

Oración enunciativa   Yo me llamo Amada.

Oración interrogativa   ¿Cómo se llama tu hermano?

Instrucciones Escribe *E* si la oración es enunciativa o *I* si es interrogativa.

1. Mañana nos mudamos a otra ciudad. _____

2. ¿Volveré alguna vez aquí? _____

3. Nunca olvidaré esta casa. _____

4. ¿Me gustará mi nuevo hogar? _____

Instrucciones Copia las oraciones agregando la puntuación correcta.

5. Papá se va a los Estados Unidos

_____

6. Dónde iremos nosotros mientras tanto

_____

7. Con quién viviremos

_____

8. Los abuelitos nos esperan en Mexicali

_____

Actividad para la casa Su niño o niña estudió las oraciones enunciativas e interrogativas. Pídale que escriba dos oraciones enunciativas y dos interrogativas sobre algo que hizo hoy.

Nombre _____

Mi diario

Palabras de ortografía

sierra	casa	pedazo	pacífico	ensalzar
cierra	caza	sincero	zarpa	silencio
zumo	sensación	abrazo	masa	socio
sumo	cine	crucé	mazorca	receta

Clasificar Escribe la palabra de la lista que complete cada grupo.

1. multiplico, divido, resto
2. montaña, cerro, monte
3. franco, veraz, noble
4. caricia, mimo, cariño
5. mudez, sigilo, mutismo
6. porción, parte, trozo
7. harina, agua, sal
8. tranquilo, sereno, calmo
9. atasca, tapa, atranca
10. elote, maíz, vegetal
11. elogiar, alabar, halagar
12. garra, uña, pata
13. prendimiento, apresamiento, captura

1. _____
2. _____
3. _____
4. _____
5. _____
6. _____
7. _____
8. _____
9. _____
10. _____
11. _____
12. _____
13. _____

Palabras en contexto Escoge una palabra de la lista para completar cada oración del diálogo. Escribe la palabra.

14. Actor 1: Tengo la _____ de que olvidé algo.
15. Actor 2: ¿Cerraste con llave la puerta de tu _____?
16. Actor 1: Sí, pero creo que no traje la _____ para preparar panqueques que me habías pedido.
17. Actor 2: No importa, otro día me la das. ¿Tienes las entradas para ir al _____?
18. Actor 1: ¡Oh, no! Deben haberse caído cuando _____ la calle.
19. Actor 2: No te preocupes, _____, vamos a pasear un rato.
20. Actor 1: Bueno, vamos a tomar un poco de _____ de naranja, yo invito.

14. _____
15. _____
16. _____
17. _____
18. _____
19. _____
20. _____

Actividad para la casa Su hijo escribió palabras con *c*, *s* y *z*. Lea el diálogo en voz alta con su hijo. Pida a su hijo que deletree las palabras de la lista con los ojos cerrados.

44 Ortografía Palabras con *s, c, z*

Nombre _____

Mi diario

Principio

Desarrollo

Final

Escritura Planeación 45

Nombre _____

Mi diario

Vocabulario • Afijos: Sufijos *-ario* y *-ería*

- Un **sufijo** es un afijo que se agrega al final de una palabra base para cambiar su significado o la forma en que se usa en una oración.
- El sufijo *–ario* significa "pertenencia, profesión o lugar", como en *armario*. El sufijo *–ería* significa local donde se realiza una actividad o se ejerce un oficio. Puedes usar sufijos como ayuda para comprender los significados de palabras.

Instrucciones Lee el siguiente cuento sobre una visita a la biblioteca. Luego responde las preguntas de abajo.

> Cuando fui a la escuela King Memorial, había un concurso para contar un cuento sobre los colonizadores originales de nuestra ciudad. Mis amigos y yo formamos un equipo y fuimos a la biblioteca local. Tenía dudas de que nuestro equipo pudiera ganar hasta que hablamos con los bibliotecarios en la biblioteca. El historiador sacó un gran libro de su armario universitario. Nos contó la maravillosa historia de una valiente familia pionera. Para nosotros, la historia era una elección lógica. Estaba realmente orgulloso cuando mi equipo ganó el premio por contar el cuento más colorido de nuestra ciudad. Y como premio, ¡mis padres me llevaron a la juguetería!

1. ¿Qué significa la palabra *bibliotecarios* en el cuento?

   _____

2. ¿Qué significa la palabra *universitario* en el cuento?

   _____

3. ¿Cuál es el sufijo en la palabra *armario*? ¿Qué significa *armario*?

   _____

4. ¿Qué significa el sufijo de la palabra *juguetería*?

   _____

5. Piensa en otra palabra que termine en *–ario* o *–ería*. Di el significado de la palabra. Luego úsala en una oración original.

   _____

   _____

Actividad para la casa Su hijo identificó sufijos en palabras para entender sus significados. Con su hijo, lea una selección corta. Pida a su hijo que destaque palabras que tienen sufijos y que diga qué significan esas palabras.

Nombre _____

Mi diario

Mapa, globo terráqueo, atlas

- Un **mapa** es el dibujo de un lugar que muestra dónde está o dónde sucedió algo.
- Los **signos convencionales** de un mapa incluyen una **rosa de los vientos** para indicar dirección, una **escala** para mostrar distancia y una **clave** para los símbolos.
- Un **globo terráqueo** es una esfera con un mapa del mundo, y un **atlas** es un libro de mapas.

Instrucciones Usa este mapa de Texas para responder las preguntas de abajo.

1. ¿Qué gran cuerpo de agua se extiende al este de Texas?

2. ¿Qué accidente geográfico forma la frontera entre México y Texas?

3. ¿Qué te dice la estrella en el mapa?

4. ¿Cómo obtuvo su nombre el Parque Nacional Big Bend?

5. ¿Qué monumento histórico importante de Texas podría visitar un turista en San Antonio?

Destrezas de investigación y estudio 47

Nombre _____

Mi diario

Instrucciones Usa este mapa de las carreteras de Texas para responder las preguntas de abajo.

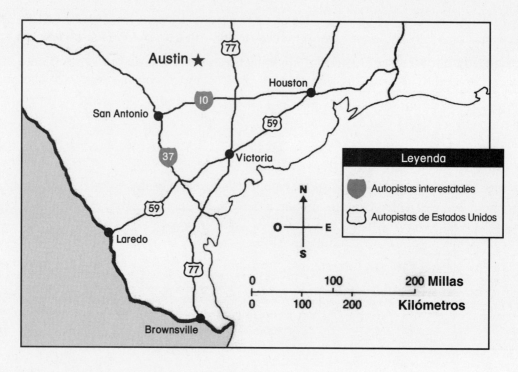

6. ¿Qué carretera conecta San Antonio y Houston?

_____

7. ¿Qué carretera conecta Houston y Laredo?

_____

8. ¿Por qué el nombre Austin está en letras más grandes que los nombres de otras ciudades?

_____

9. ¿Cuál es la ciudad más hacia el sureste en este mapa?

_____

10. Un atlas de caminos de los Estados Unidos provee mapas de carreteras para todos los estados. ¿Cuándo usarías un atlas de carreteras?

_____

_____

Actividad para la casa Su hijo aprendió cómo usar mapas, atlas y globos terráqueos. Juntos, miren un mapa de su estado. Examinen los signos convencionales y ubiquen ciudades significativas o características con las que su hijo esté familiarizado.

48 Destrezas de investigación y estudio

Nombre _____

Mi diario

Palabras con *s, c, z*

Corrige una columna del periódico Encierra en un círculo cinco palabras con errores de ortografía. Escríbelas correctamente. Escribe correctamente la oración que tenga errores de puntuación.

> Rally Dakar por Andrés Martínez
>
> Los pilotos del Rally Dakar se trasladaron ayer a Chile Habían finalizado el camino correspondiente a la última cierra de la provincia de Córdoba, Argentina. En el país vecino la bienvenida fue a orillas del Pasífico. No hubo un minuto de cilencio por parte de la multitud que no paró de aplaudir a los competidores. Al enzalsar a sus ídolos, el público fue muy efusivo. Además, fue muy emotivo el abraso entre los dos pilotos que llevaban la delantera hasta el momento.

Palabras de ortografía

sierra
cierra
zumo
sumo
casa
caza
sensación
cine
pedazo
sincero
abrazo
crucé
pacífico
zarpa
masa
mazorca
ensalzar
silencio
socio
receta

1. _____   2. _____
3. _____   4. _____
5. _____
6. _____

Palabras correctas Encierra en un círculo las palabras escritas correctamente. Escribe la palabra.

7. pedaso	pedazo	pedaco	7. _____
8. cruzé	crucé	crusé	8. _____
9. sensación	censazión	zenzación	9. _____
10. socio	zocio	sozio	10. _____
11. zine	sine	cine	11. _____
12. pazífico	pacífico	pasífico	12. _____

Palabras difíciles

azucena
necesario
ceniza
Asia
hacia

Actividad para la casa Su hijo identificó palabras con *s, c* y *z* mal escritas. Diga cada palabra correctamente. Pida a su hijo que use cada palabra de la lista en una oración.

Ortografía Palabras con *s, c, z*

Nombre _____

Mi diario

Oraciones enunciativas e interrogativas

Lee las oraciones. Luego, lee cada pregunta. Encierra en un círculo la letra de la respuesta correcta.

Esperando la partida

(1) _____ debería estar durmiendo. (2) _____ puedo dormirme? (3) Nos vamos a otro _____ (4) ¿Dejaremos México para _____ (5) Anotaré todo en mi _____

1. ¿Cuál es el principio correcto de la oración 1?
   A ¿Ya
   B Ya
   C ya
   D ¿ya

2. ¿Cuál es el principio correcto de la oración 2?
   A ¿Cómo
   B Cómo
   C cómo
   D ¿cómo

3. ¿Cuál es el final correcto de la oración 3?
   A país
   B País
   C país?
   D país.

4. ¿Cuál es el final correcto de la oración 4?
   A siempre
   B siempre.
   C siempre?
   D siempre¿

5. ¿Cuál es el final correcto de la oración 5?
   A diario¿
   B diario
   C diario?
   D diario.

Actividad para la casa Su niño o niña se preparó para tomar un examen de oraciones enunciativas e interrogativas. Dígale *enunciativa* o *interrogativa* y pídale que forme una oración de ese tipo.

Nombre _____

Lewis y Clark y yo

Propósito del autor

- El **propósito del autor** es la razón o las razones que tiene el autor para escribir.
- Un autor puede escribir para persuadir, para informar, para entretener o para expresar ideas y sentimientos.

Instrucciones Lee el pasaje de abajo. Usa el organizador gráfico para seguir el propósito del autor antes y durante la lectura y luego responde la última pregunta.

Mary Diligencia, fuerte como el hierro

En 1885, Mary Fields se dirigió hacia el oeste buscando aventuras. Tenía 53 años y había sido esclava. No tenía educación, pero medía más de seis pies y pesaba más de doscientas libras. No tenía problemas para defenderse ella misma. De hecho, se decía que había derribado a un peligroso hombre de un solo puñetazo. Mary tuvo varios trabajos: entregando el correo en mula y luego conduciendo una diligencia. Armada con revólveres y rifles, hacía su trabajo, sin importarle los desafíos del "Lejano Oeste". Enfrentó el clima en épocas de calor y vientos. Los bandidos y animales salvajes aprendieron a dejar a "Mary Diligencia" en paz.

	Propósito del autor	¿Por qué piensas eso?
Antes de leer: ¿De qué crees que se tratará?	1.	2.
Mientras lees: ¿De qué crees que se trata?	3.	4.

5. ¿Crees que el autor logró su propósito? ¿Por qué?

_____

Actividad para la casa Su hijo identificó el propósito del autor en un texto. Trabaje con su hijo para identificar el propósito del autor en la columna editorial de un periódico.

Comprensión 51

Nombre _____

Lewis y Clark y yo

Escritura • Composición expositiva

Aspectos principales de una composición expositiva
- habla de personas y sucesos reales
- presenta información objetiva
- incluye una oración principal, un cuerpo y una oración de cierre
- puede incluir características del texto como fotos, leyendas y subtítulos

Colonización: una gran oportunidad

El 20 de mayo de 1862 se aprobó la ley de colonización, lo que le dio la posibilidad de tener un terreno a la gente que no podía comprar tierra.

¿Qué fue la ley de colonización?

La ley de colonización prometía ser dueño de 160 acres de tierra pública a cualquier ciudadano mayor de 21 años. Para convertirse en colonos, los pobladores tenían que hacer varias cosas. Primero, tenían que mudarse al oeste. Después, tenían que poblar la tierra, construir una casa que fuera al menos de 12' x 14' de tamaño. Finalmente, tenían que vivir de la tierra. Si los pobladores ocupaban la tierra por cinco años, la persona a cargo poseía la tierra.

El primer terrateniente

El 1 de enero de 1863 fue el primer día que los pobladores pudieron reclamar tierra bajo la nueva ley. En este día, Daniel Freeman se convirtió en la primera persona en aprovechar la oportunidad. Su casa en Beatrice, Nebraska, es ahora un monumento a la memoria de los colonizadores.

El impacto de la ley de colonización

Más de medio millón de personas siguió los pasos de Freeman. Valientes familias dejaron atrás una vida que siempre habían conocido para dirigirse a las Grandes llanuras y convertirse en granjeros en su propia tierra. La vida era dura en las Grandes llanuras, pero la promesa de una tierra gratis fue más fuerte que cualquier temor. Para la mayoría, las granjas se convirtieron en una exitosa realidad juntamente con la posesión de la tierra.

La colonización fue verdaderamente una gran oportunidad.

1. Elige un párrafo. Escribe el título. Luego escribe la idea principal para ese párrafo.

_____

2. Rodea con un círculo dos detalles que apoyen la idea principal del párrafo que elegiste.

Nombre _____

Lewis y Clark y yo

Vocabulario

Instrucciones Escoge la palabra de la lista que coincida mejor con cada definición. Escribe la palabra en la línea.

_____ 1. plataformas construidas en la costa; embarcaderos

_____ 2. mirar con atención

_____ 3. olor

_____ 4. mudándose de un lugar para establecerse en otro

_____ 5. plataforma construida en la costa en la que los barcos cargan y descargan; muelle

Verifica las palabras que conoces
___ muelles
___ migrando
___ examinar
___ aroma
___ embarcadero

Instrucciones Escoge la palabra de la lista que complete mejor cada enunciado. Escribe la palabra en la línea que se muestra a la izquierda.

_____ 6. Josh fue al _____ para comprar pescado fresco.

_____ 7. Tanya podía oler el _____ del océano en el aire.

_____ 8. Como el embarcadero de nuestro pueblo, estos _____ están llenos de marineros.

_____ 9. La gente que estaba _____ hacia el oeste llevaba suficientes provisiones para todo el viaje.

_____ 10. Tuve que _____ las páginas del manual para encontrar el diagrama.

Escribe la entrada de diario

En una hoja separada escribe una entrada de diario que podrías hacer después de descubrir una nueva parte del mundo. Usa tantas palabras de vocabulario como puedas.

 Actividad para la casa Su hijo identificó y usó las palabras de vocabulario de *Lewis y Clark y yo*. Con su hijo, imagine que caminan por un puerto muy transitado. Escriban juntos un cuento corto sobre su paseo imaginario. Usen tantas palabras de vocabulario como puedan.

Vocabulario 53

Nombre _____

Lewis y Clark y yo

Oraciones imperativas y exclamativas

> Una **oración imperativa** da una orden o hace un pedido. Generalmente empieza con un verbo y acaba con un punto. El sujeto (*tú, ustedes, usted*) no se escribe. Una **oración exclamativa** expresa sorpresa o una emoción fuerte. Se escribe entre signos de exclamación.
>
> **Oración imperativa**   Siéntate aquí.
>
> **Oración exclamativa**   ¡Vamos de viaje! ¡Es maravilloso!

Instrucciones Escribe *I* si la oración es imperativa o *E* si es exclamativa.

1. Ven aquí.   _____

2. ¡Este perro es enorme!   _____

3. Dame el mapa.   _____

4. Suban a esa loma.   _____

5. ¡Qué largo será este viaje!   _____

Instrucciones Escribe las palabras que completan el tipo de oración indicado entre ( ).

6. _____ dónde está St. Louis en el mapa. (imperativa)

7. _____ grande es este país! (exclamativa)

8. _____ adónde fueron Lewis y Clark. (imperativa)

9. _____ nervioso se puso el perro al ver las ardillas! (exclamativa)

10. _____ la historia del viaje de Lewis y Clark. (imperativa)

Actividad para la casa Su niño o niña estudió las oraciones imperativas y exclamativas. Mientras miran juntos algún programa favorito de televisión, pídale a su niño o niña que identifique ejemplos de oraciones imperativas y exclamativas.

Palabras con *b, v*

Palabras de ortografía				
bota	bote	balada	revuelto	veneno
vota	vinagre	bigote	vistoso	cabo
basura	basta	vaya	vela	cabeza
vívido	abeja	obtuso	bien	bocado

Hora de rimar Completa las rimas con una palabra de la lista.

Cachorros traviesos

Mi cachorro es como un oso, grande y (1) _____.   1. _____

Le doy pollo asado y lo come de un (2) _____.   2. _____

Va tras una presa y se cae de (3) _____.   3. _____

Mi perrito es como cien y lo hace todo muy (4) _____.   4. _____

Y si vamos a la playa me acompaña donde (5) _____.   5. _____

Cocinero distraído

¡Esto es una locura, olvidé sacar la (6) _____!   6. _____

Me pidieron una ensalada, ¡y canté una (7) _____!   7. _____

Serví y serví pasta hasta que alguien gritó (8) _____.   8. _____

Hace un mes cociné arroz suelto y aún no lo he (9) _____.   9. _____

Quise asar un elote y me quemé el (10) _____.   10. _____

Quise sacar miel de una almeja y me picó una (11) _____.   11. _____

Grupos de palabras Escribe la palabra de la lista que falta y que pertenece a cada grupo.

12. elige, presidente, _____

13. antídoto, picadura, _____

14. bahía, isla, _____

15. colorido, brillante, _____

16. agudo, recto, _____

17. aceite, sal, _____

18. luz, fuego, _____

19. barco, yate, _____

20. zapato, sandalia, _____

Actividad para la casa Su hijo escribió correctamente palabras con *b* y *v*. Diga una palabra de la lista y pida a su hijo que la escriba.

Nombre _____

Lewis y Clark y yo

Idea principal

Detalles de apoyo

56 **Escritura** Plan

Nombre _____

Lewis y Clark y yo

Vocabulario • Terminaciones de palabras

- Una **terminación** es una letra o un conjunto de letras que se agregan al final de una palabra base. Reconocer una terminación te ayudará a descubrir el significado de una palabra.
- Las terminaciones *-ando* y *-iendo* se agregan a un verbo para formar el gerundio. El gerundio se usa para indicar que una acción se prolonga en el tiempo.

Instrucciones Lee el siguiente pasaje sobre un viaje. Busca palabras con las terminaciones *-ando* y *-iendo*. Luego responde las preguntas de abajo.

Enrique vivía deseando ir a las tierras deshabitadas del Oeste. Estaba cansado de vivir en el pueblo. Así es que un día empacó sus cosas y se dirigió al muelle. Comenzó su viaje migrando en barco. Planeaba encontrarse con su tío río abajo. Su tío también se había mudado al Oeste y le había ofrecido un viaje en tren. Cuando llegó al embarcadero, Enrique bajó de un salto y se dirigió al pueblo. Un aroma de pan horneado flotaba en el aire y le recordó que tenía hambre. Enrique se detuvo y examinó el frente de la panadería. Entonces escuchó que alguien lo estaba llamando del otro lado de la calle. Era su tío. —¿Estás listo para el viaje de tu vida? —le preguntó su tío. Enrique contestó gritando: —¡Más de lo que te imaginas!

1. ¿Qué significa deseando? ¿Cómo cambia la terminación la palabra base?

_____

2. ¿Qué significa migrando? ¿Cuál es la palabra base?

_____

3. Vuelve a escribir la novena oración del pasaje de manera que uses la palabra *examinando*.

_____

4. Si agregas la terminación *-ando* a viaje, ¿en qué clase de palabra se convierte viaje?

_____

5. Escribe una oración usando una palabra con la terminación *-iendo*.

_____

Actividad para la casa Su hijo identificó y usó terminaciones de palabras para comprender el pasaje. Pida a su hijo que haga una lista de verbos usuales. Pídale que cambie el significado de la palabra agregando las terminaciones *-ando* y *-iendo* a cada una.

Vocabulario

Nombre _____

Lewis y Clark y yo

Ojear y buscar

> **Buscar** es mover los ojos rápidamente a través de la página, buscando palabras y frases específicas. Buscar se usa para averiguar si un material de consulta responderá las preguntas del lector. Una vez que el lector haya buscado en el documento, podría retroceder y volver a mirarlo.
>
> **Ojear** un documento es leer el primero y el último párrafo además de usar encabezados y otros organizadores mientras miras la página. Ojear se usa para identificar rápidamente la idea principal. También podrías leer la primera oración de cada párrafo.

Instrucciones Busca en el texto para responder las preguntas de abajo.

> **La venta de garaje escolar más grande.** La escuela Northside organizará la venta de garaje más grande jamás vista, el sábado 16 de marzo. Se realizará en el campo de fútbol de 9 a.m. a 4 p.m.
> **Colecta de dinero para una excursión de la clase.** La escuela organiza la venta de garaje con el fin de recaudar dinero para la excursión de la clase para estudiar la ruta que tomaron Lewis y Clark. Este es un viaje por varios lugares del país y los estudiantes necesitan dinero para el transporte, la comida y el hospedaje.
>
> **Juguetes, ropa y muebles para la venta.** Las familias de los estudiantes armaron un bazar. Nos informaron que muchos de los artículos para la venta serán juguetes, juegos, ropa, muebles y antigüedades.
> **Ven temprano a buscar los mejores artículos.** Es mejor llegar temprano para escoger los mejores artículos. Pero, si no eres madrugador, también podrías encontrar algunas ofertas a mitad de precio al final del día.

1. Cuando buscas en este texto, ¿qué te ayuda a encontrar la información específica?

   _____

2. ¿En qué párrafo puedes informarte de si se venderán antigüedades?

   _____

3. ¿En qué párrafo puedes encontrar el motivo de la venta de garaje?

   _____

4. ¿En qué párrafo puedes informarte de cuál es el mejor horario para ir a la venta?

   _____

5. ¿Puedes saber los precios de los artículos buscando en este texto?

   _____

Destrezas de investigación y estudio

Nombre _____

Lewis y Clark y yo

Instrucciones Ojea esta carta para responder las preguntas de abajo.

> Estimados Sr. Lewis y Sr. Clark:
>
> Soy estudiante de la escuela Gardner en Portland, Oregon. Mi clase se prepara para un viaje de campo que cubrirá parte de la ruta que ustedes tomaron hacia el océano Pacífico.
>
> Casi no puedo imaginarme un viaje de dos años atravesando la mitad del país sin carro, tren o avión. Creo que me cansaría y me sentiría solo. Extrañaría mi casa y a mi familia.
>
> Pero debe haber sido un viaje asombroso. ¿Se emocionaban al ver nuevos paisajes? ¿Eran las personas que conocían a lo largo del camino diferentes de lo que esperaban? ¿Aprendieron mucho de ellas? Creo que me hubiera gustado viajar a caballo o en una canoa.
>
> Me pregunto, ¿alguna vez se asustaron? ¿Les preocupaba perderse o enfermarse? ¿Los animales salvajes daban miedo? No tenían mapas, aunque tenían aproximadamente 40 personas viajando con ustedes.
>
> ¡No puedo esperar a ver con mis propios ojos la ruta que tomaron!
>
> Atentamente,
> Justin

6. ¿Cuál es una buena manera de ojear esta carta?

_____

7. ¿Cuál es el tema de esta carta?

_____

8. ¿Es esta carta acerca de la moderna ciudad de Portland? ¿Cómo lo sabes?

_____

_____

9. ¿La carta indica si Justin está impresionado por el viaje de Lewis y Clark? ¿Cómo lo sabes?

_____

_____

10. ¿Está Justin emocionado por el viaje? ¿Qué parte de la carta te dio esa impresión?

_____

Actividad para la casa Su hijo aprendió sobre ojear y buscar para ayudarse a encontrar la idea principal o información particular. Miren un periódico o una revista con su hijo y pídale que lo ojee para encontrar la idea principal. Luego pídale a su hijo que busque información particular.

Destrezas de investigación y estudio

Nombre _____

Lewis y Clark y yo

Palabras con *b, v*

Instrucciones para corregir Lee las siguientes instrucciones para hacer un títere de madera. Encierra en un círculo cinco palabras con errores de ortografía y escríbelas correctamente en las líneas. Luego, coloca los signos de puntuación correctos y escribe de nuevo la última oración.

> Puedes hacer un títere de madera muy bistoso. Con mucho cuidado, corta la madera para cada parte del cuerpo: caveza, cuerpo, brazos y piernas. Une las partes y pega un poco de lana como cabello (un poco de pegamento vasta). Píntale los ojos, la nariz y la boca. Ponle un traje de un color víbido y con votones brillantes. Ahora disfruta tu títere!

Palabras de ortografía
bota
vota
basura
vívido
bote
vinagre
basta
abeja
balada
bigote
vaya
obtuso
revuelto
vistoso
vela
bien
veneno
cabo
cabeza
bocado

1. _____ 2. _____

3. _____ 4. _____

5. _____ 6. _____

Completa las oraciones Encierra en un círculo las palabras subrayadas de la lista que estén escritas correctamente. Escribe la palabra.

7. Toda la clase <u>bota</u> <u>vota</u> por su presidente hoy.

7. _____

8. Mi papá usa <u>bigote</u> <u>vigote</u>.

8. _____

Palabras difíciles
vestía
bestia
botones
vistazo
obvio

9. Comeré tan sólo un <u>vocado</u> <u>bocado</u> de pastel.

9. _____

10. Mi hermanito deja todo <u>rebuelto</u> <u>revuelto</u>.

10. _____

11. ¡Me encanta la miel de <u>abeja</u> <u>aveja</u> con el té!

11. _____

12. Nunca como <u>vinagre</u> <u>binagre</u> con la ensalada.

12. _____

13. Mi amiga quiere que <u>baya</u> <u>vaya</u> a visitarla.

13. _____

14. Mi <u>bota</u> <u>vota</u> derecha se rompió.

14. _____

Actividad para la casa Su hijo identificó palabras con *b* y *v* mal escritas. Túrnense para hacerse pequeñas pruebas de las palabras de ortografía.

60 Ortografía Palabras con *b, v*

Nombre _____

Lewis y Clark y yo

Oraciones imperativas y exclamativas

Lee las oraciones. Luego, lee cada pregunta. Encierra en un círculo la letra de la respuesta correcta.

El perro ideal

(1) Mira ese ____ (2) ¡Buenos días, ____ (3) Véndame ese perro, ____
(4) ¡Qué pelo tan largo ____ (5) Tome su ____

1. ¿Qué palabras y signos de puntuación faltan en la oración 1?
   A perro!
   B perro.
   C perro
   D ¡perro

2. ¿Qué palabras y signos de puntuación faltan en la oración 2?
   A señor?
   B señor
   C señor!
   D señor.

3. ¿Qué palabras y signos de puntuación faltan en la oración 3?
   A por favor!
   B por favor
   C por favor.
   D por favor?

4. ¿Qué palabras y signos de puntuación faltan en la oración 4?
   A tiene
   B tiene!
   C tiene?
   D tiene.

5. ¿Qué palabras y signos de puntuación faltan en la oración 5?
   A dinero
   B dinero!
   C dinero.
   D dinero,

Actividad para la casa Su niño o niña se preparó para tomar un examen de oraciones imperativas y exclamativas. Pídale que escriba un ejemplo de cada tipo de oración y que explique qué la hace imperativa o exclamativa.

Normas Oraciones imperativas y exclamativas   **61**

Nombre _____

A orillas del río Plum

Elementos literarios: Personaje, ambiente y argumento

- Los **personajes** son las personas o animales de un cuento.
- El **ambiente** es donde el cuento ocurre.
- El **argumento** es la secuencia de sucesos.

Instrucciones Lee el texto. Luego completa la tabla y responde las preguntas.

En la década de 1870, la familia Dunton, los primeros colonos, llegó y construyó nuestra ciudad. En esa época era muy diferente al lugar ajetreado que es hoy. Los caballos salvajes y los búfalos vagaban por las llanuras. Cuando los colonos llegaron, araron los campos y crearon granjas. En el pueblo construyeron escuelas e iglesias. Tiempo después, el ferrocarril llegó al pueblo. Personas de China, como los Lee, vinieron para ayudar a construir los rieles del ferrocarril. En lugar de mudarse una vez que el trabajo estuvo terminado, las familias chinas se quedaron en el pueblo para criar a sus familias. Así fue como nuestra ciudad creció, con una mezcla de personas de muchos lugares.

Personajes	Argumento	Ambiente
1.	2.	3.

4. ¿El narrador del cuento narra en primera o tercera persona? ¿Cómo lo sabes?

_____

5. ¿Cómo crees que se originaron algunas ciudades? ¿Qué partes del cuento te ayudan a saber esto?

_____

Actividad para la casa Su hijo identificó los personajes, el ambiente y el argumento en un texto. Cuente un cuento sobre cómo se desarrolló su ciudad.

Nombre _____

A orillas del río Plum

Escritura • Parodia

Aspectos principales de la parodia
- imita otra obra, generalmente con humor o exageración
- sigue el estilo y la voz de la obra original
- hace una clara conexión con los personajes, el ambiente o el tema de la obra original

Lewis y Clark y YO NO

—¡Hazte el vivo! Ahí vienen los compradores.

Nuestro dueño apuntó a los hombres que caminaban hacia nosotros. Marinero, el perro Terranova a mi lado, se emocionó y meneó la cola. Se le notaba que le caía bien esta gente. León, el loro a mi lado, erizó sus plumas y dio un graznido muy fuerte. Yo cerré mis ojos y esperé a que ellos se fueran. Lo último que quería es que me compraran estos extraños.

—¿Cómo se llama? —dijo el hombre alto apuntándome directamente a mí.

—Señor, se llama Tuffy. Es verdaderamente encantadora —dijo mi dueño.

"¡Encantadora! ¿Con quién está bromeando?", pensé. El hombre trató de darme una palmada en la espalda y preguntó: "¿Te gustaría venirte conmigo a participar en una aventura? Serías el primer gato en explorar el río Misurí".

"¡Qué desagradable! ¡Un río! ¡Eso es agua! Yo no quiero acercarme al agua." Estaba aterrorizada. ¿Cómo podría decirle a este hombre que mi concepto de aventura es perseguir a un ratón y luego acurrucarme en un sofá suavecito y dormir toda la tarde?

1. Vuelve a leer la selección. Escoge dos ejemplos que muestren que esta parodia es una imitación humorística de *Lewis y Clark y yo*.

_____

_____

_____

2. Subraya aspectos de los personajes y el ambiente que son como el cuento original.

Nombre _____

A orillas del río Plum

Vocabulario

Instrucciones Escoge la palabra de la lista que mejor complete cada oración. Escribe la palabra en la línea.

Verifica las palabras que conoces
___ tejón
___ promesa
___ erizado
___ articulaciones
___ remendar
___ acuáticos
___ campanillas

1. El peludo _____ caminó como un pato por el sendero del bosque.

2. Vi cómo el pequeño animal tenía el pelaje _____ mientras sentía el olor de los perros.

3. En el río vimos cómo los animales _____ se alimentaban.

4. Apenas podíamos verlo por las hierbas altas y las _____.

5. El pájaro carpintero se posó sobre las _____ del árbol, donde dos ramas forman una especie de Y.

6. Debemos mantener nuestra _____ de cuidar a los animales silvestres.

Instrucciones Encierra en un círculo la palabra que tenga el mismo o casi el mismo significado que la palabra numerada.

7. promesa   compromiso   regalo   traer

8. acuático   líquido   mojado   marino

9. remendar   pintar   arreglar   cortar

10. erizado   suave   espinoso   liso

Escribe un mensaje de correo electrónico

Imagina que te acabas de mudar a un lugar nuevo en el país. En otra hoja, escríbele a un amigo de donde vivías un mensaje de correo electrónico y explícale cómo te has adaptado en este nuevo lugar. Usa tantas palabras de vocabulario como puedas.

Actividad para la casa Su hijo identificó y usó palabras de vocabulario de *A orillas del río Plum*. Con su hijo, lea un libro sobre las plantas y la vida animal. Usen algunas de las palabras de vocabulario para describir lo que ven.

Nombre _____

A orillas del río Plum

Sujetos y predicados

> El **sujeto** es la parte de la oración que dice de quién o de qué trata la oración. Todas las palabras del sujeto forman el **sujeto completo**. El **núcleo del sujeto** es la palabra más importante del sujeto completo.
>
> El **predicado** es la parte de la oración que dice qué es o hace el sujeto. Todas las palabras del predicado forman el **predicado completo**. El **núcleo del predicado**, o **verbo**, es la palabra más importante del predicado completo.
>
>   sujeto completo   predicado completo
>   Las <u>montañas</u> de América le <u>recordaron</u> su hogar.
>   núcleo del sujeto   núcleo del predicado
>
> El **sujeto compuesto** está formado por dos o más núcleos del sujeto. El **predicado compuesto** está formado por dos o más núcleos del predicado.
>
> **Sujeto compuesto**   Los <u>bosques</u> y <u>desiertos</u> lo sorprendieron.
>
> **Predicado compuesto**   Él <u>vivió</u> y <u>trabajó</u> en los Estados Unidos.

Instrucciones Fíjate en las letras después de cada oración. Encierra en un círculo el sujeto completo cuando veas *SC*, el núcleo del sujeto cuando veas *NS*, el predicado completo cuando veas *PC* y el núcleo del predicado cuando veas *NP*.

1. Los altos juncos crecen en las orillas del arroyo. SC

2. Los pececillos son muy pequeños y escurridizos. NP

3. Las dos hermanas juegan en el arroyo. NS

4. Papá nos ha prohibido ir a la charca. PC

5. La cima de la mesa es plana como una mesa de verdad. NS

Actividad para la casa Su niño o niña estudió los sujetos y los predicados. Pídale que busque oraciones en un artículo de un periódico o una revista. Dígale que identifique el núcleo del sujeto y el núcleo del predicado de esas oraciones.

Normas Sujetos y predicados **65**

Nombre _____

A orillas del río Plum

Palabras con *g, j, x*

Palabras de ortografía				
viaje	general	tarjeta	paisaje	tejer
carruaje	mugir	vendaje	recoger	crujir
jirafa	lenguaje	agujero	mojado	jinete
México	mensaje	extranjera	refrigerar	Texas

Palabras relacionadas Escribe las palabras de la lista que tengan un significado relacionado con el de las palabras de abajo, ya sea similar u opuesto.

1. seco
2. particular
3. botar
4. rechinar
5. permanencia
6. incomunicación
7. carro
8. calentar
9. deshilar
10. ladrar

1. _____
2. _____
3. _____
4. _____
5. _____
6. _____
7. _____
8. _____
9. _____
10. _____

Palabras en contexto Escribe una palabra de la lista de la caja para completar cada oración.

11. Yo soy el _____ preferido de mi caballo.
12. El _____ es importante para comunicarnos.
13. Envié una _____ de felicitación a mi primo.
14. Mi vecina es _____, viene de España.
15. Cuando me lastimé, me pusieron un _____.
16. Tomé fotos a un _____ otoñal.
17. La _____ tiene un cuello asombroso.
18. Mi tía vive en _____, habla español.
19. La ardilla hizo un _____ en el árbol.
20. El estado de _____ está al sur.

11. _____
12. _____
13. _____
14. _____
15. _____
16. _____
17. _____
18. _____
19. _____
20. _____

Actividad para la casa Su hijo escribió palabras con *g, j* y *x* con sonido de j. Diga una palabra de la lista y pida a su hijo que la escriba.

Nombre _____

A orillas del río Plum

Nombre _____

A orillas del río Plum

Vocabulario • Palabras de varios significados

- Las **palabras de varios significados** son palabras que tienen más de un significado. *Tomar* es beber. *Tomar* también significa "agarrar con la mano", como en "Por favor, toma este papel".
- Los **diccionarios y glosarios** proporcionan listas alfabéticas de palabras y sus significados. Cuando un diccionario muestra más de un significado para una palabra, sabes que esa palabra es una palabra de varios significados.

Instrucciones Lee el siguiente cuento sobre viajar en los Estados Unidos. Luego responde las preguntas de abajo. Usa tu glosario o un diccionario como ayuda.

Un año, en las vacaciones de verano, mi familia hizo una salida por carretera por todos los Estados Unidos. Visitamos un parque nacional, donde recorrimos caminos que iban a través de elevadas montañas y sierras magníficas. Vimos lagos, donde bancos de *truchas* nadaban rápidamente.

Fuimos a un museo de arte y estudiamos pinturas de hace siglos. Quedé sorprendido al saber que la humanidad había creado arte antes de que pudiera incluso leer o escribir.

Al final del viaje, empecé a extrañar a mis amigos y mi casa en la copa del árbol más alto del patio. Me dolían los pies de tanto caminar. Pero nunca olvidaré las maravillas que vi.

1. *Salida* puede significar "abertura por donde se sale de un lugar" o "paseo". ¿Qué definición se usa en la primera oración?

_____

2. En este cuento *bancos* significa "conjunto de peces". ¿Qué otro significado tiene *bancos*?

_____

3. ¿Cuáles son dos significados de *sierras*? ¿Qué parte de la oración es *sierras* en este cuento?

_____

4. ¿Qué parte de la oración es *pinturas* como se usa en este cuento? Escribe una oración y usa otro significado de *pinturas*.

_____

5. Escribe al menos dos palabras de varios significados que aparezcan en el último párrafo.

_____

Actividad para la casa Su hijo usó un diccionario o glosario para identificar palabras de varios significados. Juntos, hagan y dibujen una tira cómica en la que la confusión sobre los diferentes significados de una palabra resulte en algo divertido.

Nombre _____

A orillas del río Plum

Medios electrónicos

- Hay dos tipos de medios electrónicos: computarizados y no computarizados. Las fuentes computarizadas incluyen *software* de computadoras, CD-ROM, DVD y la Internet. Las fuentes no computarizadas incluyen cintas de audiocasete, videocintas, películas, filminas, televisión y radio.
- Para encontrar información en la Internet, usa un buscador en Internet y escribe las palabras clave. Sé específico. Es una buena idea usar dos o más palabras clave.

Instrucciones Usa la lista de medios electrónicos de abajo para responder las preguntas sobre el tema de investigación: "Animales de las praderas". Toma notas de la información que encuentres para hacer un folleto o cartel sobre tu tema.

Lista de fuentes de medios electrónicos
- Servicio Federal de Pesca y Vida Silvestre de los Estados Unidos (sitio Web)
- Archivos de sonido de *National Public Radio "Environment"* en NPR.org
- Episodio en DVD "Las grandes llanuras" en los DVD de *Planeta Tierra*
- Enlaces de tu universidad estatal o local con sitios Web de vida salvaje, como *Minnesota Cooperative Fish and Wildlife Research Unit*

1. ¿Qué fuentes mirarías primero para buscar información sobre los tejones?

_____

_____

2. ¿Por qué el episodio de *Planeta Tierra* "Las grandes llanuras" te ayudaría a saber más sobre muchos animales?

_____

_____

3. ¿Qué palabras clave usarías para investigar en la Internet sobre animales de las praderas?

_____

4. ¿En que sitio Web aprenderías sobre los animales de las praderas de la época de Laura Ingalls?

_____

_____

5. ¿De dónde podrías descargar archivos de sonido?

Destrezas de investigación y estudio

Nombre _____

A orillas del río Plum

Instrucciones Usa los resultados que encontraste con un buscador en Internet para responder las preguntas de abajo.

BÚSQUEDA EN LA WEB

Resultados 1 a 4 de aproximadamente 25,000

Resultados de la búsqueda

Otros animales y plantas
  Información sobre las aves zancudas de las grandes llanuras
Planeta Tierra
  "Las grandes llanuras" video de David Attenborough
Las grandes llanuras
  Antes de que la gente llegara a las grandes llanuras, había animales.
Sapo de las grandes llanuras: Fotos de la naturaleza de Minnesota
  Casi del mismo tamaño que el popular sapo americano, los sapos de las grandes llanuras se encuentran en la frontera oeste de Minnesota.

---

6. ¿Dónde puedes encontrar una cita del biólogo David Attenborough?

_____

_____

7. ¿En qué sitio Web encontrarías información sobre los antiguos animales de las grandes llanuras?

_____

_____

8. ¿Qué palabras clave usarías para buscar en la Internet datos de los sapos de Minnesota?

_____

9. ¿En qué sitio Web podrías aprender acerca de aves zancudas de las grandes llanuras?

_____

10. ¿Qué palabras clave usarías para hallar una lista de los episodios del programa *Planeta Tierra*?

_____

Actividad para la casa Su hijo aprendió sobre medios electrónicos. Con su hijo, repase las reglas de una búsqueda segura en la Internet y cómo buscar artículos útiles en la Internet.

Nombre _____

A orillas del río Plum

Palabras con *g, j, x*

Corrige una publicidad ¡El dueño de una agencia de viajes está desesperado! La nueva publicidad tiene errores que deben corregirse antes de que se publique. Encierra en un círculo cinco palabras con errores de ortografía y escríbelas correctamente. Vuelve a escribir las oraciones en las que el sujeto no concuerde con el verbo.

> Nuestra agencia puede ofrecerle el viage de sus sueños. Puede visitar Mégico y su maravillosa cultura. Puede visitar África y contemplar desde una girafa hasta un elefante sin usar ningún camuflage. Nuestra agencia le brindan safaris en cómodas camionetas. Usted puede disfrutar de cualquier ciudad nacional o extrangera con nosotros. ¡Sólo llámenos!

Palabras de ortografía

- viaje
- carruaje
- jirafa
- México
- general
- mugir
- lenguaje
- mensaje
- tarjeta
- vendaje
- agujero
- extranjera
- paisaje
- recoger
- mojado
- refrigerar
- tejer
- crujir
- jinete
- Texas

1. _____ 2. _____
3. _____ 4. _____
5. _____
6. _____

Palabras correctas Encierra en un círculo las palabras escritas correctamente. Escribe la palabra.

7. ginete   jinete   xinete   7. _____
8. agugero   agujero   ajugero   8. _____
9. general   jeneral   xeneral   9. _____
10. recoger regojer   recoqer   10. _____
11. carruage carruague carruaje 11. _____
12. teger   tejer   texer   12. _____
13. mujir   mugir   muqir   13. _____
14. mensaje mensage   mensague 14. _____

Palabras difíciles

- camuflaje
- gentileza
- gimnasia
- Oaxaca
- gimotear

Actividad para la casa Su hijo identificó palabras con *g, j* y *x* mal escritas. Pida a su hijo que use cada palabra de la lista en una oración.

Ortografía Palabras con *g, j, x*

Nombre _____

A orillas del río Plum

Sujetos y predicados

Lee las oraciones. Luego, lee cada pregunta. Encierra en un círculo la letra de la respuesta correcta.

El tejón salvador

(1) El día <u>estaba resultando muy caluroso</u>. (2) <u>La tentadora y fresca charca prohibida</u> se divisaba en la lejanía. (3) La intrépida niña <u>se encontró de pronto con un extraño animal</u>. (4) <u>Corrió</u> de vuelta a casa muy asustada. (5) El <u>susto</u> del tejón la había salvado de ahogarse.

1. ¿Qué palabras identifican la parte subrayada de la oración 1?
   A sujeto completo
   B núcleo del sujeto
   C predicado completo
   D núcleo del predicado

2. ¿Qué palabras identifican la parte subrayada de la oración 2?
   A sujeto completo
   B núcleo del sujeto
   C predicado completo
   D núcleo del predicado

3. ¿Qué palabras identifican la parte subrayada de la oración 3?
   A sujeto completo
   B núcleo del sujeto
   C predicado completo
   D núcleo del predicado

4. ¿Qué palabras identifican la parte subrayada de la oración 4?
   A sujeto completo
   B núcleo del sujeto
   C predicado completo
   D núcleo del predicado

5. ¿Qué palabras identifican la parte subrayada de la oración 5?
   A sujeto completo
   B núcleo del sujeto
   C predicado completo
   D núcleo del predicado

Actividad para la casa Su niño o niña se preparó para tomar un examen de sujetos y predicados. Hágale una pregunta (*¿Qué almorzaste hoy? ¿Cuándo llegaste a casa?*). Pídale que escriba una oración completa como respuesta y que identifique el sujeto y el predicado.

Nombre _____

El príncipe sapo

Propósito del autor

- El **propósito del autor** es la razón o razones para escribir. Un autor puede escribir para persuadir, informar, entretener o para expresar ideas y sentimientos.
- Las clases de ideas en el texto y la forma en que el autor organiza y enuncia estas ideas pueden ayudarte a determinar el propósito.

Instrucciones Lee el siguiente pasaje. Luego completa el diagrama de abajo.

Cuando olí el chile que se cocinaba en la cocina, supe que estaba en problemas. Éste no era un chile común. Era el "chile del mentirosillo" que inventó mi tía abuela. Le daba este chile a cualquiera que ella creía que había dicho una mentirilla. "Una mordida", solía decir, "y no pueden hacer otra cosa que decirte toda la verdad".

Sabía que mi mamá lo preparaba para mí ahora. ¿Por qué? Ayer pateé un balón de fútbol a una ventana y se rompió. Por supuesto, le dije a mi mamá que la ventana se rompió cuando un ave chocó contra ella. Supongo que ahora podría decirle que estoy muy enfermo para comer. ¡Pero entonces me serviría chile del mentirosillo una segunda vez! Tengo que llenarme de valor y decir la verdad.

Ejemplos de ideas

1. Un chile especial

2. El narrador no ha dicho la verdad sobre

Propósito del autor

5.

Contenido del texto

3.

4.

Actividad para la casa Su hijo identificó el propósito del autor en un texto. Pida a su hijo que escoja algo para escribir en una carta a un amigo o pariente. ¿Cuál será el propósito de su hijo, dado el tema en cuestión, y cómo podría presentarse la información para cumplir ese propósito? Luego pida a su hijo que escriba la carta.

Comprensión

Nombre _____

El príncipe sapo

Escritura • Carta amistosa

Aspectos principales de una carta amistosa
- usualmente incluye cinco partes: encabezado, saludo, cuerpo, conclusión y firma
- el encabezado podría incluir sólo la fecha
- se escribe en un tono amistoso, a menudo a alguien que conocemos bien

---

23 de agosto de 20 _____

Querida Marilú:

Espera a que te cuente lo que me pasó la semana pasada. Estaba en el campo recogiendo maíz. Había estado recogiendo maíz durante lo que me parecieron horas. En realidad fueron unos 30 minutos, pero el sol estaba ardiente ese día. Bueno, decidí tomar una pequeña siesta. Caminé hacia la sombra de un gran árbol al final del campo de maíz. Me recosté contra el árbol y comencé a dormirme.

Repentinamente oí esta voz, profunda, pero un poco ronca.

—Bueno, jovencita. Parece que duermes en el trabajo —dijo la voz—. Abrí mis ojos al instante y allí, enfrente de mí, estaba el príncipe más hermoso que hayas visto. Estaba tan sorprendida que ni siquiera pude hablar. Tan sólo me senté allí con la boca abierta.

Lo próximo que supe fue que el viento empezó a soplar y formó remolinos. Sopló tan fuerte que levantó al príncipe y a mí, y ambos dimos vueltas en círculos. Cuando el viento finalmente se detuvo caí justo de vuelta al lado del árbol. Ahora, aquí está la gran sorpresa. ¡El príncipe se había ido! Todo lo que vi fue un sapo que se alejaba dando saltos por el campo de maíz. Me pregunto si tu sapo era mi sapo. ¡Supongo que nunca lo sabremos!

Tu amiga,
Juanita

---

1. ¿Quién es la audiencia y cuál es el propósito de esta carta?

_____

_____

2. Rodea en un círculo dos oraciones que muestren que ésta es una carta amistosa con lenguaje informal.

Nombre _____

El príncipe sapo

Vocabulario

Instrucciones Traza una línea para conectar cada palabra con su definición.

1. cauce — área extensa nivelada o terreno ondulante con pasto y pocos árboles
2. favores — canal donde el río fluye o que se usa para fluir
3. pradera — acuerdo de negocios, convenio
4. lazaba — actos de amabilidad
5. trato — ataba, atrapaba con un lazo

Instrucciones En cada oración de abajo, el primer par de palabras tiene cierta relación (como el mismo significado). Para completar la oración, agrega una palabra que dé al segundo par de palabras la misma relación que en el primer par. Por ejemplo, *ordenada* es a *desordenada* (significados opuestos) como *feliz* es a *infeliz* (significados opuestos). Escoge la palabra de la lista y escríbela en la línea izquierda.

_____ 6. *Rió* es a *lloró* como *susurró* es a _____.

_____ 7. *Me acordé* es a *recordé* como *insulté* es a _____.

_____ 8. *Árbol* es a *bosque* como *hierba* es a _____.

_____ 9. *Tren* es a *riel* como *río* es a _____.

_____ 10. *Desacuerdo* es a *pleito* como *convenio* es a _____.

Verifica las palabras que conoces

- trato
- favores
- lazaba
- ofendí
- pradera
- cauce
- gritó

Escribe un cuento de hadas

En una hoja aparte, escribe tu propio cuento de hadas sobre hacer tratos. Usa tantas palabras de vocabulario como puedas.

Actividad para la casa Su hijo identificó y usó palabras de vocabulario de *El príncipe sapo espinoso*. Hagan juntos analogías adicionales como en la segunda actividad para usar con las palabras de vocabulario.

Vocabulario 75

Nombre _____

El príncipe sapo

Oraciones compuestas

> Dos oraciones relacionadas se pueden combinar para mejorar el ritmo de un texto y mostrar la relación entre sus ideas. Una **oración simple** tiene un sujeto y un predicado. Si unimos dos oraciones simples con palabras como *y, o* o *pero,* se forma una **oración compuesta.**
>
> **Oraciones simples**   Las fábulas son muy antiguas.
> Esa clase de literatura nunca pasa de moda.
>
> **Oración compuesta**   Las fábulas son muy antiguas, pero esa clase de literatura nunca pasa de moda.
>
> Las dos oraciones que forman una oración compuesta tienen que expresar ideas que tengan sentido juntas.

Instrucciones Escribe *S* si la oración es simple y *C* si es compuesta.

1. Las fábulas y otros relatos antiguos me encantan. _____
2. Ni creo en los dragones ni me dan miedo esos cuentos. _____
3. Los protagonistas corren grandes peligros, pero todo acaba bien. _____
4. La pobre se casa con el príncipe o el pobre se casa con la princesa. _____

Instrucciones Usa *o, y* o *pero* para combinar cada par de oraciones simples.

5. El héroe era bajito y joven. La heroína tenía mucho valor.

_____

6. Ella se enamoró del príncipe. Él se enamoró de ella.

_____

7. ¿Quieres enfrentarte al dragón? ¿Te ayudo a escapar?

_____

Actividad para la casa Su niño o niña estudió las oraciones compuestas. Pídale que le explique cómo se usan las palabras *y, o* o *pero* para combinar oraciones simples y así formar oraciones compuestas.

Nombre _____

El príncipe sapo

Palabras con *ll, y*

Palabras de ortografía				
cayó	allá	baya	arroyo	rayo
calló	belleza	mayor	silla	rallador
hayas	mayo	maya	llorar	ayuda
halla	valla	lleva	leyenda	coyote

Rimas Escribe las palabras de la lista que rimen con la palabra subrayada.

1. La <u>delicadeza</u> y la _____ son virtudes de la princesa.
2. Si alguien se descuida, José <u>ensilla</u> su _____.
3. En _____ emigró el <u>papagayo</u>.
4. Esto no es un simple <u>hoyo</u>, es más bien un _____.
5. Para ganar la <u>medalla</u> hay que saltar la _____.
6. En la <u>playa</u> no crece ninguna _____.
7. El pequeño <u>cobayo</u> teme el resplandor del _____.
8. El castillo se _____ detrás de la <u>muralla</u>.
9. Hoy está en nuestra <u>agenda</u> leer esta _____.

1. _____
2. _____
3. _____
4. _____
5. _____
6. _____
7. _____
8. _____
9. _____

Sinónimos Escribe las palabras de la lista del recuadro que signifiquen lo mismo que la palabra o la frase.

10. aborigen mexicano
11. rodó
12. gimotear
13. raspador
14. traslada
15. socorro
16. silenció
17. árboles
18. más viejo
19. animal canino
20. acá

10. _____
11. _____
12. _____
13. _____
14. _____
15. _____
16. _____
17. _____
18. _____
19. _____
20. _____

Actividad para la casa Su hijo escribió palabras con *ll, y*. Pida a su hijo que diga oraciones usando palabras de la lista.

Ortografía Palabras con *ll, y* 77

Nombre _____

El príncipe sapo

Título _____

   A. _____

      1. _____

      2. _____

      3. _____

   B. _____

      1. _____

      2. _____

      3. _____

   C. _____

      1. _____

      2. _____

      3. _____

ESCRITURA Plan

Nombre _____

El príncipe sapo

Vocabulario • Sinónimos y antónimos

- A veces cuando lees, encuentras una palabra que no conoces. Como ayuda, el autor puede darte un **sinónimo** o un **antónimo** de la palabra.
- Los sinónimos son palabras con el mismo o semejante significado, como *grande* y *enorme*. Un sinónimo está a menudo separado por comas y precedido por la palabra *o* o *como*.
- Los antónimos son palabras con significados opuestos, como *feliz* y *triste*. Un antónimo está a menudo precedido por las palabras *en vez/lugar de* o *más que*.

Instrucciones Lee el siguiente pasaje. Luego responde las preguntas de abajo.

Había una vez un anciano que vivía solo en una casita. Un día, el anciano salió a caminar y se encontró con dos niños que peleaban, un niño grande y un niño pequeño. El niño pequeño chillaba, o gritaba, porque el niño grande no había cumplido con su mitad del trato.

—El acuerdo —gritaba— fue que ambos cavaríamos para buscar el tesoro, ¡no sólo yo! —El niño pequeño estaba obviamente ofendido, o se sentía insultado, de hacer todo el trabajo—. No pido favores. Sólo quiero que tú hagas tu parte de cavar —dijo.

Los niños pararon de pelear cuando vieron al anciano parado frente a ellos. El anciano metió la mano en su bolsillo y sacó el rubí más grande que los niños jamás habían visto.

—Deberían ser amigos en vez de enemigos —dijo el hombre—. Si acuerdan nunca pelear otra vez, les mostraré un tesoro que es un millón de veces más grande que el que buscan.

1. ¿Qué sinónimos para *chillaba* usa el autor? ¿Cómo lo sabes?

_____

2. ¿Dónde está en el pasaje el antónimo de *amigos*? ¿Cómo lo sabes?

_____

3. En el pasaje, ¿cuál es el sinónimo para *insultado*?

_____

4. ¿Qué dos antónimos describen a los niños?

_____

Actividad para la casa Su hijo identificó sinónimos (palabras que significan lo mismo) y antónimos (palabras que son opuestas en significado) que aparecen dentro del contexto de un pasaje. Juegue con su hijo a decir palabras. Túrnense para decir palabras que tengan el mismo significado o el significado opuesto a la palabra dada.

Nombre _____

El príncipe sapo

Ilustración/Leyenda/Etiqueta

- Las **ilustraciones** y dibujos pueden ayudar a los lectores a entender información sobre los personajes y sucesos en un cuento o un tema en un artículo de no ficción.
- Una **leyenda** es el texto que explica o brinda mayor información sobre una ilustración o dibujo. Las leyendas generalmente aparecen debajo o al lado de la imagen.
- Las **etiquetas** también usan texto para dar información sobre ilustraciones y dibujos. Pueden aparecer dentro de la imagen, sobre o debajo de ésta.

Ilustraciones Estudia las ilustraciones y leyendas de abajo.

Cacto de pera espinoso

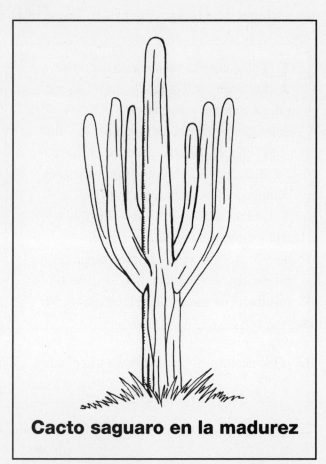

Cacto saguaro en la madurez

El cacto de pera espinoso, que crece en el sudoeste de Estados Unidos, tiene tallos planos llamados almohadillas. Estos tallos sirven para retener el agua. Por esta razón, los animales del desierto tratan de comerlos. Sin embargo, el cacto de pera espinoso se protege a sí mismo con espinas punzantes y puntiagudas que alejan a los animales.

El muy grande cacto saguaro nace de una semilla muy pequeña. Toma varios años para que un saguaro crezca hasta su tamaño total. A veces, estas plantas viven 150 años. A esa edad, un saguaro puede llegar a medir hasta cincuenta pies de alto.

Nombre _____

El príncipe sapo

Instrucciones Usa las ilustraciones y leyendas para responder las preguntas.

1. ¿Qué se muestra en estas ilustraciones?
   _____

2. ¿Qué muestran las ilustraciones sobre las diferencias entre el cacto de pera espinoso y el cacto saguaro?
   _____

3. ¿Qué tan largo puede llegar a ser un cacto saguaro?
   _____

4. ¿Cómo se protege a sí mismo el cacto de pera espinoso? ¿Cómo lo sabes?
   _____

5. ¿Por qué la leyenda para el cacto saguaro incluye un detalle sobre su semilla, aunque la ilustración no muestra este detalle?
   _____
   _____

6. Si la ilustración del cacto de pera espinoso mostrara las clases de animales que tratan de comer las almohadillas de la planta, ¿qué nueva información incluiría la leyenda?
   _____

7. ¿Qué etiqueta podría añadirse a la primera ilustración? ¿Dónde la ubicarías?
   _____
   _____

8. ¿Qué etiqueta podría añadirse a la segunda ilustración? ¿Dónde la ubicarías?
   _____

9. ¿Qué clase de artículo incluiría estas ilustraciones?
   _____

10. Escribe una nueva leyenda que pueda usarse para ambas imágenes a la vez.
    _____

Actividad para la casa Su hijo aprendió a analizar ilustraciones y leyendas. Lea un artículo de no ficción que no contenga ilustraciones. Juntos, comenten qué ilustración podrían agregar para ayudar al lector a comprender la información en el artículo.

Destrezas de investigación y estudio

Nombre _____

El príncipe sapo

Palabras con *ll, y*

Corrige un aviso Lucía escribió este aviso para vender un cachorrito de su perro. Encierra en un círculo cinco palabras con errores de ortografía. Escríbelas correctamente. Vuelve a escribir correctamente la oración que tiene un error en el uso de mayúscula.

> Perro a la venta
>
> ¡Este labrador es una beyeza de perro! Cumple 3 meses en mallo. Le gusta jugar y comer todo tipo de balla. Sabe hacer un truco sobre una siya y saltar sobre una vaya. No pedimos mucho dinero por este excelente perro. él sólo necesita un buen hogar y mucho amor.

Palabras de ortografía

cayó
calló
hayas
halla
allá
belleza
mayo
valla
baya
mayor
maya
lleva
arroyo
silla
llorar
leyenda
rayo
rallador
ayuda
coyote

1. _____ 2. _____
3. _____ 4. _____
5. _____
6. _____

Corregir oraciones Tacha las palabras mal escritas en cada oración. Escribe las palabras correctamente.

7. El rallo iluminó el cielo por unos segundos.
8. No dudo que hallas estudiado la lección.
9. Martín necesita que alguien le preste un rayador.
10. Mi abuelo sabe una lellenda que me gusta mucho.
11. El collote es una especie de lobo que se cría en México.
12. Esa pelota calló en el pozo.
13. Ayá escondieron el regalo.
14. La bellesa no dura para siempre.
15. Ignacio es mallor que yo.
16. El arrollo tiene agua cristalina.

7. _____
8. _____
9. _____
10. _____
11. _____
12. _____
13. _____
14. _____
15. _____
16. _____

Palabras difíciles

torbellino
lloviznar
caballero
yacimiento
mayúscula

Actividad para la casa Su hijo identificó palabras con *ll* e *y* mal escritas. Diga una palabra de la lista y pida a su hijo que la escriba.

82 Ortografía Palabras con *ll, y*

Nombre _____

El príncipe sapo

Oraciones compuestas

Lee las oraciones. Luego, lee cada pregunta. Encierra en un círculo la letra de la respuesta correcta.

El trato del sapo

(1) Marilú iba cabalgando ____ el cauce de un río atravesaba la pradera. (2) Su papá le había advertido que no se acercara a los arroyos ____ ella se quedó en la orilla. (3) Sopló un viento fuerte ____ su sombrero cayó al pozo. (4) El sapo le propuso un trato ____ ella aceptó. (5) O aceptas el trato ____ no te traigo el sombrero.

1 ¿Qué completa correctamente la oración 1?

   A y

   B o

   C , pero

   D y,

2 ¿Qué completa correctamente la oración 2?

   A o

   B , pero

   C pero,

   D y,

3 ¿Qué completa correctamente la oración 3?

   A pero

   B o

   C y

   D pero y

4 ¿Qué completa correctamente la oración 4?

   A o

   B o,

   C pero

   D y

5 ¿Qué completa correctamente la oración 5?

   A y

   B pero

   C o

   D pero,

Actividad para la casa Su niño o niña se preparó para tomar un examen de oraciones compuestas. Pídale que escriba pares de oraciones simples sobre algo que hizo hoy y que luego las combine usando *o, pero* o *y*.

Normas Oraciones compuestas   **83**

Nombre _____

Cartas a casa

Idea principal y detalles

- La **idea principal** es la idea más importante de un párrafo, texto o artículo.
- Los **detalles** dan más información sobre la idea principal.

Instrucciones Lee el texto. Luego completa el diagrama de abajo.

> Muchas personas colaboraron para que el Parque Nacional Yellowstone fuera un lugar protegido. En los siglos XV y XVI, los cazadores de pieles atravesaron el área. Notaron sus características asombrosas, como los géiseres que lanzan agua caliente hacia el aire. Cuando volvían a las ciudades y campamentos, relataban cuentos sobre lo que habían visto.
>
> Se organizaron algunas expediciones para explorar Yellowstone. La expedición que Ferdinand Hayden dirigió en 1871 incluyó un fotógrafo y un artista que capturaron la belleza de Yellowstone en sus imágenes. Mostraron las pinturas al Congreso. En 1872, el presidente Grant firmó una ley que aseguraba la protección de Yellowstone para siempre al convertirlo en el primer parque nacional.

Idea principal
1.

↓

Detalles de apoyo
2.
3.
4.
5.

Actividad en casa Su hijo leyó un texto corto e identificó la idea principal y detalles de apoyo. Trabaje con su hijo para crear un organizador gráfico que identifique la idea principal y detalles de apoyo de un artículo sobre un área natural.

Nombre _____

Cartas a casa

Cómo aprendí a andar en bicicleta

Recuerdo el día que aprendí a andar en bicicleta. Comenzó como cualquier otro sábado. Me desperté alrededor de las 10:00. Me gusta dormir hasta tarde los sábados. Después desayuné. Luego me vestí y llamé a mi mejor amigo, Roger, para ver si quería ir al parque. Sí quiso.

Así que fuimos al parque. Roger y yo siempre nos juntábamos en los columpios. Roger va al parque caminando pero esta vez llevó su bicicleta. Sabía que a mí no me gustaba cuando llevaba su bicicleta porque yo no sabía cómo montarla.

—Lamento lo de la bicicleta —dijo—, pero tengo que ir a comprar leche después de que juguemos. No quise hacer todo el camino de ida y de vuelta caminando.

—No hay problema —dije. Luego Roger y yo nos fuimos a jugar.

Primero fuimos a los columpios. Estaban justo allí. Después corrimos a las barras para trepar. Luego fuimos a encestar en la cancha de básquetbol. Finalmente se hizo la hora de ir a casa.

—¿Quieres venir conmigo a la tienda? —preguntó Roger—. Te dejaré que uses mi bicicleta, si quieres.

—Muy gracioso —dije—. Sabes que no puedo montar bicicleta.

—Apuesto que puedes si realmente intentas —dijo Roger—. Mi bicicleta es pequeña para ti. Puedes poner los pies en el suelo cuando empieces a perder el equilibrio.

No era mala idea, así es que lo intenté.

Primero, me subí a la bicicleta. Pude pararme fácilmente. Después empecé a pedalear muy despacio. Roger corría a mi lado. Si empezaba a perder el equilibrio, tan sólo ponía mi pie en el suelo para evitar caerme. Hice esto una y otra vez todo el camino a la tienda. Cuando llegamos, ya podía andar en bicicleta. Gracias a mi mejor amigo, ¡supe cómo montar bicicleta!

1. Describe tres sucesos en la narración personal que acompañen estas palabras de tiempo y orden:

   Primero yo _____

   Después _____

   Finalmente _____

2. ¿Cuál es el tema principal de esta narración personal?

_____

Escritura para exámenes

Nombre _____

Cartas a casa

Vocabulario

Instrucciones Escoge la palabra de la casilla que corresponda a cada definición. Escribe la palabra en la línea de la izquierda.

Verifica las palabras que conoces
- glaciar
- impresionante
- naturalista
- conserva
- laderas
- especie
- silvestre

_____ 1. masa de hielo que desciende lentamente por una montaña o valle

_____ 2. algo natural en la selva o en el campo

_____ 3. protege de daño o cambio

_____ 4. persona que estudia los organismos vivientes

_____ 5. conjunto de organismos vivientes relacionados con características similares

Instrucciones Escoge la palabra de la casilla que corresponda al significado de las palabras subrayadas. Escribe la palabra en la línea de la izquierda.

_____ 6. Descendimos esquiando por las <u>montañas</u> cubiertas de nieve.

_____ 7. El paisaje del parque nacional era <u>magnífico</u>.

_____ 8. El guardabosque <u>mantiene</u> el parque sin cambios.

_____ 9. Hace mucho tiempo una <u>gran capa de hielo</u> cubría toda el área.

_____ 10. Acampamos al aire libre en un área <u>natural y apartada</u>.

Escribe un poema

En una hoja aparte, escribe un poema sobre tu lugar natural favorito. Usa tantas palabras de vocabulario como sea posible.

Actividad en casa Su hijo identificó y usó palabras de vocabulario de *Cartas a casa desde Yosemite*. Lea un artículo expositivo sobre un lugar natural. Pida a su hijo que escriba oraciones en respuesta al artículo usando las palabras de vocabulario.

Nombre _____

Cartas a casa

Oraciones complejas y cláusulas

> Una **cláusula** es un grupo de palabras que tiene un sujeto y un predicado. La **cláusula independiente** es la que se puede escribir como una oración. La **cláusula subordinada** comienza por palabras como *porque* o *cuando* y, aunque tiene un sujeto y un predicado, no puede escribirse por separado como una oración.
>
> **Cláusula subordinada**   cuando yo tenía ocho años
>
> **Cláusula independiente**   Fuimos a Yosemite.
>
> Una **oración compleja** está formada por una cláusula independiente y una cláusula subordinada.
>
> Fuimos a Yosemite cuando yo tenía ocho años.
>
> La cláusula subordinada se sigue de coma cuando está al comienzo de la oración compleja.
>
> Cuando yo tenía ocho años, fuimos a Yosemite.

Instrucciones Escribe *I* si la cláusula subrayada es independiente y *S* si es subordinada.

1. La gente visita Yosemite <u>porque es muy hermoso</u>.   _____

2. <u>Cuando vimos El Capitán</u>, quedamos impresionados.   _____

3. Si vas allí, <u>no te pierdas las cascadas</u>.   _____

4. Aunque sólo estés unos días, <u>verás algún oso</u>.   _____

5. <u>Mis tíos hicieron varias cosas en Yosemite</u>:
   contemplaron los paisajes, vieron animales y pasearon.   _____

Instrucciones Copia los pares de oraciones simples formando con ellos oraciones complejas. Emplea las palabras entre ( ).

6. Vi las cascadas. Estuve en el parque. (cuando)

_____

7. Sólo tienes diez años. No puedes viajar solo. (si)

_____

Actividad para la casa Su niño o niña estudió las oraciones complejas y las cláusulas. Anímelo a mostrarle cómo palabras como *porque, cuando, aunque* o *si* pueden enlazar oraciones simples para formar otras complejas.

Normas Oraciones complejas y cláusulas   **87**

Nombre _____

Cartas a casa

Palabras con gue, gui, güe, güi

Palabras de ortografía				
pingüino	águila	guitarra	hoguera	bilingüe
alguien	manguera	reguero	guiso	vergüenza
guiño	guinda	güiro	guepardo	desagüe
juguete	merengue	hormiguero	cigüeña	agüita

Opuestos Escribe las palabras de la lista que tengan un significado opuesto o casi opuesto al de las palabras de abajo.

1. atrevimiento   1. _____
2. monolingüe   2. _____
3. nadie   3. _____
4. sin rastro   4. _____

Sinónimos Escribe las palabras de la lista que tengan un significado igual o casi igual al de las palabras de abajo.

5. instrumento de cuerdas   5. _____
6. estofado   6. _____
7. tubo   7. _____
8. fogata   8. _____
9. desaguadero   9. _____

Definiciones Escribe las palabras de la lista que coinciden con la definición.

10. diminutivo de agua   10. _____
11. felino muy veloz   11. _____
12. objeto con el que se entretienen los niños   12. _____
13. animal que vive en el Polo Sur   13. _____
14. fruto del guindo   14. _____
15. lugar en el que viven ciertos insectos   15. _____
16. ave depredadora muy grande   16. _____
17. alimento dulce de color blanco   17. _____
18. ave generalmente blanca, de cuello y patas largos   18. _____
19. instrumento musical popular   19. _____
20. cerrar un ojo   20. _____

Actividad para la casa Su hijo escribió palabras con *gue, gui, güe, güi*. Diga una palabra de la lista y pida a su hijo que la escriba.

Nombre _____

Cartas a casa

Guía para calificar
Narración personal

	4	3	2	1
Enfoque/ideas	Escritura narrativa clara y enfocada con un tema interesante y detalles descriptivos	Escritura narrativa enfocada con un buen tema y algunos detalles	La escritura narrativa tiene algunos detalles confusos o fuera de tema	La escritura narrativa carece de claridad o desarrollo
Organización	Párrafos bien organizados que cuentan sucesos en orden cronológico.	Buenos párrafos con la mayoría de los sucesos en orden cronológico.	Algunos sucesos fuera de orden cronológico	Sin párrafos, sin orden cronológico
Voz	Expresiva, voz interesante que le habla al lector	Expresiva e interesante la mayor parte del tiempo	Trata de ser expresiva e interesante.	Ni expresiva ni interesante
Lenguaje	Palabras de transición de tiempo y orden exactas y descriptivas para transmitir impresiones vívidas	Lenguaje claro; transmite fuertes impresiones y generalmente sugiere tiempo y orden	Algunas palabras vagas y repetitivas	Lenguaje incorrecto o limitado
Oraciones	Oraciones variadas que incluyen oraciones complejas	Oraciones adecuadas, algunas complejas	Demasiadas oraciones cortas y entrecortadas	Varios fragmentos y oraciones juntas
Normas	Excelente control y exactitud; cláusulas independientes y subordinadas correctamente usadas	Buen control, pocos errores; cláusulas independientes y subordinadas usadas generalmente en forma correcta	Un control débil; cláusulas independientes y subordinadas usadas de algún modo, aunque no siempre correctamente	Graves errores y significado vago; cláusulas independientes y subordinadas no usadas correctamente

Escritura Escritura para exámenes

Nombre _____

Cartas a casa

Vocabulario • Sufijos

- Un **sufijo** es la parte de una palabra que se agrega al final de una **palabra base** para cambiar su significado. Puedes usar un sufijo para descubrir el significado de una palabra desconocida.
- El sufijo *–ista* puede formar una palabra que significa "que estudia o hace".

Instrucciones Lee el texto. Luego responde las preguntas de abajo.

> En nuestra caminata como excursionistas por el extenso bosque al amanecer, el naturalista nos dijo que el parque estaba lleno de muchas especies de animales. Era asombroso pensar que tantos animales diferentes podían vivir en el mismo lugar. También nos dijo que para conservar el parque, teníamos que dejarlo como si nunca hubiéramos estado allí. No podíamos llevarnos ninguna flor o planta y tampoco debíamos dejar nuestra basura. Desafortunadamente, los visitantes anteriores no habían sido tan cuidadosos. Lograr que el parque vuelva a su estado natural es un trabajo de artistas.

1. ¿Cuál es el sufijo en la palabra *excursionista*? ¿Qué te indica sobre el significado de la palabra?

   _____

2. ¿Qué significa *naturalista*? ¿Cómo lo sabes?

   _____

   _____

3. ¿Qué significa la palabra *artista*?

   _____

4. Escribe otras dos palabras que terminen en *–ista*.

   _____

Actividad en casa Su hijo leyó un texto corto e identificó sufijos para comprender palabras de un texto. Lea un artículo con su hijo. Ayude a su hijo a identificar y encerrar en un círculo los sufijos agregados a palabras en el artículo.

Nombre _____

Cartas a casa

Fuentes impresas

- Las bibliotecas contienen varias fuentes de información para que usen los estudiantes. Puedes usar la base de datos de una biblioteca o un fichero para identificar y ubicar estos materiales. En ambos casos, puedes buscar los materiales por autor, título o tema.
- Las **fuentes impresas** incluyen enciclopedias, periódicos, revistas, diccionarios y otros libros de referencia.

Instrucciones Estudia esta lista de recursos impresos disponibles de una escuela.

Periódicos

Noticias de la escuela Hillside (periódico escolar)

Calles de Hillside (diario de la comunidad)

Daily Globe (diario de la ciudad metropolitana)

Revistas

Historia de gente joven

Matemáticas hoy

Mundo natural

Ve, ve, ve. El viajero mensual

Deportes de los Estados Unidos de América

Enciclopedias

Enciclopedia de hitos históricos, Vol. I

Enciclopedia de la nación, Vol. I–X

Enciclopedia de la naturaleza, Vol. I–II

Enciclopedia de ciencias, Vol. I–IV

Enciclopedia de mujeres, Vol. I–II

Diccionarios

Diccionario de palabras y frases comunes de Kenner

El diccionario del estudiante

El diccionario de medicina de Theisen

Destrezas de investigación y estudio

Nombre _____

Cartas a casa

Instrucciones Imagina que escribes un informe sobre el Parque Nacional Yosemite. Usa la lista de fuentes impresas para responder las preguntas de abajo.

1. ¿Qué fuente impresa usarías primero para tu informe sobre Yosemite? Explica.
   _____
   _____

2. ¿Por qué un periódico no sería el primer lugar para buscar información?
   _____
   _____

3. ¿Qué revistas pueden tener más información para usar en tu informe?
   _____

4. ¿Qué fuentes pueden tener fotografías más interesantes para tu informe?
   _____

5. ¿Cómo usarías un diccionario al escribir tu informe?
   _____

6. Sugiere un tema cuya información puedas comprobar en un catálogo bibliotecario de fichas.
   _____

7. Menciona tres fuentes del catálogo que probablemente no tengan mucha información sobre Yosemite.
   _____

8. ¿Qué enciclopedia te ayudaría a encontrar información sobre animales de Yosemite?
   _____

9. ¿Cómo usarías el nombre de un autor para encontrar información para este informe?
   _____
   _____

10. ¿Qué fuentes impresas tendrían información actualizada sobre un incendio en Yosemite?
    _____

Actividad en casa Su hijo aprendió sobre fuentes impresas. Hagan un paseo a la biblioteca local. Busquen y consulten las secciones de fuentes impresas.

92 Destrezas de investigación y estudio

Nombre _____

Cartas a casa

Palabras con *gue, gui, güe, güi*

Corrige un diálogo Lee el diálogo que un locutor leerá en la radio y la publicidad. Encierra en un círculo seis palabras con errores de ortografía y escríbelas correctamente.

> **Locutor:** Buenos días, oyentes. Espero que les guste el sonido de esa güitarra. En un rato escucharemos una canción interpretada con un guiro. Pero primero, unas palabras de nuestro patrocinador.
>
> **Anuncio publicitario:** ¿Su desayuno es siempre igual? ¿No lo satisface? ¿Qué tal un poco de energía extra? ¡Tome un poco de jugo de güinda y comience su día con más ánimo que nunca!
>
> **Locutor:** Ya es momento de dar las noticias. Tras cazar un pinguino, un güepardo se escapó del zoológico por el desague de la pileta del hipopótamo y se cree que está recorriendo las alcantarillas de toda la ciudad.

Palabras de ortografía
pingüino
alguien
guiño
juguete
águila
manguera
guinda
merengue
guitarra
reguero
güiro
hormiguero
hoguera
guiso
guepardo
cigüeña
bilingüe
vergüenza
desagüe
agüita

1. _____
2. _____
3. _____
4. _____
5. _____
6. _____

Palabras difíciles
zarigüeya
pedigüeño
paragüero
espagueti
antigüedad

Palabras correctas Encierra en un círculo las palabras escritas correctamente. Escribe la palabra.

7. Me da verguenza vergüenza cantar en público.   7. _____
8. Vimos una zarigueya zarigüeya en el árbol.   8. _____
9. Marcelo es bilingüe bilingue: habla portugués y francés.   9. _____
10. A mi hermana le encanta comer merengüe merengue.   10. _____
11. El águila ágüila es un ave muy grande.   11. _____
12. Esa mangüera manguera es larga.   12. _____

Actividad para la casa Su hijo identificó palabras con *gue, gui, güe, güi* mal escritas. Pida a su hijo que use palabras de la lista para hacer un anuncio o un comercial de radio.

Ortografía Palabras con *gue, gui, güe, güi*

Nombre _____

Cartas a casa

Oraciones complejas y cláusulas

Lee las oraciones. Luego, lee cada pregunta. Encierra en un círculo la letra de la respuesta correcta.

Animales en el parque

(1) Fuimos a Yosemite ____ nos gustan mucho los animales. (2) ____ hay pumas, no vimos ninguno. (3) ____ caminábamos, vimos un oso negro.
(4) ____ no quieres que se enojen, no molestes a los osos. (5) ____ salimos de noche, vimos dos búhos.

1. ¿Qué palabra completa la oración 1?
   A desde que
   B porque
   C hasta
   D cuando

2. ¿Qué palabra completa la oración 2?
   A O
   B Antes
   C Como
   D Aunque

3. ¿Qué palabra completa la oración 3?
   A Mientras
   B Ya
   C Si
   D Desde que

4. ¿Qué palabra completa la oración 4?
   A Pero
   B Desde que
   C Hasta que
   D Si

5. ¿Qué palabra completa la oración 5?
   A Cuando
   B Hasta que
   C Entre
   D Si

Actividad para la casa Su niño o niña se preparó para examinarse de oraciones complejas y cláusulas. Pídale que busque oraciones complejas en un artículo de periódico. Luego, dígale que identifique las cláusulas independientes y subordinadas de cada oración.

Unidad 1 Semana 1 Repaso interactivo

Nombre _____

Palabras con s, c, z

Palabras de ortografía				
sierra	casa	pedazo	pacífico	ensalzar
cierra	caza	sincero	zarpa	silencio
zumo	sensación	abrazo	masa	socio
sumo	cine	crucé	mazorca	receta

Sinónimos Escribe la palabra de la lista que sea un sinónimo de cada palabra.

1. franco 1. _____
2. parte 2. _____
3. añado 3. _____
4. atravesé 4. _____
5. tapa 5. _____
6. compañero 6. _____
7. sereno 7. _____
8. impresión 8. _____
9. elote 9. _____
10. elogiar 10. _____

Definiciones Escribe la palabra de la lista al lado de su definición.

11. mezcla de harina, agua y levadura 11. _____
12. cordillera de montes cortados 12. _____
13. ausencia de sonidos 13. _____
14. lugar para vivir 14. _____
15. sala donde se exhiben películas 15. _____
16. nota con instrucciones 16. _____
17. parte de un todo 17. _____
18. bebida de frutas 18. _____
19. rodear con los brazos en señal de cariño 19. _____
20. captura de animales 20. _____

Actividad para la casa Su hijo escribió palabras con s, c, y z. Diga a su hijo una palabra de la lista y pídale que la escriba.

Ortografía Palabras con s, c, z

Oraciones enunciativas e interrogativas

Instrucciones Escribe *E* si la oración es enunciativa o *I* si es interrogativa.

1. Yo siempre he vivido aquí. _____

2. ¿Tú te mudaste alguna vez? _____

3. ¿Te gusta vivir en esta ciudad? _____

4. Mis abuelos viven en México. _____

5. ¿Dónde nacieron tus padres? _____

Instrucciones Copia las siguientes oraciones enunciativas e interrogativas con la puntuación correcta.

6. mis hermanos son muy traviesos

_____

7. cómo son tus hermanos

_____

8. estuviste alguna vez en México

_____

Instrucciones Copia las siguientes oraciones cambiándolas al tipo indicado entre ( ).
Ejemplo   Amada está contenta. (interrogativa)
               ¿Está contenta Amada?

9. Podemos ir al parque. (interrogativa)

_____

10. ¿Nos trenzamos el cabello? (enunciativa)

Unidad 1 Semana 2 Repaso interactivo

Nombre _____

Palabras con *b, v*

Palabras de ortografía				
bota	bote	balada	revuelto	veneno
vota	vinagre	bigote	vistoso	cabo
basura	basta	vaya	vela	cabeza
vívido	abeja	obtuso	bien	bocado

Clasificar Escribe la palabra de la lista que complete cada grupo.

1. canción, tonada, cántico
2. extremo, punta, fin
3. marche, camine, transite
4. zapato, sandalia, zapatilla
5. sal, aceite, pimienta
6. torpe, lento, tardo
7. cerilla, candela, cirio
8. desperdicio, residuo, sobra
9. barco, lancha, canoa
10. mosca, avispa, mosquito

1. _____
2. _____
3. _____
4. _____
5. _____
6. _____
7. _____
8. _____
9. _____
10. _____

Ordenar alfabéticamente Lee las palabras. Escribe la palabra de la lista que va entre ellas según el orden alfabético.

11. bacalao _____ beso
12. vaso _____ vuelo
13. bisonte _____ boda
14. caballo _____ cama
15. resaltar _____ rezongar
16. bellota _____ bonete
17. vivero _____ vivienda
18. bala _____ bilis
19. venado _____ venir
20. visera _____ visual

11. _____
12. _____
13. _____
14. _____
15. _____
16. _____
17. _____
18. _____
19. _____
20. _____

Actividad para la casa Su hijo escribió palabras con *b, v*. Pida a su hijo que use cada palabra de la lista en una oración.

Ortografía Palabras con *b, v*

Oraciones imperativas y exclamativas

Instrucciones Escribe *I* si la oración es imperativa o *E* si es exclamativa.

1. Muéstrame tu dibujo. _____
2. ¡Dibujaste a Marinero! _____
3. Regálamelo, por favor. _____
4. ¡Está empezando a llover! _____
5. Guarda el dibujo en la carpeta. _____

Instrucciones Lee las oraciones. Escribe *C* si la puntuación es correcta. Escribe *NC* si no es correcta.

6. Cómprese un perro de Terranova. _____
7. ¡Qué bien nadan estos perros! _____
8. Mira cómo tiene las patas! _____
9. ¡Oh! ¡Son palmeadas! _____
10. Es el perro perfecto para usted! _____

Instrucciones Copia las oraciones agregando la puntuación correcta. Luego escribe *I* si la oración es imperativa y *E* si es exclamativa.

11. dígame dónde está el Missouri

_____

12. qué frío hará río arriba

_____

13. tráeme ese trozo de madera

_____

14. sentí tanto alivio

_____

15. ven conmigo, Marinero

_____

98 Normas Oraciones imperativas y exclamativas

Nombre _____

Unidad 1 Semana 3 Repaso interactivo

Palabras con *g, j, x*

Palabras de ortografía

viaje	general	tarjeta	paisaje	tejer
carruaje	mugir	vendaje	recoger	crujir
jirafa	lenguaje	agujero	mojado	jinete
México	mensaje	extranjera	refrigerar	Texas

Patrones de palabras Completa las letras que faltan para escribir la lista de palabras.

1. P A ____ S A ____ E
2. ____ I R ____ F ____
3. R E ____ O ____ E ____
4. ____ E ____ E ____
5. M É ____ I ____ O
6. T ____ R ____ E ____ A
7. ____ I ____ E ____ E
8. M O ____ A ____ O
9. ____ E ____ E R ____ L
10. ____ E ____ S A ____ E
11. A ____ U ____ E R ____

1. _____
2. _____
3. _____
4. _____
5. _____
6. _____
7. _____
8. _____
9. _____
10. _____
11. _____

Crucigrama Usa las pistas de abajo para resolver el crucigrama.

Horizontal

2. ligadura
4. sirve para comunicarnos
6. persona de otro país
8. rechinar

Vertical

1. medio de transporte
3. traslado
5. ruido que hace la vaca
7. enfriar

Actividad para la casa Su hijo escribió palabras con *g, j, x*. Lea cada palabra de la lista y pida a su hijo que las deletree.

Ortografía Palabras con *g, j, x*

Sujetos y predicados

Instrucciones Subraya una vez el sujeto completo y dos veces el predicado completo.

1. Los flexibles juncos crujían con el viento.

2. Los pies desnudos dejaban sus huellas en el barro.

3. Una enorme águila sobrevoló la pradera.

4. Un brillante sol calentaba la tierra reseca.

5. Una libélula pasó volando sobre el arroyo.

Instrucciones Rodea con un círculo el núcleo del sujeto y el núcleo del predicado de cada oración.

6. La niña aventurera estaba muy preocupada.

7. La hermana más pequeña era también la más obediente.

8. La alta mesa surgía en medio de la pradera.

9. El tejón tenía la piel gris y las patas cortas.

10. Las dos niñas lavaron los platos del desayuno.

Instrucciones Identifica la parte subrayada de cada oración. Escribe *SC* para el sujeto completo, *NS* para el núcleo del sujeto, *PC* para el predicado completo y *NP* para el núcleo del predicado.

11. El arroyo cruzaba un bosquecillo de sauces. _____

12. El fuerte viento movía los juncos. _____

13. Los minúsculos pececillos eran muy difíciles de ver. _____

14. El cariñoso perro saltaba delante de su dueña. _____

15. El sol se levanta muy temprano en verano. _____

Nombre _____

Unidad 1 Semana 4 Repaso interactivo

Palabras con *ll, y*

Palabras de ortografía				
cayó	allá	baya	arroyo	rayo
calló	belleza	mayor	silla	rallador
hayas	mayo	maya	llorar	ayuda
halla	valla	lleva	leyenda	coyote

Completa las oraciones Encierra en un círculo la palabra subrayada escrita correctamente.

1. Espero que <u>hayas</u> <u>hallas</u> traído tu abrigo.
2. Marta <u>lleva</u> <u>yeva</u> los platos y los vasos.
3. Los bomberos acudieron en su <u>alluda</u> <u>ayuda</u>.
4. <u>Allá</u> <u>Ayá</u> está la casa de Paula.
5. Tu pelota <u>calló</u> <u>cayó</u> por las escaleras.
6. El caballo saltó la <u>valla</u> <u>vaya</u> sin dificultad.
7. A los osos les gusta comer todo tipo de <u>balla</u> <u>baya</u>.
8. Si seguimos el <u>arrollo</u> <u>arroyo</u> llegaremos a la ciudad.
9. El concurso de <u>belleza</u> <u>beyeza</u> comienza mañana.
10. Quien <u>haya</u> <u>halla</u> la respuesta se gana un premio.

1. _____
2. _____
3. _____
4. _____
5. _____
6. _____
7. _____
8. _____
9. _____
10. _____

Palabras clave Escribe la palabra de la lista que coincide con la pista.

11. Se utiliza para rallar queso.
12. Alguien que tiene más años que tú.
13. Dejó de hablar.
14. Uno de los meses que corresponde a la primavera.
15. En la cama nos acostamos, allí nos sentamos.
16. Animal que por su tamaño y color parece un perro.
17. Historia que cuenta hechos tradicionales o maravillosos.
18. Persona que forma parte de una tribu del sureste de México.
19. Línea de luz que procede de un cuerpo luminoso.
20. Derramar lágrimas a causa de la tristeza.

11. _____
12. _____
13. _____
14. _____
15. _____
16. _____
17. _____
18. _____
19. _____
20. _____

Actividad para la casa Su hijo escribió palabras con *ll, y*. Pronuncie incorrectamente cada palabra de la lista. Pida a su hijo que le diga la pronunciación correcta.

Ortografía Palabras con *ll, y*   **101**

Nombre _____

Unidad 1 Semana 4 Repaso interac

Oraciones compuestas

Instrucciones Escribe *S* si la oración es simple y *C* si es compuesta.

1. El príncipe sapo se basa en un cuento de hadas antiguo. _____

2. Trata de un sapo y una princesa. _____

3. La princesa fue a una fuente y se le perdió su bola de oro. _____

4. En ese momento pasó por allí un sapo. _____

5. El sapo le ofreció un trato a la princesa. _____

6. Él le encontraría la bola y la princesa sería amable con él. _____

7. El sapo le dio la bola, pero la princesa huyó con ella. _____

8. La princesa corrió al palacio y él la siguió. _____

9. La princesa cerró la puerta, pero el rey dejó pasar al sapo. _____

10. La princesa había dado su palabra y debía cumplirla. _____

Instrucciones Forma oraciones compuestas. Usa *o*, *y* o *pero* para combinar cada par de oraciones simples.

11. El sapo dormiría en el palacio. La princesa nunca lo besaría.

_____

12. A la princesa no le gustaba el sapo. Él quiso dormir en su almohada.

_____

13. A la tercera mañana se despertó. Había una sorpresa en la habitación.

_____

14. La princesa debía abrir la puerta. Nunca vería al guapísimo príncipe.

_____

Palabras con *gue, gui, güe, güi*

Palabras de ortografía

pingüino	águila	guitarra	hoguera	bilingüe
alguien	manguera	reguero	guiso	vergüenza
guiño	guinda	güiro	guepardo	desagüe
juguete	merengue	hormiguero	cigüeña	agüita

Palabras en contexto Escribe las palabras de la lista que completen las oraciones.

1. Cuando pisé el _____ me picaron muchas hormigas.
2. El dulce de _____ es muy rico.
3. La _____ tiene el pico muy largo.
4. _____ dejó la ventana abierta.
5. Se tapó el _____ del fregadero.
6. El fuego de la _____ se consumió lentamente.
7. Mi hermano está aprendiendo a tocar la _____.
8. Marcos me regaló este _____.
9. Una persona _____ habla dos idiomas.
10. Sobre las montañas vuela un _____.

1. _____
2. _____
3. _____
4. _____
5. _____
6. _____
7. _____
8. _____
9. _____
10. _____

Palabras mezcladas Ordena las letras de la lista y escribe las palabras en las líneas.

11. uigos
12. paruegdo
13. nipnoüig
14. ataüig
15. gñoui
16. rengueme
17. zavernüeg
18. namrageu
19. uererog
20. ürogi

11. _____
12. _____
13. _____
14. _____
15. _____
16. _____
17. _____
18. _____
19. _____
20. _____

Actividad para la casa Su hijo escribió palabras con *gue, gui, güe, güi*. Diga cada palabra de la lista y pida a su hijo que las deletree y que las use en una oración.

Oraciones complejas y cláusulas

Instrucciones Escribe *I* si la cláusula subrayada es independiente y *S* si es subordinada.

1. Cuando llegaron los primeros mineros, <u>todavía vivían indígenas en Yosemite</u>.

2. <u>Ya que vas a Yosemite</u>, tráeme un recuerdo.

3. <u>Cuanto más te alejas de las carreteras</u>, más bonito es el paisaje.

4. <u>La gente iba a Yosemite a caballo</u> antes de que llegara el tren.

5. La zona no estuvo protegida <u>hasta que el gobierno federal la cedió a California</u>.

Instrucciones Escribe la cláusula de la oración indicada entre ( ).

6. Como al principio no podían entrar los carros, los visitantes llegaban en tren. (subordinada)

7. Cuando se permitió el acceso a los carros, empezó a ir mucha gente. (independiente)

8. El lugar se llenaba de polvo porque los caminos no estaban asfaltados. (independiente)

9. Cuando había mucho tráfico, sólo se podía circular por un carril. (subordinada)

10. Cuando se prohibieron los carros en algunas zonas, los visitantes caminaban más. (independiente)

Instrucciones Copia los pares de oraciones simples formando con ellos oraciones complejas. Emplea las palabras entre ( ).

11. Mucha gente visita Yosemite. Puedes encontrar lugares tranquilos. (aunque)

12. Quieres una experiencia inolvidable. Visita Yosemite. (si)

Nombre _____

Proceso de la escritura
Unidad 1

Notas para una escritura narrativa personal

Instrucciones Completa el organizador gráfico con información sobre el suceso o experiencia que planeas escribir.

Resumen

¿Qué sucedió? _____

¿Cuándo? _____

¿Dónde? _____

¿Quién estaba allí? _____

Detalles

Principio

Desarrollo

Final

Nombre _____

**Proceso de la escritura
Unidad 1**

Palabras que hablan sobre *ti*

Instrucciones Quizás tus sentimientos cambiaron durante el transcurso de la experiencia que describiste en tu escritura narrativa personal. Escoge dos o tres palabras del banco de palabras para describir cómo te sentiste en diferentes momentos. Para cada palabra, explica por qué te sentiste de esa manera. Luego usa detalles vívidos que *muestren* cómo te sentiste.

enojado	decepcionado	nervioso	emocionado
avergonzado	ansioso	orgulloso	satisfecho
contento	triste	curioso	enojado

Me sentí _____

Motivos _____

Y así me vi y actué _____

_____

Me sentí _____

Motivos _____

Y así me vi y actué _____

_____

Me sentí _____

Motivos _____

Y así me vi y actué _____

_____

Nombre _____

**Proceso de la escritura
Unidad 1**

Combinar oraciones

> Cuando escribes, puedes combinar oraciones cortas y simples para hacer oraciones compuestas o complejas. Una oración compuesta tiene dos cláusulas independientes (grupos de palabras que pueden funcionar solas como oraciones) unidas por una palabra como *y, pero, o, ni*. Una oración compleja tiene una cláusula independiente y una cláusula subordinada (un grupo de palabras que no pueden funcionar como una oración) unidas por una palabra como *si, cuando, porque, aunque, desde* o *como*. Recuerda, las dos oraciones que combinas deben tener sentido.

Instrucciones Usa la palabra en ( ) para combinar las dos oraciones. Recuerda usar una coma cuando sea necesario.

1. Quiero ser un actor. Creo que puedo ser muy bueno. (y)

_____

_____

2. Actuar es divertido. Puedes hacerte pasar por alguien diferente. (porque)

_____

_____

3. Me postulé para un taller de actuación. Todavía no he tenido noticias. (pero)

_____

_____

4. Tengo sólo once años. Tengo un largo camino por delante. (así que)

_____

_____

5. Me gradúo. Podría mudarme a Hollywood. (después)

_____

_____

Nombre _____

Proceso de la escritura
Unidad 1

Comentar entre compañeros y maestros una narración personal

Instrucciones Después de intercambiar borradores, lee la narración de tu compañero. Consulta la Lista para revisar mientras tomas notas sobre la narración de tu compañero. Escribe tus comentarios o preguntas sobre las líneas. Haz cumplidos así como sugerencias para las revisiones. Túrnate para hablar sobre el borrador de cada uno y usa las notas que escribiste. Dale a tu compañero tus notas.

Lista para revisar

Enfoque/ideas

✱ ¿Está la narración personal enfocada en una experiencia importante?

✱ ¿Hay suficientes detalles sobre la experiencia?

Organización

✱ ¿Ayudan las palabras de tiempo y orden y los párrafos a organizar la secuencia de sucesos?

Voz

✱ ¿Es la escritura narrativa interesante y expresiva?

Lenguaje

✱ ¿Ayuda el lenguaje vívido a mostrar más que hablar sobre los sentimientos del autor?

Oraciones

✱ ¿Hay tantas oraciones simples como compuestas? ¿Se han combinado las oraciones cortas y entrecortadas para hacer oraciones compuestas y complejas?

Cosas que pensé que eran buenas

_____

_____

_____

Cosas que pensé que pueden mejorarse

_____

_____

Nombre _____

El cine

Causa y efecto

- Una **causa** es por qué pasa algo. Un **efecto** es lo que pasa.

Instrucciones Lee el siguiente pasaje. Luego completa el diagrama.

Mis amigos y yo filmamos una película casera. Se trataba sobre nuestro juego de campeonato. La mejor parte de la película fue cuando Tina le pasó el balón a Michael, pero lo pateó demasiado fuerte y Michael hizo que el balón saliera de la cancha. Jackie, del otro equipo, casi anotó un gol. Pateó el balón tan fuerte que por poco entra en el arco de Tina y Michael. Andre, el arquero, saltó a un costado y lo atajó. Lo pateó de nuevo a la cancha. Michael tropezó mientras corría y no pudo alcanzar el balón. Esto hizo que el balón quedara justo en frente de Jackie. Jackie le dio una patada rápida, el balón voló, pasó a Andre, y entró en la portería.

Causa	**Efecto**
1.	Michael pateó el balón fuera de la cancha.
El balón salió de la cancha.	2.
Jackie fue al ataque.	3.
4.	No pudo alcanzar el balón.
Jackie le dio una patada rápida.	5.

Actividad en casa Su hijo identificó causas y efectos en un pasaje breve. Lea un artículo sobre un suceso deportivo con su hijo. Pida a su hijo que identifique causas y efectos en el artículo que usted leyó.

Comprensión 109

Nombre _____

El cine

Escritura • Poema

La carrera

Hubo una vez un ser fuera de esta Tierra
que quería correr una carrera
con los niños de mi escuela
a quienes quería como a su abuela.
Ganó, pero se esfumó en la carretera.

Aspectos principales de una quintilla humorística

- tiene 5 versos
- el primer verso presenta a una persona y un lugar
- los versos 1, 2 y 5 riman; los versos 3 y 4 riman
- es usualmente humorístico

---

1. Vuelve a leer el poema. Observa el número de versos. Observa las palabras que riman. ¿Qué hace que este poema sea una quintilla humorística?

_____

_____

2. Describe el humor de este poema.

_____

_____

_____

_____

Nombre _____

El cine

Vocabulario

Instrucciones Escoge la palabra de la casilla que mejor se corresponda con cada definición. Escribe la palabra en la línea a la izquierda.

_____ 1. Construcción provisoria

_____ 2. Acción de cambiar de lugar

_____ 3. Serie continua de imágenes

_____ 4. Que no puede moverse

_____ 5. Lugar de reunión y juegos del pueblo

Verifica las palabras que conoces
- barraca
- público
- película
- movimiento
- orquesta
- plaza
- inmóvil
- escena

Instrucciones Escoge la palabra de la casilla que mejor se corresponda con cada clave. Escribe la palabra en la línea a la izquierda.

_____ 6. La forman instrumentos de cuerda, viento y percusión.

_____ 7. Se puso de pie y aplaudió al final de la función.

_____ 8. Es una parte de la obra o de la película.

_____ 9. Esto es lo que te ocurre cuando no puedes moverte.

_____ 10. La ves en el cine y también en la televisión.

Escribir una reseña de una película

En una hoja aparte, escribe una reseña de una película. Usa todas las palabras del vocabulario que puedas.

Actividad para la casa Su hijo identificó y usó palabras del vocabulario de El cine no fue siempre así. Trabaje con su hijo para hacer un crucigrama con las palabras y para escribir claves originales para las palabras.

Vocabulario **111**

Nombre _____

El cine

Sustantivos comunes y propios

> - Un **sustantivo** es una palabra que representa a una persona, un lugar o una cosa.
> - Un **sustantivo común** representa a cualquier persona, lugar o cosa.
> - Un **sustantivo propio** representa a una persona, un lugar o una cosa en particular. Los sustantivos propios comienzan con letra mayúscula.
>
>   **Sustantivos comunes**　　　　　Iremos al <u>cine</u> la <u>semana</u> próxima.
>
>   **Sustantivos propios**　　　　　Vendrán <u>Ceci</u> y <u>Paula</u>.
>
> Los nombres de los astros del sistema solar son sustantivos propios: e*l Sol, la Tierra, la Luna.*

Instrucciones Una de las palabras subrayadas de cada oración es un sustantivo. Encierra en un círculo ese sustantivo y luego escribe *C* si el sustantivo es común o *P* si es propio.

1. <u>Ana</u> y yo fuimos al cine con <u>mis</u> tíos.　　　　　_____

2. Vimos la <u>película</u> que <u>estrenaron</u> ayer.　　　　　_____

3. <u>A</u> mí me gustaron mucho los <u>paisajes</u>.　　　　　_____

Instrucciones Subraya los tres sustantivos de cada oración. Luego, copia cada sustantivo bajo el encabezamiento correcto de la tabla.

4. Los protagonistas se llamaban Lina y Pancho.

5. En la casa había también un perro llamado Bono.

6. Al principio vivían en Arizona y luego se mudaron a Alaska.

7. El tema central eran las reacciones a ese gran cambio.

8. En una escena, se veía Juneau, la capital.

Sustantivos comunes	Sustantivos propios

Actividad para la casa Su niño o niña estudió los sustantivos comunes y propios. Pídale que nombre personas, lugares o cosas de su entorno y que diga si esos sustantivos son comunes o propios.

Nombre _____

El cine

Plurales terminados en -s, -es, -ces

Palabras de ortografía				
voces	luces	lugares	directores	paraguas
veces	lápices	hermanos	tijeras	errores
narices	teléfonos	actores	escaleras	idiomas
imágenes	mesas	capaces	pantalones	anteojos

Claves de contexto Las claves de contexto nos pueden ayudar a conocer los significados de una palabra. Escribe las palabras de la lista que puedan usarse para completar las oraciones de acuerdo con las claves de contexto.

1. En mi casa hay sillas y _____. _____

2. En una tarde lluviosa voy a la calle con un _____. _____

3. La maestra me enseña a cortar con _____. _____

4. Mi abuelo usa _____ para leer. _____

5. Mis _____ y mis primos van juntos a la plaza. _____

6. Los canguros son _____ de saltar muy alto. _____

Agregar -s, -es o -ces Agrega -s, -es o -ces para hacer cada palabra plural. Escribe la palabra.

7. Nariz _____   8. Voz _____

9. Vez _____   10. Idioma _____

11. Actor _____   12. Lugar _____

13. Pantalón _____   14. Lápiz _____

15. Error _____   16. Escalera _____

17. Director _____   18. Luz _____

19. Imagen _____   20. Teléfono _____

Actividad en casa Su hijo escribió palabras que terminan con -s, -es o -ces. Diga la forma singular de las palabras en la lista y pida a su hijo que diga y deletree la forma en plural.

Ortografía Plurales terminados en -s, -es, -ces

Nombre _____

El cine

Escritura • Poema

El juego de fútbol de Sam

Sin manos, aficionados alentadores; ¡zas! ¡Qué patada! Pump. Los porteros vigilan el arco, atajan el balón. Sam toma el control, esquiva y patea, zuuuum, a la red; ¡qué triunfó!

Aspectos principales de un caligrama
- toma la forma del tema del poema
- usa palabras y espacios para crear la forma
- crea una imagen mental del tema que representa la forma

1. Vuelve a leer el poema. ¿Qué hace que este poema sea un caligrama?

_____

_____

2. Piensa en las palabras y frases del poema y crea una imagen mental del poema. ¿Qué otras palabras descriptivas y frases de fútbol podrías agregar a este poema?

_____

_____

Nombre _____

El cine

Vocabulario • Afijos: Prefijo *in-*

- Los **prefijos** tienen su significado propio y se agregan a las palabras base. Cambian el significado de las palabras base.
- El prefijo *in-* significa "lo opuesto de _____" o "no _____".

Instrucciones Lee el texto de la película del juego de básquetbol. Busca el prefijo *in-* mientras lees. Luego responde las preguntas de abajo.

Recibimos en la escuela la invitación y fuimos al cine que funcionaba en la antigua barraca con los compañeros de la escuela. Estábamos impacientes, pero valió la pena. Fue la película más increíble de un partido de básquetbol que haya visto. Era nuestro equipo favorito. Nos parecía que estábamos dentro del juego. Las escenas fueron inolvidables. Gritábamos y alentábamos a los jugadores igual que en el estadio. Cuando salimos del cine cruzamos la plaza y nos quedamos boquiabiertos, incapaces de hablar. Nos quedamos inmóviles. ¡Allí estaban los jugadores firmando autógrafos!

1. ¿Qué significa *increíble*? ¿Cuál es el prefijo?

_____

2. ¿Qué significa *inolvidables*? ¿Cuál es el prefijo?

_____

3. ¿En qué se parecen *inolvidable* e *incapaces*?

_____

4. ¿Qué significa *inmóviles*? ¿Cuál es el prefijo?

_____

5. Escribe una oración con dos palabras que tengan el prefijo *in-*.

_____

_____

Actividad en casa Su hijo identificó y usó prefijos para comprender las palabras del texto. Con su hijo, hagan una lista de las palabras asociadas con una actividad o deporte favorito. Pregunte a su hijo cómo cambian los significados cuando agrega un prefijo.

Nombre _____

El cine

Gráficas y tablas

- Las **gráficas** muestran datos o información visualmente. La mayoría de las gráficas tienen títulos y usan una combinación de palabras y números. Una gráfica a menudo toma la forma de una lista, diagrama o tabla.
- Una **tabla** es una clase especial de gráfica que muestra información en filas y columnas. Un solo recuadro en una tabla a menudo se llama **celda**.
- Las gráficas y las tablas pueden crearse fácilmente con el uso de software de procesadores de texto.

Instrucciones Examina las imágenes de abajo del programa de un procesador de textos. Luego responde las preguntas.

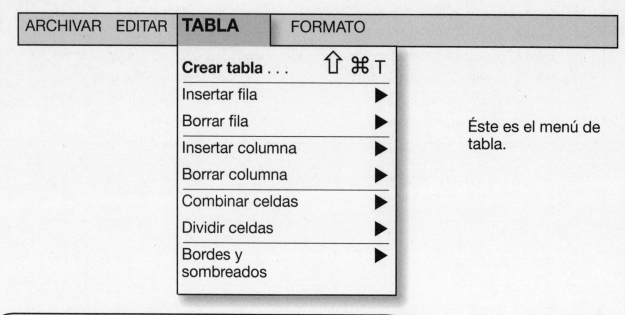

Éste es el menú de tabla.

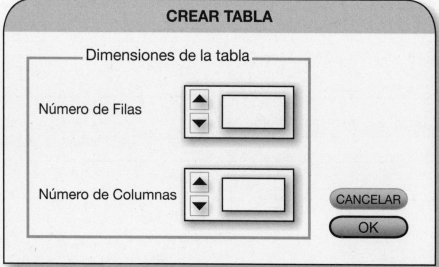

Ésta es la ventana Crear Tabla. Aparece cuando seleccionas el comando Crear Tabla del menú Tabla.

116 Destrezas de investigación y estudio

Nombre _____

El cine

1. Quieres crear una tabla que muestre la puntuación más alta de 31 estudiantes en un determinado juego de video. ¿Cuántas columnas pedirás en la ventana de crear tabla?

   _____

   _____

2. ¿Qué comando usarías en el menú de la tabla para eliminar una fila adicional?

   _____

3. Ahora quieres agregar otra columna a la tabla para mostrar la puntuación más alta de cada estudiante en un juego diferente. ¿Qué comando del menú de la tabla usarías?

   _____

4. ¿Cómo harías una celda que se expanda en la parte superior de la tabla?

   _____

5. Cuando terminas tu tabla, decides que quieres poner una línea de borde entre cada columna. ¿Dónde crees que en el menú de la tabla encontrarás las herramientas para hacerlo?

   _____

6. Imagínate que quieres mostrar la puntuación para cada una de las cuatro rondas de un juego de video determinado, más el total de cada persona que juega después de las cuatro rondas. ¿Cuántas columnas necesitarías? ¿Por qué?

   _____

   _____

7. Se unen a la clase dos estudiantes nuevos. ¿Cómo actualizarías la tabla?

   _____

8. Un estudiante deja la clase. ¿Cómo eliminarías sus datos?

   _____

9. ¿Cómo eliminarías la ventana crear tabla si no la necesitas?

   _____

10. ¿Con qué propósito crearía una persona una tabla como ésta?

    _____

Actividad en casa Su hijo leyó una tabla y respondió preguntas acerca de la tabla. Juntos, dibujen una tabla (manual o con la computadora) para mostrar las actividades de la familia cada día de la semana. Antes de dibujar la tabla, pida a su hijo que decida cuántas columnas y filas necesitará.

Destrezas de investigación y estudio 117

Nombre _____

El cine

Plurales terminados en -s, -es, -ces

Corrige un diálogo Lee el diálogo y encierra en un círculo cinco palabras con errores de ortografía. Luego escribe las palabras correctamente. Señala el error de puntuación y escribe correctamente las oraciones.

> **Ricardo:** En qué obra de teatro te gustaría actuar?
>
> **María:** Me gustaría actuar en la obra que dirigen los dos directorez.
>
> **Ricardo:** Es una buena obra, pero a veces hay muy pocas luzes en el escenario.
>
> **María:** Tienes razón, una amiga me dijo que no podía ver las imagenses de los cuadros de la escenografía.
>
> **Susana:** Igualmente, los actorez son muy buenos y capases de hacer reír al público.

Palabras de ortografía

voces
veces
narices
imágenes
luces
lápices
teléfonos
mesas
lugares
hermanos
actores
capaces
directores
tijeras
escaleras
pantalones
paraguas
errores
idiomas
anteojos

1. _____   2. _____
3. _____   4. _____
5. _____
6. _____

Palabras correctas Encierra en un círculo las palabras escritas correctamente. Escribe la palabra.

7. voses   voces   vozes   7. _____
8. narices   narises   narizes   8. _____
9. mezaz   mesaz   mesas   9. _____
10. anteojoses anteojos anteojoz 10. _____
11. tijerases   tijeras   tijeraz   11. _____
12. actors   actores   actorez   12. _____
13. veces   veses   vezez   13. _____
14. paraguas   paraguaes paraguases 14. _____
15. teléfonoz   teléfonoes teléfonos 15. _____
16. capazes   capases   capaces   16. _____

Palabras difíciles

víveres
espectadores
matices
voraces
películas

Actividad en casa Su hijo identificó palabras escritas incorrectamente con -s, -es y -ces. Pida a su hijo que use las palabras de los ejercicios 7-16 en una oración.

Nombre _____

El cine

Sustantivos comunes y propios

Lee las oraciones. Luego, lee cada pregunta. Encierra en un círculo la letra de la respuesta correcta.

Mi tío en Marte

(1) Mi tío Juan trabaja en el cine. (2) Juan está especializado en efectos especiales. (3) Ahora mi tío vive en California. (4) En Estados Unidos hay una gran industria del cine. (5) Ahora su equipo prepara una película sobre la vida en Marte.

1. ¿Cuál de estas palabras de la oración 1 es un sustantivo común?

    A Juan
    B trabaja
    C Mi
    D tío

2. ¿Cuál de estas palabras de la oración 2 es un sustantivo propio?

    A efectos
    B Juan
    C especiales
    D hace

3. ¿Cuál de estas palabras de la oración 3 es un sustantivo propio?

    A tío
    B trabaja
    C Ahora
    D California

4. ¿Cuál de estas palabras de la oración 4 es un sustantivo común?

    A industria
    B del
    C hay
    D Estados Unidos

5. ¿Cuál de estas palabras de la oración 5 es un sustantivo propio?

    A preparan
    B Marte
    C vida
    D película

Actividad para la casa Su niño o niña se preparó para tomar un examen de sustantivos comunes y propios. Léale un párrafo de un libro, una revista o un periódico. Pídale que identifique los sustantivos y le diga si son comunes o propios.

Normas Sustantivos comunes y propios

Nombre _____

El periódico

Sacar conclusiones

- **Sacar una conclusión** es formar una opinión basada en lo que ya sabes o en los datos y detalles de un texto.
- Comprueba las conclusiones del autor o tus propias conclusiones con las preguntas: ¿Ésta es la única opción lógica? ¿Los datos son exactos?

Instrucciones Lee el texto. Luego completa el diagrama de abajo con datos y detalles para apoyar una conclusión.

El trabajo de un vaquero cambia con las estaciones. En el otoño, los vaqueros arrean hacia el rancho al ganado que vaga por el campo abierto. Marcan al ganado para poder seguirle la pista. Luego, durante los meses de invierno, los vaqueros alimentan al ganado y lo engordan.

Cuando llega la primavera, los ganaderos escogen el ganado que quieren vender. Después, los vaqueros llevan al ganado en un viaje largo a la ciudad para que otros puedan comprarlo. Luego de que los vaqueros venden el ganado, descansan un tiempo corto antes de comenzar nuevamente con el proceso.

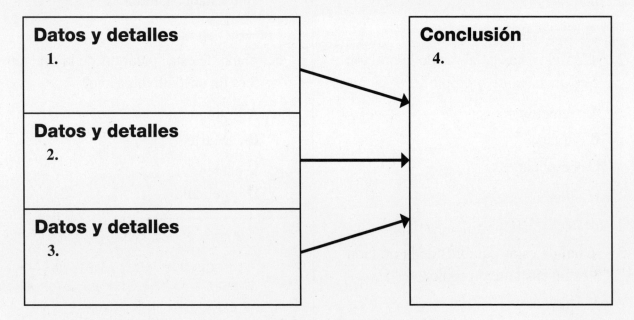

Datos y detalles
1.

Datos y detalles
2.

Datos y detalles
3.

Conclusión
4.

5. ¿Cómo decidirías si los datos y detalles son precisos?

Actividad en casa Su hijo leyó un texto y sacó conclusiones usando datos y detalles. Cuéntele a su hijo sobre un trabajo que tuvo una vez. Pida a su hijo que saque una conclusión de este trabajo según los datos y detalles que usted le proporciona.

Comprensión

Nombre _____

El periódico

Escritura • Artículo periodístico

Aspectos principales de un artículo periodístico
- informa sobre sucesos actuales reales
- incluye oraciones de apoyo
- da la información más importante en la introducción
- comienza con un título y el nombre del autor
- a menudo incluye características del texto, tales como fotografías y leyendas

La escuela Glenview elige consejo estudiantil

por Dan Clark

La semana pasada los 540 estudiantes de Glenview acudieron a las urnas para votar. Votaron por los dirigentes de su consejo estudiantil. También eligieron a los representantes de sus grados. Sabían que elegían dirigentes que los representarían en el consejo estudiantil por el resto del año escolar.

Todos los grados participaron en la elección. Los candidatos para presidente y vicepresidente visitaron cada clase para dar un discurso de campaña. Les explicaron a sus compañeros estudiantes por qué deberían ser elegidos. El estudiante de cuarto grado, Anthony Taylor, dijo que votaría por los candidatos que él pensaba que eran los estudiantes más inteligentes. —Si un joven es un estudiante conocido, sabe cómo escuchar a otros, e idear soluciones inteligentes para nuestros problemas —dijo—. Eso es lo que necesitamos en la escuela Glenview.

Entrevistamos a Roberta Ruiz, la nueva presidenta, para conocer lo que ella cree que serán los problemas que el consejo estudiantil afrontará. Enunció como sus mayores preocupaciones tener mejor comida en la cafetería, más clubes y actividades después de clases y temas del medioambiente, y las cosas en las que prometió trabajar si era elegida.

El presidente, los tres vicepresidentes y los representantes de los grados estarán muy ocupados si tratan de resolver todos los problemas que Roberta enunció. El nuevo consejo estudiantil acordó que fueron elegidos para hacer que la vida de todos sea mejor en Glenview. —Sí, nosotros podemos —se repetían mutuamente—. Aprendimos eso del presidente de los Estados Unidos.

1. Vuelve a leer el artículo periodístico. Nombra dos características que lo hagan un artículo periodístico.

_____

_____

2. ¿Cuál es el punto principal o foco del artículo?

_____

Nombre _____

El periódico

Vocabulario

Instrucciones Escoge la palabra de la lista que mejor concuerde con cada definición. Escribe la palabra en la línea a la izquierda.

_____ 1. que presume demasiado de sí

_____ 2. ruedas metálicas con puntas que se usan en el taco del jinete para dirigir los movimientos del caballo

_____ 3. pequeño mamífero parecido a un lobo

_____ 4. acción de llevar o traer el ganado en manada de largas distancias

_____ 5. sonidos que hacía el ganado vacuno

Verifica las palabras que conoces
___ mugían
___ coyote
___ encopetada
___ rodeo
___ espuelas

Instrucciones Escoge la palabra de la lista que complete mejor cada oración. Escribe la palabra en la línea a la izquierda.

_____ 6. Juan escuchó los terneritos que _____ por la noche.

_____ 7. Se vistió, se puso las _____ y corrió a buscar su caballo.

_____ 8. Un _____, que parecía enojado, había atemorizado al rebaño.

_____ 9. Juan tuvo que hacer un _____ rápido para poner al ganado a salvo.

_____ 10. El ruido molestaba a la señora _____ que había llegado de la ciudad.

Escribir palabras que motivan

En una hoja aparte, escribe palabras que un vaquero diría a otros vaqueros para motivarlos antes de salir de rodeo. Usa tantas palabras de vocabulario como puedas.

Actividad en casa Su hijo identificó y usó palabras del vocabulario de El periódico de la Escuela Coyote. Con su hijo, escriba oraciones con las palabras de la selección.

Nombre _____

El periódico

Género de los sustantivos

Un **sustantivo** es una palabra que se refiere a una persona, lugar o cosa. Los sustantivos pueden ser de género **masculino** o de género **femenino.** En general, los artículos concuerdan con el sustantivo al que se refieren.

- La mayoría de los sustantivos que acaban en -*o* son de género masculino. La mayoría de los que terminan en -*a* son de género femenino.

    el caballo   la cortina

- Muchos sustantivos masculinos que acaban en -*o* se pueden transformar en femeninos cambiando la terminación por -*a,* como *maestro/maestra*. En algunos sustantivos en que el masculino termina en consonante, el femenino se forma añadiendo -*a,* como *león/leona*.

- El masculino plural puede abarcar a individuos masculinos únicamente o masculinos y femeninos.

    Juan y Paula son hermanos.   Juan y Pedro son hermanos.

- Hay otros sustantivos que no acaban en vocal y de los que no se puede deducir el género, como *árbol* (masculino) o *sal* (femenino).

- Los sustantivos femeninos que empiezan por *a-* o *ha-* y llevan el acento pronunciado o escrito en esa sílaba, como *águila* o *hacha*, en singular deben llevar el artículo masculino para que suenen mejor.

    el agua fría   las aguas frías

Instrucciones Una de las palabras subrayadas es un sustantivo. Cópialo y luego escribe *M* si es un sustantivo masculino o *F* si es un sustantivo femenino.

1. En Texas hay <u>muchos</u> <u>ranchos</u>.   _____

2. Los vaqueros <u>reúnen</u> las <u>reses</u>.   _____

3. Este hombre es muy <u>hábil</u> con el <u>lazo</u>.   _____

4. El Sudoeste es una <u>zona</u> muy <u>seca</u>.   _____

5. Se han <u>hecho</u> muchas <u>películas</u> del Oeste.   _____

6. Allí <u>habitan</u> los <u>coyotes</u>.   _____

Actividad para la casa Su niño o niña estudió el género de los sustantivos. Señale objetos que vean en la casa. Pídale a su niño o niña que los nombre y que identifique los sustantivos masculinos y femeninos que vaya usando.

Normas Género de los sustantivos   **123**

Nombre _____

El periódico

Diptongo y triptongo

Palabras de ortografía				
aire	buey	soy	suavidad	cualidad
hay	miau	cuidado	boina	aislada
oigo	muy	caimanes	diurno	bailarina
hoy	ruina	ciudad	Uruguay	aplausos

Claves de contexto Escribe las palabras de la lista para completar las oraciones.

1. Mi hermano es el hijo mayor y yo _____ el hijo menor.
2. Una _____ de mi abuela es que sabe cocinar.
3. En el circo me emocionan los _____ del final.
4. Juan es _____ alto para la edad que tiene.
5. El abuelo usa una _____ cuando hace frío.
6. _____ es un país de América del Sur.
7. Me gusta sentir la _____ de mi gato.
8. Al cruzar la calle hay que tener _____.
9. El _____ de la mañana es cálido en el campo.
10. Yo _____ el croar de las ranas.
11. La _____ que más le gusta a mi mamá es Nueva York.
12. En mi casa _____ flores que florecen todo el año.

1. _____
2. _____
3. _____
4. _____
5. _____
6. _____
7. _____
8. _____
9. _____
10. _____
11. _____
12. _____

Definiciones Escribe una palabra de la lista que complete la definición.

13. el día presente
14. animal parecido al toro
15. sonido que hace el gato
16. mujer que baila
17. derrumbe de un lugar
18. animales peligrosos que viven en el agua
19. durante el día
20. estar alejada o sola

13. _____
14. _____
15. _____
16. _____
17. _____
18. _____
19. _____
20. _____

Actividad para la casa Su hijo escribió palabras con diptongo y triptongo. Diga las palabras de la lista. Pida a su hijo que diga y deletree cada palabra.

Nombre _____

El periódico

¿Qué?	¿Quién?	¿Dónde?	¿Cuándo?

Escritura Plan

Nombre _____

El periódico

Vocabulario • Palabras desconocidas

- Los **diccionarios** y los **glosarios** proporcionan listas en orden alfabético de las palabras y sus significados.
- A veces, observar las palabras alrededor de una palabra desconocida no ayuda a descubrir el significado de la palabra. Si esto sucede, usa un diccionario para encontrar el significado.

Instrucciones Lee el texto. Luego responde las preguntas de abajo.

> Al amanecer, mi tío fue alrededor de las tiendas de campaña a despertar a la gente encopetada del rancho. Irían de rodeo y necesitaban tener todo listo antes de partir. La gente encopetada desayunó y se vistió para el viaje. Algunos de ellos nunca habían cabalgado, por lo tanto, les tomó mucho tiempo ponerse los pantalones de arriero y las espuelas. Oían que el ganado mugía a lo lejos. Al rato, el grupo se dirigía al campo abierto.

1. ¿Cómo podrías definir *encopetada* mirando las palabras alrededor de ella?

   _____

2. Busca *encopetada* en un glosario o diccionario. ¿En qué se diferencia el significado que encontraste del significado que pensaste que tenía la palabra cuando miraste el texto a su alrededor?

   _____

3. ¿Cómo podrías definir *mugían* mirando las palabras alrededor de ella?

   _____

4. Busca *mugir* en un glosario o diccionario. ¿En qué se diferencia el significado que encontraste del significado que pensaste tenía la palabra cuando miraste a su alrededor?

   _____

5. Busca *rodeo* en un glosario o diccionario. ¿Qué tipo de palabra es?

   _____

Actividad en casa Su hijo leyó un texto corto y usó un diccionario o glosario para comprender las palabras desconocidas. Tenga una conversación acerca de su día con su hijo. Cuando su hijo escuche una palabra desconocida, ayúdelo a encontrar el significado de la palabra en un diccionario.

Nombre _____

El periódico

Periódico/Boletín

Los periódicos son publicaciones diarias o semanales impresas en hojas grandes de papel dobladas todas juntas. Incluyen secciones como noticias del día, anuncios, columnas o artículos y editoriales. Los boletines son publicaciones cortas para grupos que incluyen noticias que interesan a los miembros del grupo.

Instrucciones Usa este índice de un periódico escolar para responder las preguntas de abajo.

Noticias de la escuela	página 1
Cartas al editor	página 5
Editoriales	página 6
Columnas	página 8
Deportes	página 10
Calendario de eventos	página 11
Humor	página 12

1. ¿En qué sección encontrarás información de la próxima visita del alcalde a la escuela?

_____

2. ¿En qué página encontrarás el puntaje del último juego de básquetbol?

_____

3. ¿En qué página encontrarás comentarios de los estudiantes acerca del diario de la semana anterior?

_____

4. ¿En qué sección encontrarás bromas o dibujos animados?

_____

5. ¿Sería el diario de la escuela un buen lugar para encontrar información de los sucesos en el mundo? ¿Por qué?

_____

_____

Destrezas de investigación y estudio

Nombre _____

El periódico

Instrucciones Lee el artículo periodístico de la escuela para responder las preguntas de abajo.

La escuela Gallup Ranch tiene un nuevo autobús

La mayoría de los estudiantes que asisten a la escuela Gallup Ranch tienen que tomar el autobús en la mañana. Los ranchos de alrededor están demasiado lejos para que los estudiantes caminen o vayan en bicicleta a la escuela. Como el autobús tiene que empezar temprano para hacer todo su recorrido, muchos estudiantes tienen que levantarse muy temprano en la mañana para tomar el autobús. Los maestros conocen el problema y por eso han pedido fondos al gobernador del estado. Justo ayer, el director de la escuela anunció que el condado nos comprará un segundo autobús. Ahora habrá dos rutas del autobús en vez de una, y los estudiantes no tendrán que estar tanto tiempo en el autobús.

6. ¿Qué te dice el título de este artículo sobre el artículo?

_____

7. ¿Por qué un periódico escolar incluiría un artículo como éste?

_____
_____

8. ¿Dónde esperarías encontrar un artículo como éste en un periódico escolar?

_____
_____

9. Nombra el *quién*, *qué* y *cuándo* en este artículo.

_____
_____
_____

10. ¿Qué clase de grupo incluiría esta historia en su boletín? Explica.

_____
_____
_____

Actividad en casa Su hijo aprendió a usar los periódicos/boletines como material de consulta. Trabaje con su hijo para crear un periódico escolar. Anime a su hijo a pensar en las secciones a incluir en el periódico y los temas a escribir en los artículos.

Destrezas de investigación y estudio

Nombre _____

El periódico

Diptongo y triptongo

Corrige un correo electrónico La corrección de ortografía y gramática de la computadora no está funcionando. Encierra en un círculo cinco palabras con errores de ortografía y un error de puntuación; escribe las palabras correctamente. Agrega el punto que falta.

Querido Neptuno95:

No puedo responder tus correos electrónicos porque estoy de viaje. Mi familia y yo estamos en Uruguauy que es un país muy bonito de América del Sur. Ayer fuimos a conocer el centro comercial y hoi fuimos a conocer Montevideo que es la capital de este país,También fuimos al zoológico, donde vimos muchos caymanes que me asustaron y un bueiy que estaba durmiendo bajo el sol.

La semana que viene regreso y te cuento más sobre esta ciuidad. Hasta pronto, Júpiter96.

Palabras de ortografía
aire
hay
oigo
hoy
buey
miau
muy
ruina
soy
cuidado
caimanes
ciudad
suavidad
boina
diurno
Uruguay
cualidad
aislada
bailarina
aplausos

1. _____
2. _____
3. _____
4. _____
5. _____

Palabras difíciles
puntuación
arruinado
aguacero
romboide
ruiseñor

Palabras correctas Encierra en un círculo las palabras escritas correctamente. Escribe la palabra.

6. aplausos   apluasos   apluausos   6. _____
7. duirno   diurno   diuirno   7. _____
8. boyna   boina   bioina   8. _____
9. bialarina   biailarina   bailarina   9. _____
10. suaividad   suavidad   sauvidad   10. _____
11. ayre   aigre   aire   11. _____
12. muy   mui   muiy   12. _____

Actividad para la casa Su hijo identificó palabras con diptongo y triptongo mal escritas. Diga y deletree cada palabra. Pida a su hijo que le explique qué es un diptongo y un triptongo.

Ortografía Diptongo y triptongo

Nombre _____

El periódico

Género de los sustantivos

Lee las oraciones. Luego, lee cada pregunta. Encierra en un círculo la letra de la respuesta correcta.

La vida del vaquero

(1) El <u>trabajo</u> del vaquero es duro. (2) El vaquero lleva un <u>sombrero</u>. (3) Galopa detrás de las <u>reses</u>. (4) Lleva una <u>cobija</u> enrollada. (5) Está lejos de su <u>casa</u>.

1 ¿Qué sustantivo es del mismo género que el que está subrayado en la oración 1?

- **A** silla
- **B** mula
- **C** espuela
- **D** caballo

2 ¿Qué sustantivo es del mismo género que el que está subrayado en la oración 2?

- **A** gorra
- **B** arena
- **C** sal
- **D** chile

3 ¿Qué sustantivo es del mismo género que el que está subrayado en la oración 3?

- **A** gatos
- **B** nubes
- **C** juguetes
- **D** libros

4 ¿Qué sustantivo es del mismo género que el que está subrayado en la oración 4?

- **A** camisa
- **B** pantalón
- **C** aire
- **D** sendero

5 ¿Qué sustantivo es del mismo género que el que está subrayado en la oración 5?

- **A** tamal
- **B** polvo
- **C** silla
- **D** zacate

Actividad para la casa Su niño o niña se preparó para tomar un examen de género de los sustantivos. Pídale que escriba dos oraciones sobre cosas que hizo hoy y que luego subraye los sustantivos masculinos y encierre en un círculo los femeninos.

Nombre _____

Escena dos

Sacar conclusiones

- **Sacar una conclusión** es formar una opinión basada en lo que ya sabes o en los hechos y detalles de un texto. Los hechos y detalles son parte de la información en un artículo o cuento.
- Los hechos y detalles "llevan" a una conclusión. Las conclusiones que saca el autor o el lector deben tener sentido.

Instrucciones Lee el texto. Luego completa el diagrama y responde la pregunta.

Casi nunca una persona sola puede hacer un gran proyecto. Esto es verdad tanto en la escuela como en el trabajo. Gente diferente tiene destrezas diferentes que ayudan para que un proyecto sea exitoso. Algunas personas son geniales para organizar, mientras que otras personas son excelentes oradoras. Cuando las pones juntas, forman un equipo.

Las personas adecuadas pueden hacer el trabajo correctamente, por supuesto. De esa manera, todos los miembros del equipo pueden hacer un trabajo de calidad rápidamente. Un buen equipo puede ser efectivo. Compartir el trabajo de esta manera es uno de los mejores tipos de cooperación. Los equipos efectivos construyeron rascacielos, pusieron personas en el espacio y filmaron películas que fueron éxitos de taquilla.

Hecho o detalle	Hecho o detalle	Hecho o detalle	Conclusión
1.	2.	3.	4.

5. ¿Qué podría suceder si los miembros del equipo hacen trabajos que no son los apropiados para ellos?

_____

Actividad para la casa Su hijo sacó una conclusión usando hechos y detalles de un texto. Cuéntele a su hijo las maneras en que su familia trabaja junta para hacer cosas. Pida a su hijo que saque una conclusión sobre el papel del trabajo en equipo en casa.

Comprensión

Escritura • Poema

Aspectos principales de quintillas
- poemas de cinco versos que no riman
- el primer y quinto verso tienen dos sílabas
- el segundo verso tiene cuatro sílabas
- el tercer verso tiene seis sílabas
- el cuarto verso tiene ocho sílabas

El show del talento

Seis son,
bailan, tocan
guitarras y violín
Tres, zapateo, mareo
¡Gran show!

1. Vuelve a leer el poema. Observa el número de versos. Cuenta el número de sílabas en cada verso. ¿Qué hace que este poema sea una quintilla?

_____

_____

2. ¿A qué se refieren los números en este poema?

_____

_____

Nombre _____

Escena dos

Vocabulario

Instrucciones Escoge la palabra de la lista que mejor complete cada oración. Escribe la palabra en la línea a la izquierda.

Verifica las palabras que conoces
- ___ presa
- ___ disputa
- ___ arreglos
- ___ desciende
- ___ deshonesto
- ___ guión
- ___ inconveniente

_____ 1. Anabella tenía la esperanza de que aprendería todas las líneas de su _____ para diciembre.

_____ 2. El vuelo se canceló y su familia tuvo que hacer otros _____ para llegar a casa.

_____ 3. No todo salió como esperábamos en la función por un _____.

_____ 4. Su actuación fue impecable, no hay duda de que _____ de una familia de actores.

_____ 5. El muchacho fue _____ porque no dijo la verdad.

Instrucciones Escoge la palabra de la caja que concuerde mejor con cada pista. Escribe la palabra en el crucigrama.

Horizontal
7. obstáculo, problema
8. desacuerdo

Vertical
6. viene de esa familia
9. planes y horarios
10. no es confiable

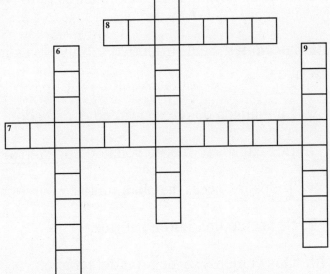

Escribe un mensaje de correo electrónico

En una hoja aparte, escribe un mensaje de correo electrónico a un amigo y cuéntale lo que descubriste cuando encontraste una habitación secreta en el edificio de la sociedad histórica local. Usa tantas palabras de vocabulario como puedas.

Actividad para la casa Su hijo identificó y usó palabras del vocabulario de *Escena dos*. Con su hijo, hable sobre su historia familiar. Use tantas palabras de vocabulario como pueda.

Vocabulario 133

Nombre _____

Escena dos

Sustantivos individuales y colectivos

- Los **sustantivos individuales,** en su forma singular, nombran a un único ser o cosa, y en plural designan a más de uno: *oveja, árbol, soldado.*
    La <u>oveja</u> corre.
- Los **sustantivos colectivos** son sustantivos que, en su forma singular, nombran a un número indeterminado de seres o cosas: *rebaño, bosque, ejército.*
    El <u>rebaño</u> pasta.

Instrucciones Copia el sustantivo colectivo de cada oración.

1. El domingo fui al teatro con mi familia. _____
2. El público se sentó en el teatro. _____
3. La gente estaba ansiosa por ver la obra. _____
4. Los actores eran muy buenos; era un reparto excelente. _____
5. El protagonista era general del ejército francés. _____

Instrucciones Si el sustantivo subrayado es individual, escribe *I.* Si es colectivo, escribe *C.*

6. La <u>manada</u> de reses entró en el cercado. _____
7. Los gansos se fueron volando con su <u>bandada</u>. _____
8. Todos los <u>peces</u> nadaban juntos. _____
9. Se acercó un <u>tiburón</u> enorme. _____
10. Dos corderos se alejaron del <u>rebaño</u>. _____
11. Las cabras pastaron en la <u>montaña</u>. _____
12. El <u>naranjal</u> estaba lleno de naranjos. _____

Actividad para la casa Su niño o niña estudió los sustantivos individuales y colectivos. Pídale que forme oraciones nuevas con un sustantivo individual y un sustantivo colectivo de esta página.

Nombre _____

Escena dos

Palabras con *x* y *cc*

Palabras de ortografía

exacto	lección	construcción	anexo
acción	elección	accidente	explicar
exótico	axila	diccionario	exigente
selección	extraño	corrección	flexible
examen	oxígeno	ficción	existe

Palabras que faltan Escribe las palabras de la lista para completar el título de los capítulos.

El mundo del aprendizaje
Capítulo 1: Presentar y (1)____ el significado de las palabras
Capítulo 2: Aprendo a usar mi (2)____
Capítulo 3: Escucho atento la primera (3)____
Capítulo 4: Hago la (4)____ con mi compañero
Capítulo 5: Hago mi propio (5)____

La vegetación del bosque
Capítulo 1: (6)____ un mundo con aire puro
Capítulo 2: El (7)____ que dan los árboles

La historia de Juan
Capítulo 1: El (8)____ y divertido accidente
Capítulo 2: ¿El rasguño en la (9)____?
Capítulo 3: El (10)____ tratamiento del doctor

1. _____
2. _____
3. _____
4. _____
5. _____
6. _____
7. _____
8. _____
9. _____
10. _____

Significados Lee las definiciones. Escribe una palabra de la lista para completar los significados.

11. _____ preciso, cierto
12. _____ acción de elegir, alternativa
13. _____ resultado de hacer, movimiento
14. _____ relato no verdadero
15. _____ apéndice de un libro
16. _____ conjunto de cosas elegidas por ser las mejores o las favoritas
17. _____ edificio u obra de arquitectura
18. _____ suceso del que resulta un daño
19. _____ que puede doblarse o acomodarse
20. _____ procedente de un país lejano

Actividad para la casa Su hijo escribió palabras con *x* y *cc*. Pida a su hijo que diga una palabra y luego que la use en una oración.

Ortografía Palabras con *x* y *cc* **135**

Nombre _____

Escena dos

Escritura • Poema

> ## Los gansos
> Los gansos llegan en el aire puro del otoño.
> Vuelan como una flecha
> que se dispara al sur.
> Volaron durante helados días para llegar.
> Envidiamos su vuelo mientras hacemos nuestro
> viaje a la escuela.
> Entonces llega un ganso, un rezagado, que dice:
> "¡Espérenme!".
> Justo como mi hermanito.

Aspectos principales del poema de verso libre
- no tiene un número fijo de versos o patrones de rima
- generalmente no rima
- la longitud del verso varía

---

1. Vuelve a leer el poema. ¿Qué hace que este poema sea de verso libre?
   _____
   _____

2. ¿Qué palabras son ejemplos de asonancia en este poema?
   _____
   _____

Nombre _____

Escena dos

Vocabulario • Afijos: Prefijo *des-*

- Un **prefijo** es parte de una palabra que se agrega al principio de la palabra base para cambiar su significado.
- El prefijo *des-* indica negación o inversión del significado original.

Instrucciones Lee el texto. Luego responde las preguntas de abajo.

> Mi grupo juvenil hizo una caminata por el Camino de los Apalaches el verano pasado. El ejercicio y la vista fueron geniales, pero lo que más me impresionó fue nuestro trabajo en equipo. Después de una semana, éramos capaces de desarmar nuestro campamento en media hora. Y eso es bastante rápido para un grupo de niños que caminaron todo el día. Cuando llegábamos a las áreas permitidas para acampar, armábamos las tiendas y preparábamos la comida.
>
> Después de cenar, mirábamos en nuestra cámara digital para volver a mirar las fotos que tomamos de los paisajes de ese día. Cuando el tiempo era bueno, dormíamos en bolsas de dormir debajo de mosquiteros para disfrutar del aire refrescante. Por alguna razón, ordenar todo nuestro equipo nos tomaba una hora en la mañana. Cuando dejábamos el campamento, nos llevábamos toda la basura y no dejábamos señales de nuestra presencia.

1. ¿Cuál es el prefijo en la palabra *desarmar*?

_____

2. ¿Qué significa la palabra *desconectar*?

_____

3. ¿Por qué el autor describe el aire de la noche como refrescante?

_____

4. ¿Qué haces si *desordenas* tu habitación?

_____

5. Escribe una oración con una palabra que tenga el prefijo *des-*.

_____

Actividad para la casa Su hijo identificó el prefijo *des-* para comprender el significado de palabras nuevas. Hable con su hijo e intente usar tantas palabras que comiencen con *des-* como pueda. Cuente cuántas puede usar en una oración.

Nombre _____

Escena dos

Anuncio

- Todos los **anuncios** venden un producto o un servicio. Los anunciantes quieren que su producto o servicio parezca lo más atractivo posible.
- Hay cuatro partes en un anuncio: una foto u otra imagen de lo que se vende, un encabezamiento en letras grandes que "habla a gritos" del producto, la información del producto y quién hace el producto u ofrece el servicio.

Instrucciones Usa este anuncio para responder las preguntas de abajo.

¡Salida de fin de semana al misterio de la Casa Usher! Una lluvia torrencial golpea contra las ventanas. Un fuego ruge en la chimenea de la biblioteca de la mansión, pero apenas si puede aplacar el frío del aire. De repente, mientras los relámpagos resplandecen por un instante, ¡se corta la luz! Los huéspedes en la mansión arrastran los pies nerviosamente en la oscuridad. Justo antes de que vuelva la luz, oyes un grito. Corres a la puerta de entrada y ves a una mujer que está de pie junto a una ventana rota con su mano en el cuello. ¡Su collar de diamantes desapareció!

Y así comienza tu salida de fin de semana al misterio de la histórica Casa Usher. Busca las claves dispersas por toda la mansión. Encuentra pasadizos secretos. Trabaja en equipo con los otros huéspedes para resolver el misterio. Pero recuerda, uno de ellos cometió el delito, y TÚ tienes que resolver la "novela policíaca". Regálate un fin de semana de misterio y suspenso. ¡Contacta a Usher Resorts, Inc. para más detalles o para reservar ya tu fin de semana!

1. ¿Qué intenta vender el anuncio?

_____

2. ¿Cuál es el encabezamiento de este anuncio?

_____

3. ¿Quién quiere que reserves la salida de fin de semana?

_____

4. ¿A quién le gustaría este anuncio?

_____

_____

Actividad para la casa Su hijo analizó en un texto las maneras en que los anuncios llaman la atención de los lectores. Mire revistas con su hijo y hablen sobre los tipos de anuncios que hacen que la gente compre cosas.

Destrezas de investigación y estudio

Nombre _____

Escena dos

Instrucciones Usa el anuncio de abajo para responder las preguntas.

¡Ayuda a tu equipo… ayuda sobrehumana! Lejos quedaron los días de los proyectos de clases de sufrimiento porque tu equipo tiene muchas cosas que hacer. Ahora, con el uso del Equipobot Extremo, proyecto cibernético de la clase, tú y tus compañeros tienen una forma de vida artificial que los ayuda a organizar el esquema del proyecto, a devolver los libros pesados a la biblioteca y a hacer las copias de folletos para la clase. Equipobot Extremo nunca duerme.

TÚ comandas a tu robot con un juego de computadora que controla todos los movimientos. Cuando tus padres te pregunten si juegas un juego o haces la tarea, puedes responder "¡Ambos!". ¡Pero espera, hay más! Equipobot Extremo también es un reproductor de MP3 y un ¡video proyector digital! ¡Ordena hoy Equipobot Extremo! También está disponible Tareasbot Extremo.

1. ¿Cómo llama tu atención el encabezamiento?
   _____

2. ¿Por qué el anuncio incluye un dibujo de Equipobot Extremo?
   _____
   _____

3. ¿Cómo se controla Equipobot Extremo?
   _____

4. ¿Cuál es el propósito del anuncio cuando dice: "¡Pero espera, hay más!"?
   _____
   _____

5. ¿Cómo se sentirían los maestros si los estudiantes usaran el Equipobot Extremo?
   _____
   _____
   _____

 Actividad para la casa Su hijo aprendió a identificar las partes de un anuncio. Mire con su hijo el periódico o una revista. Pida a su hijo que indique las diferentes partes de los anuncios que aparecen en el periódico.

Destrezas de investigación y estudio

Nombre _____

Escena dos

Palabras con *x* y *cc*

Corrige un folleto turístico Revisa el folleto antes de imprimirlo. Encierra en un círculo seis palabras con errores de ortografía y escríbelas correctamente.

> ¡Todos a bordo! Nuestra empresa de viajes les ofrece a usted y a su familia un viaje inolvidable. En el mundo ecsiste un país donde lo natural es eksótico. Allí lo llevaremos. Usted puede disfrutar de un océano asombroso debido a su ekstraño color y a su cálida temperatura. Además, puede salir a bucear para tener un poco de ación bajo el mar. Puede salir a caminar por la playa y respirar el oksígeno marino. Usted puede disfrutar de esta excelente selección de actividades y descansar diez días junto a su familia. ¡Lo esperamos!

Palabras de ortografía

exacto
acción
exótico
selección
examen
lección
elección
axila
extraño
oxígeno
construcción
accidente
diccionario
corrección
ficción
anexo
explicar
exigente
flexible
existe

1. _____ 2. _____
3. _____ 4. _____
5. _____ 6. _____

Letras que faltan Elige *x* o *cc* para completar cada palabra. Escribe la palabra.

7. a _ ila   7. _____
8. e _ amen   8. _____
9. e _ acto   9. _____
10. ane _ o   10. _____
11. di _ ionario 11. _____
12. e _ plicar   12. _____
13. constru _ ión 13. _____
14. fle _ ible   14. _____
15. e _ igente   15. _____
16. fi _ ión   16. _____
17. corre _ ión   17. _____
18. a _ idente   18. _____

Palabras difíciles

excelente
léxico
exhibir
occidente
inyección

Actividad para la casa Su hijo identificó palabras incorrectas con *x* y *cc*. Escriba las palabras de la lista incorrectamente. Pida a su hijo que corrija sus errores.

140 **Ortografía** Palabras con *x* y *cc*

Nombre _____

Escena dos

Sustantivos individuales y colectivos

Lee las oraciones. Luego, lee cada pregunta. Encierra en un círculo la letra de la respuesta correcta.

Una excursión con mi clase

(1) Hace poco mi clase hizo una excursión a la montaña. (2) Estuvimos caminando toda la mañana por el pinar de la zona. (3) Juan y yo nos mantuvimos todo el rato en el grupo que iba en cabeza. (4) A nuestro paso, una bandada de pájaros asustados levantó el vuelo. (5) ¡Los pájaros no estaban acostumbrados a ver por allí una cuadrilla de niños!

1. ¿Cuál es el sustantivo colectivo de la oración 1?
   A Hace
   B excursión
   C montaña
   D clase

2. ¿Cuál es el sustantivo colectivo de la oración 2?
   A caminando
   B mañana
   C pinar
   D zona

3. ¿Cuál es el sustantivo colectivo de la oración 3?
   A iba
   B rato
   C grupo
   D cabeza

4. ¿Cuál es el sustantivo colectivo de la oración 4?
   A paso
   B bandada
   C pájaros
   D nuestro

5. ¿Cuál es el sustantivo colectivo de la oración 5?
   A cuadrilla
   B acostumbrados
   C niños
   D allí

Actividad para la casa Su niño o niña se preparó para tomar un examen de sustantivos individuales y colectivos. Hágale preguntas que empiecen con *¿Cuántos miembros tiene…?* seguidas de *tu equipo de béisbol, el club de ajedrez* o cualquier otro grupo que conozcan ambos. Pídale que le conteste y que identifique los sustantivos individuales y colectivos de su respuesta.

Normas Sustantivos individuales y colectivos

Nombre _____

Caballos heroicos

Hechos y opiniones

- Un **hecho** puede probarse como verdadero o falso. Puedes buscar en un libro de referencia, preguntar a un experto o usar tu propio conocimiento y experiencia.
- Una **opinión** no puede probarse como verdadera o falsa. Es una creencia o una valoración. A menudo contiene una palabra de valoración, como *mejor*, *debe* o *hermoso*. Puede comenzar con las palabras *En mi opinión* o *Creo*.

Instrucciones Lee el texto. Luego completa la tabla. Lee cada oración y responde las preguntas de la parte superior de cada columna.

Mi familia irá a visitar un refugio para animales este fin de semana. Los refugios recogen animales que la gente abandona o maltrata. Mis padres dijeron que mi hermana y yo podemos escoger una mascota del refugio, pero no nos ponemos de acuerdo en qué tipo de mascota tener. Los gatos son las mejores mascotas porque puedes enseñarles a usar una caja de arena para gatos. Los perros tienen que caminar tres o cuatro veces al día y eso es un problema.

Por supuesto, mi hermana quiere un perro, uno grande. Para criar y entrenar a un cachorrito se necesita tiempo. Mi hermana promete que cuidará al perro todos los días, pero creo que es muy irresponsable. Además, los gatitos son más lindos que los cachorritos. Cuando lleguemos al refugio y veamos a todos los animales, creo que cambiará de opinión.

Enunciado	¿Enuncia un hecho o una opinión?	Si es una opinión, ¿cuáles son las palabras clave? Si es un hecho, ¿cómo lo puedes probar?
Los refugios recogen animales que la gente abandona o maltrata.	Hecho	Contacto los refugios de animales para descubrir de dónde vienen los animales.
Se necesita tiempo para entrenar a un cachorrito.	1.	2.
Los gatitos son más lindos que los cachorritos.	3.	4.

5. Encuentra una oración que tenga tanto un hecho como una opinión.

_____

Actividad en casa Su hijo identificó hechos y opiniones en un texto corto. Escuche o vea un programa de noticias con su hijo. Pida a su hijo que le diga cuándo escucha al comentarista de las noticias expresar una opinión. Pida a su hijo que explique por qué es una opinión y no un hecho.

Nombre _____

Caballos heroicos

Escritura • Composición expositiva

Una clase diferente de donante de sangre

Cuando piensas en un donante de sangre, ¿piensas en un pequeño gato amarillo con un agujero en el tímpano, una cabeza inclinada y problemas de equilibrio? ¡Probablemente no! Pero el gato Nemo pasó un año de su vida como donante de sangre. Donó 22 paquetes de sangre para ayudar a salvar gatos por todo el país.

Bancos de sangre de animales

Cuando un animal se enferma o se lastima en una pelea o accidente, podría necesitar que le donen sangre para sobrevivir. Los suministros de sangre vienen de bancos de sangre de animales. Estos bancos de sangre están listos para enviar sangre rápidamente para ayudar a los animales que la necesitan.

¿Quiénes son los donantes?

La mayoría de los animales que donan sangre vienen de *Humane Society*. El banco de sangre les hace a sus potenciales donantes un extenso examen físico y un examen de sangre. Si el animal es saludable y tiene un tipo de sangre que se necesita, se convierte en parte de la comunidad del banco de sangre. Los animales, como Nemo, son bien alimentados y cuidados en el banco de sangre. Cada tantas semanas un trabajador les saca la sangre cuidadosamente. La sangre se convierte en parte del suministro del banco de sangre.

Una vida ejemplar

Después de un año, los animales donantes en el banco de sangre se dan para adopción. A Nemo lo adoptaron en un hogar feliz. Puede que no comprenda que ayudó a muchos otros gatos que estaban enfermos o heridos. Puede que no comprenda que es un gato ejemplar. Pero aquellos a su alrededor saben cuán ejemplar y especial realmente es él y los otros animales como él que donan sangre.

1. Vuelve a leer la selección. ¿Cuál es la idea principal de la selección?

_____

_____

2. Encierra en un círculo los datos y detalles que apoyan la idea principal.

Nombre _____

Caballos heroicos

Vocabulario

Instrucciones Escoge la palabra de la lista que coincida mejor con cada definición. Escribe la palabra en la línea.

_____ 1. conjunto de montañas

_____ 2. inestable, que se va a desarmar

_____ 3. oponer con fuerza o determinación

_____ 4. objetivo a cumplir

_____ 5. abarrotado de algo

Verifica las palabras que conoces
___ cabalgan
___ deambulaban
___ infestado
___ cordillera
___ destartalado
___ meta
___ resistir
___ vastas

Instrucciones Escoge la palabra de la lista que complete mejor cada oración. Escribe la palabra en la línea a la izquierda.

_____ 6. El repelente para insectos nos ayuda a _____ los mosquitos durante la caminata.

_____ 7. Los caballos _____ a lo lejos.

_____ 8. La mansión está rodeada de _____ regiones de campos y bosques.

_____ 9. Alcanzó su _____ de ser presidente después de muchos años de duro trabajo.

_____ 10. Las ovejas perdidas _____ por el campo por días y días.

Escribir una entrada de diario

En una hoja aparte, escribe una entrada de diario con una aventura que hayas tenido con un animal de cuya ayuda dependías. Usa tantas palabras de vocabulario como puedas.

Actividad en casa Su hijo identificó y usó palabras del vocabulario de *Caballos heroicos*. Lea la selección con su hijo. Hagan una lista de todas las palabras desconocidas e intenten averiguar el significado de cada palabra usando otras palabras que están alrededor. Usen un diccionario o glosario cuando sea necesario.

Nombre _____

Caballos heroicos

Artículos y contracciones

> Los **artículos** son palabras que presentan al sustantivo e informan si se refiere a algo ya sabido o conocido en contexto.
>
>   libro   *el* libro
>
> - El artículo concuerda en género y número con el sustantivo al que acompaña.
>
>   *el* pájaro   *unas* flores
>
> - Los artículos pueden ser **definidos** o **indefinidos.** Los artículos definidos presentan sustantivos ya conocidos o nombrados: *el, la, los, las.*
>
>   *el* carro   *las* sillas
>
> - Los artículos indefinidos presentan sustantivos indeterminados o que se mencionan por primera vez: *un, una, unos, unas.*
>
>   *un* carro   *unas* sillas
>
> - Las **contracciones** unen en una sola palabra las preposiciones *a* y *de* con el artículo *el: a + el = al, de + el = del.*
>
>   Venimos *del* cine y vamos *al* parque.

Instrucciones Subraya dos veces los artículos y una vez los sustantivos a los que acompañan en las oraciones siguientes.

1. En el siglo diecinueve, el transporte era limitado en este país.

2. Los habitantes de California necesitaban una manera de comunicarse con el Este.

3. El Pony Express llevaba el correo con rapidez.

4. El trabajo de los jinetes era duro.

5. Hoy el trabajo de un repartidor de correo es más fácil.

Actividad para la casa Su niño o niña estudió los artículos y las contracciones. Pídale que forme una oración en la que describa lo que ve a su alrededor en este momento. Luego, pídale que identifique los artículos que usó.

Nombre _____

Caballos heroicos

Palabras con *m* antes de *p* y *b*, y con *n* antes de *v*

Palabras de ortografía				
convencer	ambición	cumpleaños	ambiente	importante
conversar	invisible	inventor	mambo	zumbido
enviar	ampliar	relámpago	hombre	nombre
empezar	compañero	tempestad	sembrar	noviembre

Claves del contexto Escribe las palabras de la lista para completar cada oración.

1. Me gusta ir a la escuela para ____ con mis amigos.
2. El ____ y la mujer van juntos al cine.
3. El viernes pasado fue el ____ de mi primo.
4. ____ es el mes favorito de mi maestra.
5. Con los anteojos oscuros me siento ____.
6. El ____ es un baile popular de Cuba.
7. A mi abuelo le gusta ____ plantas en primavera.
8. Para ____ a estudiar hay que concentrarse.

1. _____
2. _____
3. _____
4. _____
5. _____
6. _____
7. _____
8. _____

Clasificar Escribe una palabra de la lista para completar cada grupo.

9. segundo apellido, apellido, ____
10. hablar, persuadir, ____
11. director, maestro, ____
12. investigador, científico, ____
13. trueno, rayo, ____
14. huracán, tormenta, ____
15. silbido, sonido, ____
16. grande, significativo, ____
17. deseo, aspiración, ____
18. llevar, mandar, ____
19. agrandar, aumentar, ____
20. entorno, atmósfera, ____

9. _____
10. _____
11. _____
12. _____
13. _____
14. _____
15. _____
16. _____
17. _____
18. _____
19. _____
20. _____

Actividad para la casa Su hijo escribió palabras con *m* antes de *p* y *b*, y con *n* antes de *v*. Diga una palabra de la lista y pida a su hijo que la deletree y la utilice en una oración.

Nombre _____

Caballos heroicos

Guía para escribir A

Título _____

A. _____

    1. _____

    2 _____

    3. _____

B. _____

    1. _____

    2 _____

    3. _____

C. _____

    1. _____

    2 _____

    3. _____

Escritura Plan

Nombre _____

Caballos heroicos

Vocabulario • Palabras desconocidas

- Los **diccionarios** y **glosarios** proporcionan listas en orden alfabético de las palabras y sus significados.
- A veces, observar las palabras alrededor de la palabra desconocida no ayuda a descubrir el significado de la palabra. Si esto sucede, usa un diccionario o glosario para encontrar el significado.

Instrucciones Lee el texto. Luego responde las preguntas de abajo.

El búfalo levantó su cabeza enorme y lanuda y miró hacia la puesta del sol. Un animal viejo y muy poderoso, líder de uno de los rebaños que deambulaban por las amplias y vastas llanuras que se extienden entre las montañas. Normalmente no tenía que pensar mucho, pero esta noche estaba muy pensativo. Humanos extraños llegaron a sus tierras. Primero llegaron unos pocos en un tren destartalado. Ahora el territorio estaba infestado de humanos.

El cuero duro de los búfalos les permitía resistir los dientes de los lobos, y a veces, las flechas de los humanos que llegaron primero. Pero los recién llegados disparaban a su rebaño con varas de fuego. Parecía que la meta de esta gente era conquistar la tierra y toda criatura que había en ella. Tristemente se preguntaba si encontraría un lugar seguro para llevar a su rebaño. Tenía que intentarlo. En la mañana se dirigirían al oeste, hacia *Big Water*, más allá de las montañas.

1. ¿Qué palabras alrededor de la palabra *vastas* te pueden ayudar a descubrir su significado?

_____

2. ¿Cuál es el significado de la palabra *destartalado*? ¿Cómo determinaste su significado?

_____

3. ¿Qué palabras alrededor de la palabra *resistir* te ayudan a descubrir su significado?

_____

4. ¿Cuál es el significado de la palabra *meta*? ¿Cómo determinaste su significado?

_____

5. Usa un diccionario o glosario para encontrar la definición de una de las palabras que no pudiste definir con las palabras que están alrededor. Escribe una definición.

Actividad en casa Su hijo identificó palabras desconocidas que pueden definirse con un diccionario o glosario. Trabaje con su hijo para identificar palabras desconocidas en un artículo de periódico o revista. Pregunte a su hijo si necesita usar un diccionario para encontrar el significado de las palabras. Si es así, pida a su hijo que busque por lo menos una definición en un diccionario o glosario.

Nombre _____

Caballos heroicos

Gráfica

- Las gráficas muestran datos en forma visual. Las gráficas pueden mostrar rápidamente cómo cierta información se compara con otra información. Hay varios tipos de gráficas.
- La gráfica de barras usa barras verticales y horizontales para mostrar diferentes cantidades de algo.
- Una gráfica circular tiene forma de pastel. Muestra cómo algo puede dividirse en partes.
- Una gráfica lineal tiene líneas que conectan series de puntos en la gráfica. Las gráficas de líneas son buenas para mostrar cambios que ocurren en el tiempo.
- Una gráfica de imágenes tiene dibujos para mostrar cantidades de números de cosas.

Instrucciones Bart, el herrero, quiere saber quiénes son sus mejores clientes. El número de herraduras que necesitaron sus clientes en el pasado también puede decirle cuánto negocio puede esperar en el futuro. Estudia la gráfica de barras y la gráfica circular de abajo. Luego responde las preguntas de la página siguiente.

Número de herraduras vendidas en un mes

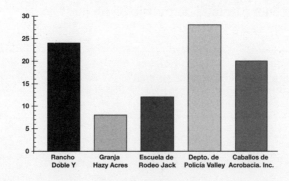

% del total de las herraduras necesitadas en un año

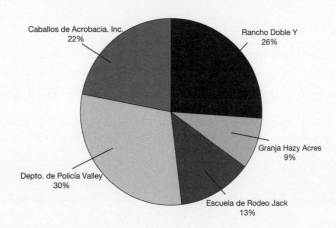

Destrezas de investigación y estudio 149

Nombre _____

Caballos heroicos

Instrucciones Usa las gráficas para responder las preguntas.

1. ¿Cómo sabes qué muestra cada gráfica?
   _____

2. ¿Qué unidad se usa en la gráfica de barras para medir cuánto trabajo tiene Bart?
   _____

3. ¿Qué nombres aparecen en la parte inferior de la gráfica de barras?
   _____

4. ¿En qué se parece la información de cada gráfica? ¿En qué se diferencia?
   _____
   _____

5. ¿Quién necesita la mayoría de las herraduras en un mes?
   _____

6. ¿Quién le dio a Bart la menor cantidad de trabajo en un mes?
   _____

7. En la gráfica circular, ¿qué se divide entre partes?
   _____
   _____

8. ¿Cuál es la diferencia entre el porcentaje de herraduras que necesita Caballos de Acrobacia, Inc. y Rancho Doble Y en un año?
   _____

9. ¿Qué muestra la gráfica de barras que no muestra la gráfica circular?
   _____

10. ¿Cómo podrías mostrar la información de la gráfica de barras en un dibujo?
    _____
    _____

Actividad en casa Su hijo aprendió diferentes tipos de gráficas. Dibuje y rotule una gráfica lineal para mostrar las horas que pasa en una actividad cualquiera en un período de una semana.

150 Destrezas de investigación y estudio

Nombre _____

Caballos heroicos

Palabras con *m* antes de *p* y *b*, y con *n* antes de *v*

Corrige un póster Andrés hizo un póster para el equipo que recauda fondos. Encierra en un círculo seis palabras con errores de ortografía y escríbelas correctamente. Corrige la oración que no tiene punto seguido. Escríbela correctamente.

> ¡Acérquese a la venta del equipo Relánpago!
> Cuándo: 12 de novienbre
> Dónde: Gimnasio de la escuela
> Hay que enpezar a recaudar fondos para el campeonato de fin de año que se juega en la ciudad limítrofe. Es inportante contar con su apoyo para nuestro deseo de representar orgullosamente a nuestra escuela. Para esto puede acercarse a nuestra venta de comidas caseras o puede emviar su donación a algún miembro del equipo. El nomvre de cada uno de nosotros está en la entrada de la escuela ¡Muchas gracias! ¡Los esperamos!

1. _____ 2. _____
3. _____ 4. _____
5. _____ 6. _____
7. _____

Palabras de ortografía

convencer
conversar
enviar
empezar
ambición
invisible
ampliar
compañero
cumpleaños
inventor
relámpago
tempestad
ambiente
mambo
hombre
sembrar
importante
zumbido
nombre
noviembre

Letras equivocadas Escribe las palabras subrayadas correctamente.

8. El <u>cunpleaños</u> de mi primo es en marzo. 8. _____
9. El campo y su <u>amviente</u> purifican el aire. 9. _____
10. La <u>amvición</u> de mi hermano es ser doctor. 10. _____
11. Al abuelo le molesta el <u>zumvido</u> de las abejas. 11. _____
12. Los políticos quieren <u>anpliar</u> la plaza del barrio. 12. _____

Palabras difíciles

invadir
convertir
amplitud
ombligo
ambiguo

Actividad para la casa Su hijo identificó palabras con *m* antes de *p* y *b*, y con *n* antes de *v* mal escritas. Pida a su hijo que use cada palabra de la lista en una oración.

Ortografía Palabras con *m* antes de *p* y *b*, y con *n* antes de *v* **151**

Nombre _____

Caballos heroicos

Artículos y contracciones

Lee las oraciones. Luego, lee cada pregunta. Encierra en un círculo la letra de la respuesta correcta.

A galope tendido

(1) Yo admiro a los jinetes _____ Pony Express. (2) No se asustaban ante _____ peligro. (3) _____ malas condiciones del tiempo hacían más difícil su trabajo. (4) A veces, _____ peligros no eran evidentes. (5) Gracias a su esfuerzo, _____ correo llegaba a California.

1 ¿Qué artículo o contracción completa correctamente la oración 1?

A unas
B admiro
C del
D la

2 ¿Qué artículo o contracción completa correctamente la oración 2?

A una
B se
C peligro
D el

3 ¿Qué artículo o contracción completa correctamente la oración 3?

A El
B Del
C Las
D Tiempo

4 ¿Qué artículo o contracción completa correctamente la oración 4?

A al
B los
C no
D eran

5 ¿Qué artículo o contracción completa correctamente la oración 5?

A una
B la
C unas
D el

Actividad para la casa Su niño o niña se preparó para tomar un examen del uso de los artículos y las contracciones. Lean juntos un párrafo de un artículo del periódico o de una revista. Pídale que le señale los artículos y las contracciones que encuentre.

Nombre _____

Ser Presidente

Vocabulario

Instrucciones Escoge una palabra de la casilla que complete mejor cada oración. Escribe la palabra en la línea a la izquierda.

_____ 1. Los _____ se miran en el espejo todo el tiempo.

_____ 2. El presidente debe ser _____.

_____ 3. Se comportó _____ mientras tomaba el juramento.

_____ 4. La _____ es un documento muy importante.

_____ 5. Muchas personas asistieron, por lo tanto, la obra tuvo un éxito _____.

Verifica las palabras que conoces

Constitución
arrollador
humildes
política
responsable
solemnemente
vanidosos

Instrucciones Escribe la palabra de la casilla que se corresponda mejor con cada pista numerada. Después que termines, las letras en las casillas formarán una palabra secreta.

6. seriamente
7. trabajo del gobierno
8. no orgullosos
9. que tienen mucho orgullo
10. el que cuida a las personas y a las cosas

6. _ _ _ [ ] _ _ _ _ _ _ _ _ _
   [j]
   [e]
7. _ _ _ _ [ ] _ _
   [u]
   [t]
8. _ _ _ [ ] _
9. _ _ [ ] _ _ _ _ _ _
10. _ _ _ [ ] _ _ _ _

Escribir un discurso

Supón que te eligieron presidente de los Estados Unidos. En una hoja aparte, escribe un discurso corto que le dirás al público. Mientras explicas lo que harás en tu trabajo nuevo, usa todas las palabras del vocabulario que puedas.

Actividad para el hogar Su hijo identificó y usó palabras del vocabulario de *Así que quieres ser presidente*. Juntos, lean un artículo de política o del gobierno. Comenten el artículo y usen todas las palabras del vocabulario de la selección que puedan.

Vocabulario 155

Nombre_____

Ser Presidente

Plurales de palabras que terminan en *-z, -í, -ú*

> Un sustantivo plural se refiere a más de una persona, lugar o cosa. Por lo general, el plural se forma agregando una *-s* a los sustantivos terminados en vocal y *-es* a los terminados en consonante. Sin embargo, hay palabras que no siguen esta regla.
>
> - El **plural de los sustantivos que terminan en *-z*** se forma cambiando la *z* por *c* y añadiendo la terminación *-es*.
>
>   pez/peces   juez/jueces
>
> - A los **sustantivos que terminan en *-í* o *-ú* acentuada** se les agrega *-es* para formar el plural.
>
>   jabalí/jabalíes   cebú/cebúes
>
> Hay que tener en cuenta algunas excepciones, por ejemplo, palabras de origen extranjero como *menú/menús* o *champú/champús*.

Instrucciones Copia los sustantivos plurales de cada oración.

1. Ya he ido a Washington dos veces. _____
2. Frente a la Casa Blanca vi un árbol con grandes raíces. _____
3. En el museo había maniquíes. _____
4. También vi unas joyas con rubíes. _____
5. Mi papá nos compró unas galletas con nueces. _____
6. En el parque había un estanque con bambúes. _____
7. Dentro del estanque había peces. _____
8. En el restaurante repartieron los menús. _____

Actividad para la casa Su niño o niña estudió los plurales de palabras que terminan en *-z, -í, -ú*. Dígale el singular de sustantivos acabados en estas letras y pídale que los diga en plural.

156 **Normas** Plurales de palabras que terminan en *-z, -í, -ú*

Nombre _____

Ser Presidente

Palabras con *h*

Palabras de ortografía				
hielo	hierba	humor	huella	almohada
bahía	huelga	hechos	humedad	honrado
huevo	hueco	ahorrar	deshacer	zanahoria
hiena	huracán	historia	ahora	hogareño

Palabras que faltan Escribe dos palabras de la lista para completar correctamente cada oración.

El mundo del aprendizaje
El conejo come (1)____ y (2)____ que le da su dueño.
Los empleados terminaron la (3)____ y ahora tienen mejor (4)____.
La (5)____ sonriente dejó su (6)____ alrededor del corral.
Para (7)____, mi abuela compra un solo (8)____ para desayunar.
El paso del (9)____ derribó un árbol y quedó un gran (10)____.
En los lugares que están cerca de la (11)____ hay mucha (12)____.

Analogías Escribe una palabra de la lista para completar las analogías.

13. *Calle* es a *callejero* como *hogar* es a ____.
14. *Pasado* es a *ayer* como *presente* es a ____.
15. *Escribir* es a *hacer* como *borrar* es a ____.
16. *Calor* es a *fuego* como *frío* es a ____.
17. *Países* es a *geografía* como *acontecimientos* es a ____.
18. *Mentira* es a *mentiroso* como *honradez* es a ____.
19. *Martillazo* es a *martillo* como *almohadazo* es a ____.
20. *Fantasía* es a *ilusión* como *realidad* es a ____.

1. _____
2. _____
3. _____
4. _____
5. _____
6. _____
7. _____
8. _____
9. _____
10. _____
11. _____
12. _____

13. _____
14. _____
15. _____
16. _____
17. _____
18. _____
19. _____
20. _____

Actividad para la casa Su hijo escribió palabras con *h*. Diga una palabra de la lista y pida a su hijo que la deletree y la use en una oración.

Ortografía Palabras con *h*

Nombre _____

Ser Presidente

Guía para calificar: Ensayo persuasivo

Características de la escritura	4	3	2	1
Enfoque/ideas	La opinión está enfocada y claramente enunciada; todos los detalles apoyan la opinión	La opinión está bien enunciada; los detalles apoyan la opinión en su mayor parte	La opinión no es completamente clara; muchos detalles no están relacionados con la opinión	La opinión no es clara; pocos o ningún detalle relacionado
Organización	Las ideas se presentan en un orden lógico, se usan palabras de transición	Las ideas se presentan mayormente en un orden lógico, se usan varias palabras de transición	El orden de las ideas no es claro; las palabras de transición son débiles o no están	No hay orden lógico o palabras de transición
Voz	La voz es expresiva e interesante	La voz es generalmente interesante	La voz es a veces aburrida	La voz es monótona y aburrida
Lenguaje	Usa palabras claras y descriptivas	Usa algunas palabras claras y descriptivas	Pocas palabras claras o descriptivas	Pobre elección de palabras
Oraciones	No hay fragmentos, no hay oraciones sin final	Uno o dos fragmentos, pocas oraciones sin final	Texto con varias oraciones fragmentadas, oraciones sin final	Texto con muchas oraciones fragmentadas, oraciones sin final
Normas	Ningún error; uso correcto de palabras en plural que terminan en -z, -í, -ú	Pocos o ningún error; uso correcto de palabras en plural que terminan en -z, -í, -ú	Muchos errores	Muchos errores graves

Nombre _____

Ser Presidente

Vocabulario • Palabras desconocidas

- Los **diccionarios** y los **glosarios** proporcionan listas en orden alfabético de las palabras y sus significados.
- A veces, observar las palabras alrededor de la palabra desconocida no ayuda a descubrir el significado de la palabra. Si esto pasa, usa un diccionario o glosario para encontrar el significado.

Instrucciones Lee el texto. Luego responde las preguntas de abajo. Usa tu glosario o diccionario para ayudarte con las palabras desconocidas.

Estimado Sr. Presidente:
   Me he interesado en política después de leer la Constitución en la escuela. Espero no sonar vanidosa pero pienso que soy una estudiante lista y creo que mis ideas son convincentes. Creo que el gobierno tiene que ser responsable de que todas las personas en el país sepan leer y escribir. Así, todos podrán comunicarse mejor y resolver los problemas con más facilidad. Solemnemente creo esto. Por favor, observe el plan que escribí en las páginas siguientes.

   Atentamente,
   Benita

1. Observa la palabra *Constitución* en tu glosario. ¿Qué clase de palabra es?

_____

2. ¿Cuál es el significado de la palabra *comunicación*?

_____

3. ¿Por qué Benita quiere evitar parecer *vanidosa*?

_____

_____

4. La palabra *sonar* puede significar "hacer ruido" o "parecer, tener apariencia de algo". ¿Con qué significado se usa en esta carta? ¿Cómo lo sabes?

_____

_____

Actividad para el hogar Su hijo usó un glosario para identificar las definiciones de las palabras desconocidas. Lean un cuento corto juntos. Creen un glosario para el cuento y escriban todas las palabras desconocidas y usen las definiciones de un diccionario.

Vocabulario

Nombre _____

Ser Presidente

Líneas cronológicas

- Una **línea cronológica** es una tabla que muestra una secuencia de sucesos. Una línea cronológica tiene una barra dividida entre períodos de tiempo que muestra el orden de los sucesos.

Instrucciones Estudia la línea cronológica de abajo. Luego responde las preguntas.

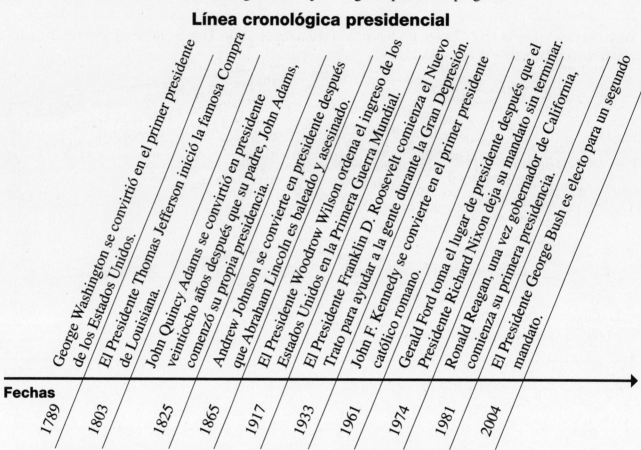

1. ¿Qué información proporciona esta línea cronológica?

_____

_____

2. ¿Cómo se organizan las fechas en esta línea cronológica?

_____

_____

3. De acuerdo con la línea cronológica, ¿qué suceso ocurrió más recientemente?

_____

_____

Nombre _____

Ser Presidente

4. ¿Cuándo hizo la Compra de Louisiana el Presidente Jefferson?

_____

5. ¿Qué pasó en 1974 antes que Gerald Ford se convirtiera en presidente?

_____

6. ¿Qué pasó por primera vez en 1961?

_____

7. ¿Cuántos años pasaron entre el comienzo de la presidencia de George Washington y la decisión del Presidente Wilson de entrar en la Primera Guerra Mundial?

_____

8. ¿Por qué Andrew Johnson se convierte en presidente?

_____

_____

9. ¿En qué año el padre de John Quincy Adams se convirtió en presidente? ¿Cómo lo sabes?

_____

_____

10. ¿Cómo podrías usar esta línea cronológica mientras investigas para un informe de los presidentes de los Estados Unidos?

_____

_____

_____

Actividad para el hogar Su hijo aprendió de líneas cronológicas y usó una para responder las preguntas. Juntos, lean una entrada de enciclopedia acerca de los presidentes de los Estados Unidos. Escriban hechos clave de la vida y las carreras de los presidentes en una línea cronológica. Anime a su hijo para que ilustre cada línea con dibujos cuando sea apropiado.

Destrezas de investigación y estudio 161

Nombre _____

Ser Presidente

Palabras con *h*

Corrige la entrada de un diario personal Clarisa cometió errores cuando escribió en su diario personal. Encierra en un círculo seis palabras con errores de ortografía y escríbelas correctamente. Inserta dos puntos cuando sea necesario.

> Hoy me levanté temprano para ir con mis primos al zoológico. Vimos animales que nunca antes habíamos visto. Vimos liebres que comían zanaorias y monos que comían bananas. Además, encontramos un uevo de gallina. Pero la istoria más divertida del día fue cuando encontramos una uella de una yena y la seguimos con mis primos. De repente, escuchamos un guardia que nos dijo "¡Cuidado! ¡No se puede cruzar por allí!" y nuestra aventura finalizó. Me gustó mucho ir al zoológico, pero aora me voy a dormir porque estoy muy cansada y mañana tengo que ir a la escuela.

1. _____   2. _____
3. _____   4. _____
5. _____   6. _____

Palabras correctas Encierra en un círculo las palabras escritas correctamente. Escribe la palabra.

7. abitación	habitación	gabitación	7. _____
8. honrado	onrado	ohnrado	8. _____
9. deshacer	dehsacer	desacer	9. _____
10. gueco	ueco	hueco	10. _____
11. hielo	yelo	ielo	11. _____
12. uelga	huelga	guelga	12. _____
13. humedad	umedad	gumedad	13. _____
14. ierba	llerba	hierba	14. _____

Palabras de ortografía

hielo
bahía
huevo
hiena
hierba
huelga
hueco
huracán
humor
hechos
ahorrar
historia
huella
humedad
deshacer
ahora
almohada
honrado
zanahoria
hogareño

Palabras difíciles

ahí
alhaja
azahar
habitación
anhelo

Actividad para la casa Su hijo identificó palabras con *h* mal escritas. Pida a su hijo que escriba un párrafo con algunas palabras de la lista.

Nombre _____

Ser Presidente

Plurales de palabras que terminan en *-z, -í, -ú*

Lee las oraciones. Luego, lee cada pregunta. Encierra en un círculo la letra de la respuesta correcta.

La agenda presidencial

(1) Hoy, el Presidente escucha la voz de sus consejeros. (2) Están hablando de un plan de paz. (3) Ayer, el Presidente cenó con un juez. (4) En la cena sirvieron jabalí con salsa de arándanos. (5) En la comida con la prensa habrá estofado de avestruz.

1 ¿Cuál es el plural del sustantivo subrayado en la oración 1?

   A voces
   B voce
   C voses
   D vozs

2 ¿Cuál es el plural del sustantivo subrayado en la oración 2?

   A pases
   B pazes
   C paces
   D pace

3 ¿Cuál es el plural del sustantivo subrayado en la oración 3?

   A jueces
   B juezes
   C jueses
   D juece

4 ¿Cuál es el plural del sustantivo subrayado en la oración 4?

   A jabalíces
   B jabalíes
   C jabalís
   D jabalises

5 ¿Cuál es el plural del sustantivo subrayado en la oración 5?

   A avestrucies
   B avestruzs
   C avestruzes
   D avestruces

Actividad para la casa Su niño o niña se preparó para tomar un examen de los plurales en palabras terminadas en *-z, -í, -ú*. Dígale que prepare unas tarjetas relámpago con palabras acabadas en *-z, -í, -ú*, con el singular por un lado y el plural por el otro. Después, ayúdelo a practicar a partir de esas tarjetas.

Normas Plurales de palabras que terminan en *–z, -í, -ú*

Nombre _____

Unidad 2 Semana 1 Repaso interact

Plurales terminados en *-s, -es, -ces*

Palabras de ortografía			
voces	lápices	actores	pantalones
veces	teléfonos	capaces	paraguas
narices	mesas	directores	errores
imágenes	lugares	tijeras	idiomas
luces	hermanos	escaleras	anteojos

Clasificar Escribe las palabras de la lista que describan el significado de cada grupo.

1. francés, inglés, español
2. fotografías, retratos, cuadros
3. gritos, susurros, cuchicheos
4. Robert De Niro, Brad Pitt, George Clooney
5. escritorio, de comedor, de madera
6. plaza, cine, gimnasio
7. linterna, reflector, lámpara
8. crayón, grafito, pastel
9. móvil, inalámbrico, celular
10. de servicio, de incendios, de emergencias

1. _____
2. _____
3. _____
4. _____
5. _____
6. _____
7. _____
8. _____
9. _____
10. _____

Significado de las palabras Escribe una palabra de la lista al lado de la frase que signifique lo mismo.

11. tiempos u ocasiones de hacer algo
12. tienen dos orificios y se encuentran en el rostro
13. personas que tienen el mismo padre y la misma madre
14. personas que pueden hacer muchas cosas
15. personas que dirigen algo
16. que sirven para cortar cosas
17. prendas de vestir para cubrirse las piernas
18. sirve para protegerse de la lluvia
19. equivocaciones
20. instrumento óptico que sirve para ver de cerca

11. _____
12. _____
13. _____
14. _____
15. _____
16. _____
17. _____
18. _____
19. _____
20. _____

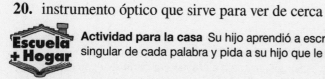

Actividad para la casa Su hijo aprendió a escribir plurales terminados en *-s, -es, -ces*. Escriba la forma singular de cada palabra y pida a su hijo que le diga cómo cambian al pasar a la forma plural.

Sustantivos comunes y propios

Instrucciones Copia la palabra subrayada de cada oración que es un sustantivo.

1. Antes las <u>películas</u> siempre se <u>veían</u> en el cine.

2. Las salas de cine <u>eran</u> <u>lugares</u> de encuentro de la gente.

3. A veces la <u>gente</u> veía tres películas <u>seguidas</u>.

4. Hoy en día vemos <u>mucho</u> más cine en <u>casa</u>.

5. <u>Vemos</u> muchas películas por <u>televisión</u> o en DVD.

Instrucciones En cada oración hay dos sustantivos subrayados. Copia el sustantivo del tipo indicado entre ( ).

6. Vimos un <u>documental</u> sobre la <u>Tierra</u>. (propio)

7. A <u>Pablo</u> le gustan mucho los <u>animales</u>. (común)

8. Vimos la <u>película</u> con <u>Rita</u> y Marcos. (común)

9. A Pablo le interesó la <u>parte</u> sobre la <u>Antártida</u>. (propio)

10. El cine <u>Excelsior</u> está junto al <u>parque</u>. (común)

Nombre _____

Unidad 2 Semana 2 Repaso interact

Diptongo y triptongo

Palabras de ortografía				
aire	buey	soy	suavidad	cualidad
hay	miau	cuidado	boina	aislada
oigo	muy	caimanes	diurno	bailarina
hoy	ruina	ciudad	Uruguay	aplausos

Claves de contexto Elige una palabra de la lista para completar cada oración. Escribe la palabra.

1. Tengo familiares lejanos en ____.
2. Yo ____ el nieto favorito de mis abuelos paternos.
3. La mascota del vecino está ____ porque está enferma.
4. La ____ del teatro nos guiñó un ojo mientras bailaba.
5. Cuando terminé el acto escolar me gustó recibir ____.
6. Los ____ y los cocodrilos son animales parecidos.
7. El perro hace guau y el gato hace ____.
8. En la calle ____ mucha gente esperando al presidente.
9. ____ música en la radio todo el día.

1. _____
2. _____
3. _____
4. _____
5. _____
6. _____
7. _____
8. _____
9. _____

Palabras clave Escribe una palabra de la lista a la que se refiera la palabra en cursiva.

10. Cuando voy en bicicleta *lo* siento en la cara.
11. El campo suele estar lejos de *ella*.
12. Cuando crezca, mi abuelo me va a regalar la *suya* para cubrirme del frío.
13. La de mi mamá es cocinar bien, *la* de mi papá es jugar al fútbol bien y *la* de mi hermano es pintar bien.
14. Hay que *tenerlo* al cruzar una calle.

10. _____
11. _____
12. _____
13. _____
14. _____

Observa el final de las palabras Encierra en un círculo las palabras escritas correctamente.

15. hoy   hoi
16. buey   buei
17. mui   muy
18. diuirno   diurno
19. suavidad   sauvidad
20. riuina   ruina

Actividad para la casa Su hijo identificó palabras con *diptongo* y *triptongo*. Pida a su hijo que diga en voz alta las palabras de la lista y que identifique dónde se encuentra el diptongo o triptongo.

166 Ortografía Diptongo y triptongo

Género de los sustantivos

Instrucciones Hay dos sustantivos subrayados en estas oraciones. Copia el sustantivo masculino si la oración va seguida de (M) o el sustantivo femenino si va seguida de (F).

1. Mi hermana ensilla su caballo. (F) _____
2. La maestra escribe en el pizarrón. (M) _____
3. Vive aquí cinco días de la semana. (M) _____
4. El rancho de mis primas está lejos. (F) _____
5. Tienen que venir en carro cada mañana. (M) _____
6. Yo vuelvo cada tarde en autobús. (F) _____

Instrucciones Copia los sustantivos y escribe *M* si es un sustantivo masculino o *F* si es un sustantivo femenino.

7. Los vaqueros eran grandes jinetes.

_____

8. A lomo de caballo, se sentían como en casa.

_____

9. Trabajaban en grandes haciendas lejos de las ciudades.

_____

10. Escuchaban el canto de los pájaros por las mañanas.

_____

11. Les gustaba el agua fresca del arroyo.

_____

12. Hacían la comida al aire libre.

_____

Nombre _____

Unidad 2 Semana 3 Repaso interact

Palabras con *x* y *cc*

Palabras de ortografía				
exacto	examen	extraño	diccionario	explicar
acción	lección	oxígeno	corrección	exigente
exótico	elección	construcción	ficción	flexible
selección	axila	accidente	anexo	existe

Claves de contexto Escribe las palabras de la lista que completen correctamente cada oración.

1. El ____ nos ayuda a conocer el significado de las palabras.
2. La maestra da un ____ una vez al mes.
3. Es necesario ____ a los estudiantes la definición de la palabra.
4. La ____ de esta mañana fue muy interesante.
5. Costa Rica es un país ____ de América Central.
6. En la plaza ____ un lugar que nadie conoce.
7. Mi hermano mayor me obsequió una ____ de cuentos.
8. Mi papá es ____ con las notas finales del colegio.
9. En mi barrio están terminando la ____ de un gran edificio.
10. A Juan y a Martín les gustan las películas de ____.

1. _____
2. _____
3. _____
4. _____
5. _____
6. _____
7. _____
8. _____
9. _____
10. _____

Significados de las palabras Escribe las palabras de la lista que completen cada definición.

11. que puede doblarse fácilmente sin romperse
12. opción que se toma entre varias
13. algo preciso y cierto
14. hueco que se forma en la unión del brazo con el cuerpo
15. algo raro, singular, particular
16. suceso casual que produce un daño
17. lo que se respira al aire libre
18. que no es real
19. unión de una cosa a otra
20. arreglo de errores

11. _____
12. _____
13. _____
14. _____
15. _____
16. _____
17. _____
18. _____
19. _____
20. _____

Actividad para la casa Su hijo identificó palabras con *x* y *cc*. Pida a su hijo que escriba las palabras de la lista y subraye *x* o *cc* con distintos colores.

Sustantivos individuales y colectivos

Instrucciones Copia el sustantivo colectivo de cada oración.

1. Espero que gane mi equipo. _____

2. La flota estaba atracada en el puerto. _____

3. La tribu se reunió en la casa grande. _____

4. El barco se acercó al banco de sardinas. _____

5. La recua de mulas tiraba del carro. _____

Instrucciones Si el sustantivo subrayado es individual, escribe *I*. Si es colectivo, escribe *C*.

6. Bernardo viajó a las <u>islas</u> del sur. _____

7. Le gustó mucho todo el <u>archipiélago</u>. _____

8. En uno de los cerros había un <u>bosque</u>. _____

9. Bernardo siguió el sendero entre los <u>árboles</u>. _____

10. Al caer la <u>noche</u>, acampó en un claro. _____

11. Se quedó tumbado mirando las <u>estrellas</u>. _____

12. Bernardo vio la <u>constelación</u> de Orión. _____

Nombre _____

Unidad 2 Semana 4 Repaso interactivo

Palabras con *m* antes de *p* y *b*, y con *n* antes de *v*

Palabras de ortografía

convencer	ambición	cumpleaños	ambiente	importante
conversar	invisible	inventor	mambo	zumbido
enviar	ampliar	relámpago	hombre	nombre
empezar	compañero	tempestad	sembrar	noviembre

Antónimos Escribe las palabras de la lista que tengan un significado opuesto o casi opuesto.

1. terminar _____
2. mujer _____
3. calma _____
4. visible _____
5. apellido _____

Sinónimos Escribe las palabras de la lista que tengan un significado similar o casi similar.

6. rayo _____
7. plantar _____
8. hablar _____
9. persuadir _____
10. mandar _____

Palabras de contexto Escribe las palabras de la lista para completar cada oración.

11. ____ es el mejor mes del año para salir a jugar.
12. El mejor ____ fue el creador de la computadora.
13. Cuando sea grande quiero ____ mi habitación.
14. A Carolina le gustaría aprender a bailar ____.
15. Hay que aprender a cuidar el medio ____.
16. A mi ____ le gusta jugar con autos de carrera.
17. Voy a hacer una gran fiesta para mi ____.
18. La ____ de Carlos es ser abogado.
19. El ____ de las abejas es muy molesto.
20. Es ____ prestar atención en clase para aprobar los exámenes.

11. _____
12. _____
13. _____
14. _____
15. _____
16. _____
17. _____
18. _____
19. _____
20. _____

Actividad para la casa Su hijo identificó palabras con *m* antes de *p* y *b*, y con *n* antes de *v*. Pida a su hijo que identifique el par de consonantes en cada palabra de la lista. Luego ayude a su hijo a pensar en otras palabras que se escriban con cada par de consonantes.

Artículos y contracciones

Instrucciones Escribe el artículo o la contracción entre ( ) que completa correctamente cada oración.

1. Fue la peor tormenta (del, al) invierno. _____

2. (El, Los) jinetes avanzaban con dificultad. _____

3. (Las, Los) caballos estaban agotados. _____

4. (Al, Del) fin, pasó la tormenta. _____

5. Llegaron hasta (una, un) poblado. _____

6. Allí por fin comieron (un, una) comida caliente. _____

7. (La, Las) familias del poblado fueron muy amables. _____

8. Después de descansar, los jinetes retomaron (el, la) largo camino. _____

Instrucciones Subraya el artículo de cada oración. Escribe *D* si es definido o *I* si es indefinido.

9. Es divertido leer sobre los caballos. _____

10. Leeré un libro sobre este tema. _____

11. La historia es muy interesante. _____

12. Tengo un primo que monta muy bien a caballo. _____

13. El domingo fui a montar con mi primo Juan. _____

14. Juan me dio una clase de equitación. _____

Nombre _____

Unidad 2 Semana 5 Repaso interac

Palabras con *h*

Palabras de ortografía					
hielo	hierba	humor	huella	almohada
bahía	huelga	hechos	humedad	honrado
huevo	hueco	ahorrar	deshacer	zanahoria
hiena	huracán	historia	ahora	hogareño

Clasificar Escriba las palabras de la lista que completen cada grupo.

1. frío, heladera, congelado,
2. mar, playa, costa,
3. hortaliza, vegetal, naranja,
4. torbellino, tempestad, tornado,
5. narración, leyenda, crónica,
6. rastro, pisada, pista,
7. agujero, orificio, abertura,
8. césped, jardín, verde,
9. cabecera, descanso, cojín,
10. romper, desarmar, destruir,

1. _____
2. _____
3. _____
4. _____
5. _____
6. _____
7. _____
8. _____
9. _____
10. _____

Mezcla de letras Ordenar correctamente las letras para armar las palabras de la lista.

11. oagheroñ
12. rohaa
13. uhoev
14. einah
15. cehsoh
16. araorhr
17. lheuag
18. mudheda
19. rhoadno
20. omrhu

11. _____
12. _____
13. _____
14. _____
15. _____
16. _____
17. _____
18. _____
19. _____
20. _____

Actividad para la casa Su hijo aprendió a escribir correctamente palabras con *h*. Diga cada una de las palabras de la lista. Pida a su hijo que le explique el significado de las palabras y que las escriba correctamente.

Nombre _____

Unidad 2 Semana 5 Repaso interactivo

Plurales de palabras que terminan en *-z, -í, -ú*

Instrucciones Escribe el plural de los sustantivos subrayados.

1. A mí me gusta el <u>ají</u> picante. _____

2. A Laura le gusta el <u>arroz</u>. _____

3. A las dos nos gustan las tortillas de <u>maíz</u>. _____

4. ¿Probaste alguna vez la <u>codorniz</u>? _____

5. Marca una <u>cruz</u> en el pan antes de hornearlo. _____

6. Pondremos brotes de <u>bambú</u> en la ensalada. _____

Instrucciones Copia el plural correcto de los sustantivos entre ( ).

7. Las (avestruces, avestruzes) escarbaban en el suelo. _____

8. Encontraron unas (lombrizes, lombrices) y se las comieron. _____

9. Los (jabalises, jabalíes) también iban buscando comida. _____

10. Fueron a buscar (nueces, nuezes) bajo el nogal. _____

11. Los (ñuses, ñúes) pastaban en la llanura. _____

12. Los (manatís, manatíes) nadaban en el lago. _____

Normas Plurales de palabras que terminan en *-z, -í, -ú*

Nombre _____

**Proceso de la escritura
Unidad 2**

Tabla de idea principal y detalles

Instrucciones Una composición expositiva tiene una o más ideas principales. Cada idea principal se apoya en uno o más detalles. Completa la tabla con ideas principales y detalles para tu composición expositiva.

Idea principal

Detalles

Idea principal

Detalles

Nombre _____

**Proceso de la escritura
Unidad 2**

Instrucciones Haz una tabla para mostrar varios datos relacionados de tu composición expositiva. Usa la tabla de abajo o haz otra tabla si esta tabla no es útil para tus datos.

Unidad 2 Proceso de la escritura **175**

Nombre _____

Proceso de la escritura
Unidad 2

Usar palabras precisas

> Usa palabras precisas para ayudar a hacer tu escrito más claro, más coherente y más fácil de leer y entender para tu público. Reemplaza sustantivos generales, verbos y adjetivos vagos por sustantivos, verbos y adjetivos más precisos.
>
> **Palabras generales** El <u>hombre</u> <u>va</u> a cubrir un <u>área</u>.
>
> **Palabras precisas** El <u>receptor</u> <u>apenas</u> cubre la <u>primera base</u>.

Instrucciones En estas oraciones sobre béisbol, reemplaza cada palabra subrayada con una palabra más precisa. Escribe cada oración con la nueva palabra.

1. El lanzador <u>se</u> <u>dirigió</u> hacia el montículo y <u>miró</u> al oponente.

   _____

   _____

2. Matt esperaba conseguir un <u>lindo</u> golpe en este importante <u>juego</u>.

   _____

   _____

3. Cuando Matt <u>golpeó</u> la bola fuera del <u>lugar</u>, la <u>gente</u> <u>gritó</u>.

   _____

   _____

4. Los compañeros de equipo de Matt <u>dijeron</u> que él era un <u>buen</u> <u>jugador</u>.

   _____

   _____

Nombre _____

Proceso de la escritura
Unidad 2

Corrección 1

Instrucciones Corrige estas oraciones. Busca errores de ortografía, gramática, puntuación, uso de mayúsculas y sintaxis. Usa marcas de corrección para mostrar las correcciones.

Marcas de corrección	
Borrar	⌒
Agregar	∧
Ortografía	◯
Mayúscula	≡
Minúscula	/

1. La banda de la escuela nesesita dinero para viajar a chicago.

2. Los integrantes de la banda planea lavar carros durante varos fines de semana.

3. Cada integrante de la banda lavará carros para conseguir dinero para tu excursión

4. David trae las cubitas el detergente y los cepillos.

5. Las toallas y las esponjas de Monica son precisamente lo que los hacía falta.

6. Sumi crea bellos cartels para que los clientes las vean.

7. El director sánchez deja que los estudiantes usen las tres regadera de la escuela.

8. como tantos vinieron a ayudar Mónica tuvo que ir a casa a buscar más toallas.

Ahora corrige el borrador de tu composición expositiva. Luego, usa el borrador revisado y corregido para hacer una copia final de tu composición. Finalmente, comparte tu trabajo escrito con el público.

Nombre _____

El pájaro mosca

Fuentes gráficas

- Una **fuente gráfica** muestra o explica la información de un texto. Fotos, mapas, cuadros, líneas cronológicas y diagramas son fuentes gráficas.

Instrucciones Estudia la siguiente tabla. Luego responde las preguntas de abajo.

Chicago, IL: Promedios de temperatura y precipitación

Mes	Temperatura (máxima)	Precipitación (pulgadas)
Enero	22°	4.78"
Marzo	45°	6.70"
Mayo	68°	3.65"
Julio	84°	3.70"
Septiembre	73°	5.85"
Noviembre	47°	4.01"

1. ¿Qué muestra esta tabla?

_____

2. ¿En qué mes es más probable que llueva o nieve?

_____

3. Basado en la tabla, ¿cómo crees que es el clima en Chicago en diciembre?

_____

4. ¿Cuál sería el valor de esta tabla para planear una actividad al aire libre en Chicago?

_____

5. ¿Qué otra fuente gráfica podrías usar para mostrar esta información?

_____

Actividad para la casa Su hijo identificó información de una fuente gráfica. Trabaje con él para identificar otras fuentes gráficas en periódicos o revistas. Juntos, busquen en periódicos o revistas información para crear una gráfica o tabla.

Nombre _____

El pájaro mosca

Escritura • Poema narrativo

Aspectos principales de un poema narrativo
- narra una historia en secuencia e incluye personajes principales
- puede tener una métrica regular, rimas y patrones de versos
- usa el idioma en forma lúdica

Carl de Suecia

En Suecia en 1707
Carl von Linné nació en mayo un día.
Conocido como Carolus Linnaeus,
su trabajo sería famoso un día.

Nombró nuestras plantas y animales.
Les dio nombres latinos.
Entonces al hombre llamado Carl von Linné,
un nombre latino le dio el destino.

El padre de Carl tenía un jardín, con
plantas y flores, pequeñas y enormes.
Como el pequeño Carl las amaba a todas,
sabía que necesitaban nombres.

Nombró nuestras plantas y animales.
Les dio nombres latinos.
Entonces al hombre llamado Carl von Linné,
un nombre latino le dio el destino.

1. ¿Quién es el personaje principal y qué historia narra este poema narrativo?

_____

_____

2. ¿Cuáles son las palabras que riman en la segunda estrofa?

_____

_____

Nombre _____

El pájaro mosca

Vocabulario

Instrucciones Escoge la palabra de la casilla que mejor se ajuste a cada definición. Escribe la palabra en la línea.

_____ 1. quieren una cosa antes que otra

_____ 2. plantas bajas

_____ 3. medidas de peso

_____ 4. madera negra combustible

_____ 5. punzante, afilado

Verifica las palabras que conoces

cenizas
carbón
prefieren
onzas
agudo
binoculares
arbustos
iridiscentes

Instrucciones Escoge la palabra de la casilla que mejor completa cada oración de abajo. Escribe la palabra en la línea de la izquierda.

_____ 6. Necesitamos los _____ para ver el paisaje desde lejos.

_____ 7. Las _____ de la erupción del volcán caían sobre la ciudad.

_____ 8. Los cristales _____ daban resplandor a la sala.

_____ 9. Mis hermanos _____ nadar que ir a tomar un helado.

_____ 10. Sentí un dolor _____ cuando me picó la abeja.

Escribir un poema

En una hoja aparte, escribe un poema sobre una erupción de volcán. Usa tantas palabras del vocabulario como puedas.

Actividad para la casa Su hijo identificó y usó palabras del vocabulario de *El pájaro mosca*. Repasen las definiciones con su hijo y hablen de los significados de cada palabra. Trabajen juntos para usar esas palabras en oraciones.

Nombre _____

El pájaro mosca

Verbos de acción y verbos copulativos

> El **verbo** es la palabra principal del predicado de una oración.
>
> - Los **verbos de acción** son palabras que expresan acciones. La mayoría de estos verbos expresan acciones que se pueden ver. Sin embargo, algunos, como *pensar* o *entender*, expresan acciones que no se pueden ver.
>
>   Las aves <u>volaron</u> hacia el árbol.
>
>   Mi hermano <u>entendió</u> la explicación.
>
> - Los **verbos** *ser* y *estar*, también llamados **verbos copulativos,** no expresan acciones, pero nos dan información sobre el sujeto. También pueden ser copulativos otros verbos como *parecer, quedar, volverse, ponerse, tornarse* o *sentirse*.
>
>   Este colibrí <u>es</u> tan pequeño como una mariposa.
>
>   El pajarito <u>estaba</u> en las ramas altas.

Instrucciones Encierra en un círculo el verbo de cada oración.

1. El pájaro mosca pesa menos de dos gramos.
2. Los machos tienen un color azul con tonos verdes iridiscentes.
3. Las hembras son más grandes que los machos.
4. Este científico observa los colibríes.
5. Los ha estudiado durante años.
6. Este año ha investigado su comportamiento.
7. Son aves increíblemente ágiles.
8. Los pájaros mosca vuelan solos.

Instrucciones Subraya los verbos de acción. Encierra en un círculo los verbos copulativos.

9. Los pájaros mosca habitan en Cuba.
10. Los zunzunes son más grandes que los zunzuncitos.
11. ¡Olvidé mis binoculares!
12. Siempre he sido muy despistado.

Actividad para la casa Su niño o niña estudió los verbos de acción y los verbos copulativos. Pídale que le cuente algo que le ocurrió hoy. Dígale que identifique los verbos de acción y los verbos copulativos que use al contarlo.

Nombre _____

El pájaro mosca

Hiato

Palabras de ortografía				
paseo	roedor	boa	toalla	ideal
extraer	peatones	leones	oeste	corretean
noroeste	caen	recreo	tarea	caemos
sea	maestra	creativo	oboe	poseer

Relacionar Escribe las palabras de la lista que se relacionen con cada palabra.

1. rata _____
2. caminantes _____
3. paño _____
4. trabajo _____
5. hundimos _____
6. genial _____
7. deambulan _____
8. tener _____
9. sacar _____
10. educadora _____

Completar las oraciones Completa las oraciones con las palabras de la lista.

11. Me encanta ir de _____ con mis amigos.   11. _____
12. El _____ es un instrumento musical.   12. _____
13. Mi amigo vive al _____ de la ciudad.   13. _____
14. La _____ está cubierta de escamas.   14. _____
15. Mis compañeros y yo jugamos durante el _____ .   15. _____
16. Los _____ duermen en su jaula.   16. _____
17. El _____ de nuestro país tiene hermosos paisajes.   17. _____
18. Las hojas secas _____ durante el otoño.   18. _____
19. Este niño es muy _____ cuando dibuja.   19. _____
20. Aunque _____ una vez, tienes que viajar en avión.   20. _____

Actividad para la casa Su hijo escribió palabras con hiato. Diga una palabra de la lista y pida a su hijo que la escriba.

Nombre _____

El pájaro mosca

Secuencia de un cuento A

Título _____

Principio

Desarrollo

Final

Escritura Plan   **183**

Nombre _____

El pájaro mosca

Vocabulario • Palabras de varios significados

- Las **palabras de varios significados** son palabras que tienen diferentes significados, dependiendo de cómo se usan en una oración.
- Cuando lees, puedes encontrar una palabra cuyo significado conoces, pero ese significado no tiene sentido en la oración. Usa **claves del contexto** para encontrar el significado.

Instrucciones Lee el siguiente texto. Luego responde las preguntas de abajo.

> Dos veces por mes, Carlos y Tina se reúnen en el Club del Clima. Allí, los miembros del club aprenden acerca de los patrones y cambios en el clima que siempre se repiten. Aprenden cómo están formadas las nubes y la causa de los relámpagos. Usan diferentes escalas, como las de los barómetros y termómetros, para reunir información sobre la atmósfera. Un barómetro mide la presión del aire. Carlos y Tina aprenden cómo la presión de aire, o la fuerza ejercida por la atmósfera, afecta el clima. Por ejemplo, la presión baja puede señalar una tormenta inminente o que se aproxima. Ya se están transformando en expertos en el estudio del clima.

1. ¿Qué significa la palabra *miembros* en este texto? ¿Qué claves te ayudaron a darte cuenta?

   _____

2. ¿Cuál es otro significado de *miembros*?

   _____

3. ¿Qué significado tiene la palabra *patrones* en este texto? ¿Qué claves te ayudaron a darte cuenta?

   _____

4. ¿Cuál es otro significado de *patrón*?

   _____

5. Escala puede significar "una serie de marcas sobre una línea usadas para medir" o "sucesión de notas en un sistema musical". ¿Cómo está usada en este texto? ¿Cómo sabes?

   _____

   _____

Actividad para la casa Su hijo aprendió a usar claves del contexto para escoger el significado correcto de una palabra de varios significados. Con su hijo, túrnense para pensar en palabras que tengan más de un significado. Uno dice una palabra y el otro dice dos oraciones usando uno de los posibles significados de la palabra en cada oración.

Nombre _____

El pájaro mosca

Almanaque

> - Un **almanaque** es un libro que se publica todos los años. Contiene calendarios, información sobre el clima y fechas de feriados. También contiene cuadros y tablas de información actual sobre temas como la población de una ciudad y los ganadores recientes de premios en ciencia, literatura o deportes.

Instrucciones Da un vistazo previo a esta información de un almanaque.

Hechos del otoño

- El otoño generalmente dura desde el 22 (ó 23) de septiembre hasta el 21 (ó 22) de diciembre.
- El 22 (ó 23) de septiembre tiene la misma cantidad de horas de día y de noche.
- El 21 (ó 22) de diciembre es el día más corto del año.
- El otoño es el tiempo de cosechar los cultivos.
- El otoño es una estación popular para celebrar festivales de los cultivos.

Feriados de otoño

Feriados	Fecha	Imagen común
Día de las Américas	Segundo lunes de octubre	Barco
Halloween	31 de octubre	Calabaza
Día de Acción de Gracias	Cuarto jueves de noviembre	Pavo

Hojas de otoño

- Algunos árboles tienen hojas que se ponen amarillas (en vez de anaranjadas o rojas) cada otoño. Ejemplos incluyen abedules, tulipaneros, nogales y sicomoros.
- Durante el otoño en los Estados Unidos, los colores más brillantes de las hojas aparecen en los estados de Nueva Inglaterra.

Momentos culminantes para ver hojas coloridas

Estado	Momento
Maryland	Septiembre y principios de octubre
Carolina del Norte	Mediados de septiembre a mediados de octubre
Nueva York	Mediados de septiembre a principios de noviembre
Maine	Finales de septiembre a mediados de octubre
Virginia del Oeste	Principios de octubre a finales de noviembre
Georgia	Finales de octubre
Kentucky	Octubre y casi todo noviembre

Destrezas de investigación y estudio

Nombre _____

El pájaro mosca

Instrucciones Usa la información del almanaque para responder las siguientes preguntas.

1. ¿Qué sección da información sobre árboles y colores de hojas?

2. ¿Cuáles son los tres feriados en esta parte del almanaque?

3. ¿Cuál es el día más corto del año?

4. ¿La imagen de un barco se utiliza para indicar qué feriado?

5. ¿Cómo está organizada la tabla titulada "Momentos culminantes para ver hojas coloridas"?

6. ¿En qué estados se puede ver mejor el cambio de colores de las hojas en el Día de Acción de Gracias?

7. Da dos ejemplos de árboles cuyas hojas sólo cambian a color amarillo.

8. ¿Cuánto dura el otoño, de acuerdo con la información dada en el almanaque?

9. ¿Qué es más útil cuando planeamos las vacaciones: un almanaque o una enciclopedia?

10. ¿Por qué razón elegirías un almanaque en vez de un diccionario para buscar información sobre el otoño?

Actividad para la casa Su hijo estudió un almanaque y respondió preguntas sobre su uso. Con su hijo, miren los almanaques en la sección de referencias de una biblioteca. Elija un tema y averigüe qué clase de información sobre este tema se puede encontrar en un almanaque.

186 **Destrezas de investigación y estudio**

Nombre _____

El pájaro mosca

Hiato

Corrige un cuento Encierra en un círculo seis palabras con errores de ortografía y escríbelas correctamente. Vuelve a escribir correctamente la oración que tiene un error de puntuación.

> ### Paseo al zoológico
> Nuestra maéstra nos llevó de paséo al zoológico. El zoológico de nuestra ciudad está ubicado al noroheste de la escuela. Cuando llegamos, tomamos muchas fotografías y vimos algunos animales Vimos una gran boha de color gris, pájaros, osos, elefantes y otros animales más. Los únicos que no vimos fueron los leónes porque estaban durmiendo en sus cuevas. Para todos fue un día idial para divertirse y disfrutar de la naturaleza.

Palabras de ortografía
paseo
extraer
noroeste
sea
roedor
peatones
caen
maestra
boa
leones
recreo
creativo
toalla
oeste
tarea
oboe
ideal
corretean
caemos
poseer

1. _____ 2. _____
3. _____ 4. _____
5. _____ 6. _____
7. _____

Corregir palabras Escribe las palabras correctamente.

8. extraér   8. _____
9. tohalla   9. _____
10. tareha   10. _____
11. obóe   11. _____
12. poser   12. _____
13. oéste   13. _____
14. piatones   14. _____
15. seia   15. _____
16. roédor   16. _____
17. cáen   17. _____
18. recreio   18. _____
19. recriativo 19. _____

Palabras difíciles
zoológico
microondas
ahorrativo
baobab
aéreo

Actividad para la casa Su hijo identificó palabras con hiato mal escritas. Pida a su hijo que use cada palabra de la lista en una oración.

Ortografía Hiato **187**

Nombre _____

El pájaro mosca

Verbos de acción y verbos copulativos

Lee las oraciones. Luego, lee cada pregunta. Encierra en un círculo la letra de la respuesta correcta.

Observando los pájaros mosca

(1) Este colibrí _____ muy hermoso. (2) La hembra _____ un nido. (3) Luisa _____ al bosque a observar los pájaros mosca. (4) En Cuba, la gente los _____ zunzunes. (5) Los pájaros mosca ya no _____ tan abundantes.

1 ¿Qué verbo completa correctamente la oración 1?

   A haciendo
   B vuelas
   C es
   D son

2 ¿Qué verbo completa correctamente la oración 2?

   A hacer
   B ha hecho
   C es
   D han sido

3 ¿Qué verbo completa correctamente la oración 3?

   A van
   B ir
   C ha ido
   D irán

4 ¿Qué verbo completa correctamente la oración 4?

   A llama
   B han
   C son
   D fue

5 ¿Qué verbo completa correctamente la oración 5?

   A son
   B fuimos
   C ha sido
   D fue

Actividad para la casa Su niño o niña se preparó para tomar un examen de los verbos de acción y los verbos copulativos. Pídale que escriba verbos de acción y verbos copulativos en tarjetas de fichero. Luego, vaya mostrándole las tarjetas una por una y pídale que forme oraciones con esos verbos.

Nombre _____

Ballenas de Adelina

Hechos y opiniones

- Se puede probar que un **hecho** es verdadero o falso por medio de investigaciones.
- No se puede probar si una **opinión** es verdadera o falsa. Es una creencia o un juicio. Usualmente contiene una palabra de juicio, tal como *mejor, debería* o *hermoso*. Puede empezar con las palabras *En mi opinión* o *Yo creo*.

Instrucciones Lee el texto. Luego completa la tabla. Lee cada oración y responde las preguntas al principio de cada columna.

Las personas y sus mascotas tienen relaciones especiales. Muchas personas sienten que sus mascotas son parte de sus familias. Hay quienes visten a sus mascotas con ropas coloridas y les compran comida cara.

Las mascotas también ayudan a las personas de muchas maneras. Por ejemplo, las mascotas alegran a las personas que están enfermas o que viven solas. Los perros que ladran protegen a las personas y sus casas. Además, los perros lazarillos guían a sus dueños ciegos. Estos perros están entrenados para detenerse si presienten una situación peligrosa y para evitar ramas bajas y otros obstáculos. Ya sea que estos animales sean de compañía o compañeros entrenados, los expertos en animales sienten que es importante tratarlos amablemente.

Oración	¿Expresa un hecho o una opinión?	Si es una opinión, ¿cuáles son las palabras clave? Si es un hecho, ¿cómo podrías probarlo?
Los perros lazarillos guían a sus dueños ciegos.	1.	2.
Muchas personas sienten que sus mascotas son una parte de sus familias.	3.	4.

5. Escribe un hecho del texto. ¿Cómo podrías probarlo?

_____

_____

Actividad para la casa Su hijo identificó los hechos y las opiniones en un texto corto. Lea un artículo o cuento sobre la naturaleza con su hijo. Pida a su hijo que identifique los hechos y las opiniones en el artículo o cuento.

Comprensión 189

Nombre _____

Ballenas de Adelina

Escritura • Invitación

> **Aspectos principales de las invitaciones**
> - incluyen detalles sobre quién es el anfitrión, cuál es el evento, la hora y el lugar
> - usan un tono que se aplique a la audiencia y al propósito del evento
> - incluyen información RSVP (responder por favor), fecha, saludo y cierre
> - incluyen instrucciones y posiblemente un mapa para llegar al lugar del evento

Invitación a una fiesta en la piscina

24 de junio de 20_ _

Queridos Max y Sam:

Se terminó la escuela: tiempo para celebrar y sumergirse en la diversión del verano. ¡Vengan a ayudarnos a inaugurar nuestra nueva piscina y a disfrutar el sabor del verano!

Fecha: 1 de julio

Lugar: casa de los abuelos de Eva Chang
1451 Main Street, Austin, TX (ver el mapa de abajo)

Hora: 2:00 a 4:00 PM

Por favor llámenme al (512) 555-5555 para confirmarme si vienen. Si llueve, haremos la fiesta la semana siguiente, el 8 de julio (¡a la misma hora, en el mismo lugar!). Recuerden que deben traer toalla y crema protectora de sol. ¡Nosotros les daremos agua, obsequios y diversión!

Instrucciones: desde la escuela, tomar Green Street y seguir hasta la señal de alto, que es Main Street. Doblar a la derecha y seguir hasta la tercera casa de la izquierda, número 1451.

Saludos,
Anabelle

1. ¿Es el tono de esta invitación formal o informal? Encierra en un círculo las palabras que te ayudan a establecer el tono.

2. Subraya las palabras que indican datos importantes que el lector necesita saber.

3. ¿Qué más utiliza el autor para demostrar un tono informal y divertido?

Nombre _____

Ballenas de Adelina

Vocabulario

Instrucciones Elige la palabra del recuadro que mejor completa cada oración. Escribe la palabra sobre la línea.

Joan Ferguson miró sobre la **1.** _____ azul. Vio a las ballenas tirando aire por sus respiraderos. Mientras tanto, la neblina envolvía en una nube la **2.** _____ que bordeaba el valle. Joan se sintió pequeña mientras observaba las **3.** _____ migraciones de las ballenas. Ella era una **4.** _____, científica que estudia los animales. Joan visitaba el mismo lugar **5.** _____ cada año.

Verifica las palabras que conoces

bióloga
colina
laguna
masivas
lechoso
tropical

Instrucciones Encierra en un círculo la palabra o palabras con el mismo o casi el mismo significado que la primera palabra del grupo.

6. masivas	grandes cantidades	pequeñas	masitas	saladas
7. lechoso	cristalino	pardo	lácteo	azul
8. colina	montaña	monte	sierra	cerro
9. bióloga	enfermera	doctor	maestra	científica
10. laguna	lago	bahía	piscina	pozo

Escribe un artículo para un periódico

En una hoja aparte, escribe un artículo para un periódico sobre un animal que regresa al mismo lugar todos los años. Recuerda incluir un título y usar tantas palabras del vocabulario como puedas.

Actividad para la casa Su hijo identificó y usó palabras del vocabulario de *Las ballenas de Adelina*. Con su hijo, lean otro texto sobre animales. Señale algunas palabras poco comunes en el texto y ayúdelo a usar las claves del contexto para determinar su significado.

Nombre _____

Ballenas de Adelina

Verbos principales y auxiliares

Una **frase verbal** es una combinación de dos o más verbos. Las frases verbales están formadas por un **verbo principal** y uno o más **verbos auxiliares**. El verbo principal expresa la acción. Los verbos auxiliares nos dan información suplementaria sobre la acción. El verbo auxiliar más importante es *haber*. Otros verbos auxiliares importantes son *estar* e *ir*. En las siguientes oraciones, el verbo principal está subrayado una vez y el auxiliar, dos.

Otra vez nos ha visitado una ballena.

Estaba nadando muy cerca cuando la vimos.

El verbo *estar* sirve para hablar de una acción en transcurso. El verbo *haber* se usa a veces como verbo auxiliar para hablar de acciones o sucesos ya terminados. El verbo *ir* sirve como verbo auxiliar para hablar del futuro. Otros verbos, como *salir* y *poder*, también se usan como verbos auxiliares.

Las ballenas ya habían venido en otras ocasiones.

Estas ballenas van a nadar hacia el norte.

Instrucciones Encierra en un círculo la frase verbal de cada oración.

1. Estoy estudiando la migración de los tiburones.
2. Mi equipo ha colocado etiquetas en las aletas de los tiburones.
3. Las etiquetas van enviando señales de radio a los satélites.
4. Nuestras computadoras han recibido información de los satélites.
5. Estamos reuniendo información importante.

Instrucciones Copia el verbo indicado entre ( ).

6. Los salmones pueden poner miles de huevos. (auxiliar) _____
7. El pez linterna está buscando alimento. (principal) _____
8. La tortuga ha regresado a su lugar de origen. (auxiliar) _____

Actividad para la casa Su niño o niña estudió los verbos principales y auxiliares. Pregúntele: *¿Qué estás haciendo ahora? ¿Qué vas a hacer mañana?* Pídale que conteste estas preguntas formando oraciones completas y que identifique los verbos principales y auxiliares.

Nombre _____

Ballenas de Adelina

Homófonos

Palabras de ortografía				
botar	callo	bienes	hondas	tubo
votar	cayo	vienes	ondas	tuvo
hecho	bello	hola	combino	coser
echo	vello	ola	convino	cocer

Sonido de las palabras Escribe las palabras de la lista que tengan un sonido semejante o casi semejante al de las palabras de abajo.

1. hecho
2. coser
3. combino
4. hondas
5. cayo
6. votar
7. vello
8. tubo
9. bienes
10. ola

1. _____
2. _____
3. _____
4. _____
5. _____
6. _____
7. _____
8. _____
9. _____
10. _____

Palabras en contexto Escribe una palabra de la lista de la casilla para completar cada oración.

11. Según mi madre, yo soy el niño más _____ del mundo.
12. Las _____ del mar son muy grandes.
13. ¿_____ a mi fiesta de cumpleaños?
14. El _____ fue verdadero.
15. Mejor me _____ para hacer silencio.
16. Mi tío no vino porque _____ un problema.
17. Se rompió el _____ del agua del sótano.
18. A fin de año nuestros padres deben _____ para elegir al nuevo presidente.
19. Todos los días mi madre me manda a _____ la basura.
20. Los _____ de los multimillonarios son muchos.

11. _____
12. _____
13. _____
14. _____
15. _____
16. _____
17. _____
18. _____
19. _____
20. _____

Actividad para el hogar Su hijo escribió palabras homófonas. Diga una palabra de la lista y pida a su hijo que escriba una oración.

Ortografía Homófonos 193

Nombre _____

Ballenas de Adelina

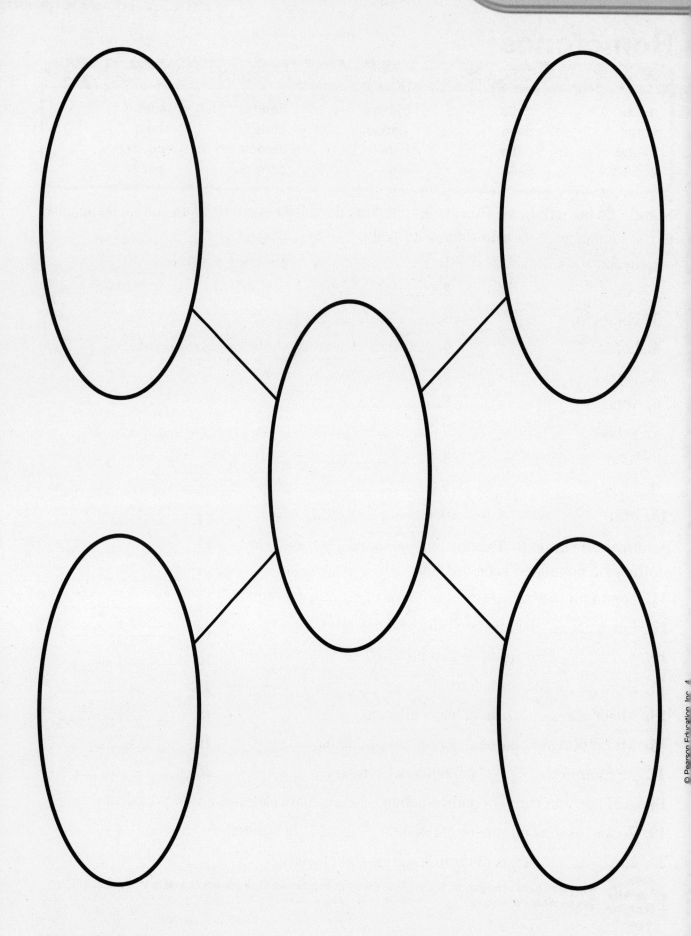

194 **Escritura** Plan

Nombre _____

Ballenas de Adelina

Vocabulario • Palabras de varios significados

- Las **palabras de varios significados** son palabras que se escriben igual pero que tienen diferentes significados, dependiendo de cómo se usan en una oración.
- Cuando lees, puedes encontrar una palabra cuyo significado conoces, pero ese significado no tiene sentido en la oración. Usa **claves del contexto** para encontrar el significado.

Instrucciones Lee el siguiente texto. Luego responde las preguntas de abajo.

> La isla tropical de Jamaica es espectacular para visitar. Su clima es cálido y soleado, aunque breves lluvias caen casi todos los días. El sonido de los truenos retumbando en el cielo da tiempo a todos a buscar refugio. Ya que es muy soleado, es un hermoso lugar para nadar. Hay muchas cascadas y lagunas de agua cálida en la isla. Algunas de las lagunas están escondidas detrás de un risco o de un grupo de colinas. En la playa, puedes sentarte en la arena, leer un libro y mirar las aletas de las ballenas que pasan.

1. ¿Qué significa la palabra *risco* en este texto? ¿Qué claves pueden ayudarte a determinar la definición correcta?

   _____

2. *Arena* puede significar "pequeños granos de piedra y caracolas" o "sitio para una lucha". ¿Cómo está usada en este texto? ¿Cómo lo sabes?

   _____

3. *Playa* puede significar "la arena al borde del mar" o "lugar donde se estacionan carros". ¿Qué significado tiene arriba? ¿Cómo lo sabes?

   _____

4. *Aletas* puede significar "partes de un animal" o "partes de la nariz". ¿Cómo se usa en el texto? ¿Cómo lo sabes?

   _____

5. ¿Por qué son útiles las claves del contexto cuando encuentras palabras de varios significados?

   _____

Actividad para la casa Su hijo identificó y usó claves del contexto para entender palabras de varios significados usadas en un texto. Trabaje con su hijo para identificar otras palabras de varios significados. Haga una lista de las palabras y túrnense para usarlas en oraciones que usen los distintos significados de las palabras.

Nombre _____

Ballenas de Adelina

La guía para lectores

En las bibliotecas se pueden encontrar volúmenes de la Guía para lectores. Cada volumen tiene artículos que fueron publicados en un año o mes específico. Dentro de cada volumen, hay un índice que ayuda a identificar la página y el tema de los artículos.

Instrucciones Mira los volúmenes ilustrados abajo. Luego responde las siguientes preguntas.

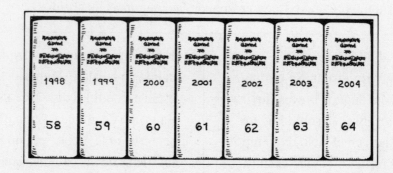

1. ¿En qué orden están organizados los volúmenes? ¿Qué volumen corresponderá al año 2005?

   _____

2. Si quisieras leer más sobre las ballenas salvadas en el año 2002, ¿en qué volumen buscarías?

   _____

3. ¿Cómo usarías la Guía para lectores para encontrar la información más actualizada sobre ballenas?

   _____

4. Si quisieras leer artículos sobre ballenas escritos por la Dra. Joan Brady, especialista en biología, ¿por qué crees que tendrías que consultar varios volúmenes?

   _____

5. ¿Por qué son importantes las guías para lectores para las investigaciones actualmente?

   _____

Nombre _____

Ballenas de Adelina

Instrucciones La información que sigue es similar a lo que podrías ver en un índice de la Guía para lectores. Léela, luego responde las preguntas a continuación.

BALLENAS
  COMUNICACIÓN
    También ver
    Comportamiento animal
    Animales marinos
  Compartir información. K. Kleeman. *Animales trimestral* v.45 pp.98-101 O '03
  Hábitat de las ballenas. S. Romberg. *El santuario animal* v.20 pp.22-26 Mr '04
  EN PELIGRO DE EXTINCIÓN *Ver* Especies en peligro de extinción
  HÁBITOS MIGRATORIOS
    Ver también
    Migración de animales
    Animales marinos
  El peligroso viaje de las ballenas. K.T. Smith. *Observadores de la naturaleza* v.150 pp.210-222 N '03
  Los patrones anuales de las ballenas. T.H. Finley. *Las ballenas y sus modos* v.2 pp.101-123 S '04

---

1. ¿Qué tema principal y subtemas están en la lista?

2. Nombra la revista y el artículo sobre cómo se comunican las ballenas.

3. ¿Dónde encontrarías más información sobre la comunicación de las ballenas?

4. ¿Qué revista tiene un artículo titulado *Los patrones anuales de las ballenas*?

5. ¿Hay alguna lista de las ballenas que están en peligro de extinción? ¿Dónde las encontrarías?

Actividad para la casa Su hijo respondió preguntas sobre las guías para lectores. Con su hijo, vayan a la biblioteca y busquen artículos sobre algo que le interese a su hijo.

Destrezas de investigación y estudio

Nombre _____

Ballenas de Adelina

Homófonos

Corrige un diálogo Encierra en un círculo seis palabras con errores de ortografía y escríbelas correctamente.

> **Sr. Darío:** ¡Es un echo que estoy muy enojado con la empresa de construcción de este edificio!
>
> **Sr. Chala:** Pero no se enoje tanto... Es un edificio muy vello. Es normal que se rompa el tuvo de su apartamento.
>
> **Sr. Darío:** El problema es que no tengo vienes suficientes para pagar el arreglo.
>
> **Sr. Chala:** No se preocupe por eso. El arreglo no es caro. Pero mejor me cayo y comienzo a trabajar.
>
> **Sr. Darío:** Sí, tiene razón. Mientras usted arregla el desperfecto, yo voy a votar la basura.

Palabras de ortografía
botar
votar
hecho
echo
callo
cayo
bello
vello
bienes
vienes
hola
ola
hondas
ondas
combino
convino
tubo
tuvo
coser
cocer

1. _____
2. _____
3. _____
4. _____
5. _____
6. _____

Palabras difíciles
vasto
basto
consejo
concejo
meses
meces

Palabras correctas Encierra en un círculo las palabras escritas incorrectamente. Escribe el homófono correcto.

7. En mi ropa convino los colores a mi gusto.   7. _____

8. —¡Ola! ¿Cómo estás?   8. _____

9. La piscina de mi casa es muy onda.   9. _____

10. La carne se debe coser bien para que no perjudique la salud.   10. _____

11. El bello es el tipo de pelo que recubre la mayor parte del cuerpo.   11. _____

Actividad para el hogar Su hijo identificó homófonos mal escritos. Pida a su hijo que le explique el significado de cada homófono.

198   Ortografía Homófonos

Nombre _____

Ballenas de Adelina

Verbos principales y auxiliares

Lee las oraciones. Luego, lee cada pregunta. Encierra en un círculo la letra de la respuesta correcta.

El largo viaje de las ballenas

(1) Las ballenas _____ migrando hacia el norte. (2) Ellas _____ pasado el invierno en Baja. (3) Todas _____ a recorrer muchísimas millas. (4) Ahora las ballenas _____ en el fondo. (5) Algunas _____ más de 2,000 libras de alimento.

1 ¿Qué verbo auxiliar completa la oración 1?

  A están
  B pueden
  C iba
  D han

2 ¿Qué verbo auxiliar completa la oración 2?

  A en
  B estamos
  C va
  D han

3 ¿Qué verbo auxiliar completa la oración 3?

  A podría
  B nadar
  C van
  D estaban

4 ¿Qué frase verbal completa la oración 4?

  A está comiendo
  B comiendo
  C están comiendo
  D ha comido

5 ¿Qué frase verbal completa la oración 5?

  A pueden comer
  B ha comido
  C comiendo
  D va a comer

Actividad para la casa Su niño o niña se preparó para tomar un examen de verbos principales y auxiliares. Pídale que escriba verbos auxiliares en tarjetas de fichero. Levante las tarjetas una por una, pidiéndole que forme una oración usando ese verbo auxiliar con un verbo principal.

Nombre _____

De cómo la noche llegó

Generalizar

- Una **generalización** es una oración o regla amplia que se aplica a muchos ejemplos.
- Palabras clave tales como *todos, la mayoría, siempre, a menudo* o *generalmente* indican generalizaciones.
- Puedes verificar las generalizaciones con conocimiento que ya tienes para ver si tienen sentido.

Instrucciones Lee el siguiente texto. Luego completa el diagrama escribiendo generalizaciones y sus palabras clave del texto.

Tom y Jim siempre se divertían cuando iban a acampar. Planeaban las cosas divertidas que iban a hacer en su viaje durante días. Les gustaba planear sus campamentos para el verano porque el clima era siempre bueno. Tom planeaba las caminatas diarias. Empacaba un desayuno liviano, algo de agua y una brújula. Luego Jim y él usualmente caminaban una hora o dos en la mañana antes de que el Sol saliera. A menudo se encontraban en la cima de una colina donde podían ver el amanecer y desayunar. Jim era responsable de hacer sus fogatas. Juntaba palitos y madera y se aseguraba de que el lugar para hacer el fuego fuera seguro. Las fogatas de Jim estaban tan bien hechas que a menudo permanecían encendidas hasta tarde en la noche. Usualmente hablaban después de la cena hasta que se extinguía el fuego. Los viajes de Tom y Jim estaban siempre llenos de buenos recuerdos.

Generalización	¿Palabra clave?
Tom y Jim siempre se divertían cuando iban a acampar.	siempre
1.	siempre
2.	3.
4.	5.

Actividad para la casa Su hijo identificó generalizaciones y sus palabras clave en un texto corto. Haga que su hijo escriba un párrafo generalizando sobre un tema. Anímelo a usar palabras clave de este texto en su párrafo.

200 Comprensión

Nombre _____

De cómo la noche llegó

Escritura • Mito

Aspectos principales de los mitos
- son transmitidos de boca en boca por medio de narraciones
- a menudo explican por qué sucede algo en la naturaleza
- los personajes usualmente representan algunas partes de la naturaleza

Cómo Fin hizo el día y la noche

Hace mucho tiempo, existía una joven gigante llamada Fin que vivía en el cielo. Cuando sólo tenía 2 millones de años, Fin era suficientemente grande para lanzar el Sol a través de un aro y para tirar hacia arriba la Luna y atraparla. Una vez ató una cuerda a un planeta y lo hizo un yoyo. Otra vez bateó un planeta tan lejos que nunca volvió a encontrarlo.

El juguete favorito de Fin era la Tierra, a la que le encantaba hacer dar vueltas como un trompo. A veces llevaba la Tierra en su bolsillo, donde estaba oscuro. Otras veces, dejaba a la Tierra muy cerca del Sol y quemaba la cima de sus montañas.

Las criaturas de la Tierra nunca sabían qué esperar. Sin embargo, a medida que Fin creció, empezó a construir inteligentes estructuras con estos cuerpos celestiales. Se construyó un móvil para su habitación con el Sol en el centro, y cada planeta seguía un curso a su alrededor. Le encantaba mirar los planetas dar vueltas y vueltas a diferentes velocidades.

Como sucede, la Tierra daba una vuelta completa cada 24 horas. Mientras la Tierra viajaba alrededor del Sol, la mitad que enfrentaba al Sol estaba iluminada, mientras que la mitad que estaba opuesta al Sol estaba oscura. ¡Finalmente había algo de lo que las criaturas de la tierra podían estar seguras! Empezaron a llamar al tiempo de luz "día", y al tiempo oscuro, "noche". Hasta hoy, el móvil es uno de los juguetes favoritos de Fin.

1. ¿Qué cosa sobre la naturaleza explica este mito?

_____

_____

_____

2. ¿Qué rol importante juega la gigante Fin en este mito?

_____

_____

Escritura Mito

Nombre _____

De cómo la noche llegó

Vocabulario

Instrucciones Elige la palabra del recuadro que mejor defina cada clave. Escribe la palabra sobre la línea de la izquierda.

_____ 1. se reflectaba; devolvía la luz

_____ 2. relucientes; centelleantes

_____ 3. una persona que no tiene coraje o se asusta fácilmente

_____ 4. rutilante; refulgente

_____ 5. relativas a la noche

Verifica las palabras que conoces

brillantes
nocturnas
cobarde
se reflejaba
resplandeciente

Instrucciones Elige la palabra del recuadro que mejor complete cada oración abajo. Escribe la palabra en la línea de la izquierda.

_____ 6. El collar de la reina se realizó con _____ gemas.

_____ 7. Miró en el pozo y vio el agua _____ a la luz de la Luna.

_____ 8. —No soy _____ —dijo Beatriz mientras subía la escalera del trampolín.

_____ 9. La lustrosa guitarra _____ en la vidriera del negocio.

_____ 10. Carolyn se sentó en la ventana y escuchó las ranas _____ que croaban.

Escribe una descripción

En una hoja aparte, escribe una descripción sobre el cielo a la noche. Recuerda incluir detalles sobre lo que ves. Usa tantas palabras del vocabulario como puedas.

Actividad para el hogar Su hijo identificó y usó palabras del vocabulario de De cómo la noche llegó del mar. Lea otra historia sobre el día y la noche. Escriba poemas con su hijo sobre el cielo de día o de noche.

Nombre _____

De cómo la noche llegó

Concordancia entre sujeto y verbo

El **sujeto** y el **verbo** de la oración deben **concordar** o coincidir en la persona gramatical y el número. La terminación del verbo cambia según quién hace la acción:

Yo com**o**

Tú com**es**

Él/Ella/Usted com**e**

Nosotros/Nosotras com**emos**

Ellos/Ellas/Ustedes com**en**

En este cuento, los animales hablan. Tú leíste el cuento ayer.

Instrucciones Escribe *Sí* si el sujeto y el verbo de la oración concuerdan. Escribe *No* si no concuerdan.

1. Whone, el Modificador, plantamos árboles en los bosques. _____

2. Whone se cansa de trabajar. _____

3. El nombre del oso es Chetwin. _____

4. El oso busca hormigas en los troncos podridos. _____

5. Algunas hormigas tienes alas. _____

6. Ese hormiguero es muy alto. _____

7. Allí vivirás miles de hormigas. _____

Instrucciones Encierra en un círculo el verbo entre ( ) que completa correctamente las oraciones.

8. ¿(Leíste, Leyeron) ustedes el cuento de la hormiga?

9. Un insecto (voló, vuelo) de su nido.

10. Los osos (han dormido, he dormido) todo el invierno.

11. Yo (desearía, desearíamos) leer más cuentos como éste.

12. Los osos y las hormigas (es, son) muy diferentes.

Actividad para la casa Su niño o niña estudió la concordancia entre el sujeto y el verbo. Hágale preguntas con sujetos de distinta persona y número, como *¿Qué quieres comer? ¿Adónde iremos mañana?* y pídale que le indique cómo cambia el verbo de la respuesta según cuál es el sujeto.

Normas Concordancia entre sujeto y verbo

Nombre _____

De cómo la noche llegó

Acentuación: Palabras agudas

Palabras de ortografía
corazón jardín ojalá amanecer comenté
bondad camión balón pizarrón feroz
remar feliz cortés ratón champú
además preguntó chimpancé calor bastón

Rimas Escribe en cada una de las oraciones dos o más palabras de la lista que tengan rima (puede ser asonante).

Mientras mi maestra escribía en el **(1)** _____ pasó un **(2)** _____ .

1. _____ 2. _____

Hoy estoy **(3)** _____ porque fuimos al **(4)** _____ con mi familia.

3. _____ 4. _____

En mi sueño encontré a un **(5)** _____ que era muy **(6)** _____ al **(7)** _____ .

5. _____ 6. _____ 7. _____

El sábado estaba jugando con mi **(8)** _____ y de pronto pasó un **(9)** _____ y me lo aplastó.

8. _____ 9. _____

(10) _____ puedas venir a visitarme y, **(11)** _____ , puedas traer tus juguetes.

10. _____ 11. _____

Clasificación Escribe la palabra de la lista de la casilla que complete mejor cada grupo.

12. picazón, tropezón, _____   12. _____
13. arroz, atroz, _____   13. _____
14. flor, olor, _____   14. _____
15. acepté, até, _____   15. _____
16. actividad, agilidad, _____   16. _____
17. langostón, tristón, _____   17. _____
18. quemar, encimar, _____   18. _____
19. Perú, bambú, _____   19. _____

Actividad para el hogar Su hijo escribió palabras agudas. Anime a su hijo a que diga palabras que rimen con las palabras de la lista.

204 Ortografía Acentuación: Palabras agudas

Nombre _____

De cómo la noche llegó

Elementos del cuento _____
Este cuento trata de _____
_____
(nombre de los personajes)
Este cuento sucede en _____
_____
(¿dónde? y ¿cuándo?)
La acción comienza cuando _____
_____
_____

Luego, _____
_____
_____

Después, _____
_____
_____

Después de todo, _____
_____
_____

El cuento termina cuando _____
_____
_____

Tema: _____
_____

Escritura Plan 205

Nombre _____

De cómo la noche llegó

Vocabulario • Palabras poco comunes

- Cuando estás leyendo y ves una palabra poco común, puedes usar claves del contexto, o palabras alrededor de la palabra poco común, para descubrir su significado.

Instrucciones Lee el siguiente texto y busca claves del contexto mientras lees. Luego responde las preguntas de abajo.

Con su máscara y aletas, Joy caminaba bajo el mar. Joy había escuchado sobre el arrecife en el mar y estaba muy contenta de estar visitándolo. A medida que nadaba hacia el arrecife, ya no podía escuchar el coro de las olas al romper en la playa. Miró debajo del agua y vio diferentes clases de peces nadando a su alrededor. Estaba un poco temerosa del pez más grande, ¡pero Joy no era cobarde! Cuando llegó al borde del arrecife, vio algo resplandeciente más adelante. Nadó más cerca del coral y vio un pez de colores brillantes. Joy hizo un movimiento rápido hacia un costado. Un banco de peces resplandecía, sus escamas reflejaban la luz como si fueran millones de pequeños espejos. Joy supo que nunca olvidaría ese día. Sacó su cámara y tomó una foto para poder compartir ese viaje con sus amigos.

1. Explica cómo puedes usar claves de contexto como ayuda para determinar el significado de *coro*.

_____

_____

2. ¿Qué significa la palabra *cobarde*? ¿Qué claves te ayudaron a determinar el significado?

_____

3. ¿Qué significa *resplandecía*? ¿Qué claves te ayudaron a determinar el significado?

_____

4. ¿Qué significa *reflejaban*? ¿Qué claves te ayudaron a determinar el significado?

_____

5. Escribe una palabra del texto que no conocías. ¿Qué claves te ayudaron a determinar el significado?

_____

Actividad para la casa Su hijo identificó y usó claves de contexto para entender palabras poco comunes en un texto. Lean una historia sobre el océano o sobre hacer un viaje. Trabaje con su hijo para identificar palabras poco comunes en el cuento y las claves del contexto para ayudar a entender esas palabras.

Nombre _____

De cómo la noche llegó

Libro de texto y libro comercial

- Un **libro de texto** enseña sobre un tema especial. Estos libros están organizados para ayudarte a encontrar información rápidamente. Los libros de texto contienen tablas de contenidos, títulos de capítulos, encabezados, títulos secundarios, ilustraciones con leyendas y palabras de vocabulario.
- Un **libro comercial** es cualquier libro que no es un libro de texto, periódico o libro de referencia. Las destrezas que usas para entender un libro comercial son muy parecidas a las que usas para entender libros de texto.

Instrucciones Lee la siguiente muestra de un libro de texto para responder las preguntas.

Ciencias de la Tierra   Unidad 3
Capítulo 4   El Sol
Lección 2: El terminador

La Tierra **rota**, o gira, desde el día hasta la noche en un período de veinticuatro horas. La noche y el día limitan en una línea llamada **terminador**. El terminador es una línea vertical imaginaria que divide la Tierra en día y noche. La forma del terminador cambia durante el año a medida que la duración de los días y las noches cambia.

El Sol puede verse saliendo en una parte del terminador y cayendo en la otra parte. Cuando el Sol está saliendo, está iluminado el lado derecho de la Tierra; cuando se está poniendo, está iluminado el lado izquierdo de la Tierra. A veces, se puede ver al Sol "rozando" el hemisferio norte o sur.

---

1. ¿Por qué aparecen las palabras *rota* y *terminador* en negritas?

   _____

2. ¿Qué tipo de libro de texto es éste? ¿Cuál es el título de este capítulo?

   _____

3. ¿Te ayuda el texto a aprender sobre el día y la noche? ¿Por qué?

   _____

4. ¿Cuál es el tema de esta sección de la lección?

   _____

5. ¿Por qué los libros de texto dividen la información en unidades, capítulos, lecciones y secciones?

   _____

Destrezas de investigación y estudio

Nombre _____

De cómo la noche llegó

Instrucciones Usa el siguiente texto para responder las preguntas de abajo.

> Todas las noches, Karamo miraba hacia arriba y veía una luz titilante. Estaba en el mismo lugar en el cielo cada noche y Karamo se preguntaba cómo había llegado ahí. ¿Era especial? ¿Por qué era tan brillante? Karamo caminó desde el bosque hacia su aldea. Encontró a su abuelo sentado cerca del borde del río. Se sentó al lado de su abuelo y le preguntó sobre la estrella. El abuelo de Karamo sonrió y movió su cabeza. Sabía de qué estrella estaba hablando Karamo. Era una estrella especial. El cuento de cómo la estrella llegó a ese lugar en el cielo es un cuento famoso que muchas personas conocen. El abuelo respiró profundamente y empezó a contar el cuento de la estrella.
>
> Hace mucho tiempo existía un niño que se llamaba Polilla y vivía en una aldea muy similar a la que vivía Karamo. A Polilla se le conocía por su sabiduría. Cuando creció, la cosecha de la aldea empeoraba y el muchacho se fue a buscar mejor tierra. Cuando encontró un buen lugar, envió a una polilla blanca gigante al cielo para que sobrevolara sobre su cabeza. Sus amigos y vecinos caminaron hacia la polilla hasta que llegaron hasta el lugar que Polilla había encontrado. Esa tierra se convirtió en la aldea donde Karamo vivía ahora, y la polilla se convirtió en una estrella titilante, que todavía volaba en el cielo.

1. ¿Cuál es el tema del cuento?

_____

2. De acuerdo con el abuelo, ¿qué creen las personas sobre la estrella titilante?

_____

_____

3. ¿Crees que este texto proviene de un libro comercial o de un libro de texto? ¿Por qué?

_____

4. ¿Cómo describirías el propósito del autor?

_____

5. En una hoja aparte, crea tu propia leyenda sobre algo de la naturaleza.

_____

Actividad para el hogar Su hijo aprendió sobre libros de texto y libros comerciales y aplicó su conocimiento en dos textos modelo. Juntos, hojeen un libro de texto y dialoguen sobre las diferentes partes del libro. Pida a su hijo que identifique títulos y encabezados que muestren la organización del libro. Pídale que explique la importancia de los distintos elementos de un libro de texto.

Nombre _____

De cómo la noche llegó

Acentuación: Palabras agudas

Corrige un diálogo Encierra en un círculo seis palabras con errores de ortografía y escríbelas correctamente.

> —Traje mi balon para que juguemos —dijo Andrés.
>
> —¡Qué bueno! ¿Es el que te regaló tu hermano? —pregunto Rita.
>
> —¡Sí, es el mismo! Ojala él estuviera aquí. Nos podría enseñar algunos pases —contestó Andrés.
>
> —Entonces vamos a jugar en el jardin —propuso Rita.
>
> —No, mejor juguemos en la acera —dijo Andrés.
>
> —Pero, puede pasar un camion y lo puede pisar —dijo Rita.
>
> —Mejor jugamos a otro juego porque hace mucho calór —comentó Andrés.

Palabras de ortografía

corazón
bondad
remar
además
jardín
camión
feliz
preguntó
ojalá
balón
cortés
chimpancé
amanecer
pizarrón
ratón
calor
comenté
feroz
champú
bastón

1. _____
2. _____
3. _____
4. _____
5. _____
6. _____

Palabras difíciles

colibrí
recoger
expedición
champiñón
abrazó

Corrige las palabras Tacha las palabras mal escritas y escribe las palabras correctas.

7. Mi vecino es un hombre muy cortes.

8. ¿Cuándo llega el abuelo?, pregunto Paula ansiosamente.

9. Yo me siento cerca del pizarron porque no veo bien.

10. Me siento muy felíz cuando llega la Navidad.

11. El chimpance habita en el continente africano.

12. El león es un animal muy feróz.

7. _____
8. _____
9. _____
10. _____
11. _____
12. _____

Actividad para el hogar Su hijo identificó palabras agudas mal escritas. Escriba algunas de las palabras de la lista. Cometa algunos errores para que su hijo pueda corregirlos.

Ortografía Acentuación: Palabras agudas **209**

Nombre _____

De cómo la noche llegó

Concordancia entre sujeto y verbo

Lee el párrafo. Luego, lee cada pregunta. Encierra en un círculo la letra de la respuesta correcta.

El oso que perdió la cola

(1) ¿Te _____ que te contara un cuento? (2) Un oso hambriento _____ de pescar con la cola. (3) El oso _____ la cola en el agua helada. (4) La cola se le _____ en el hielo. (5) Los otros animales se _____ del oso sin cola.

1 ¿Qué verbo completa la oración 1?

   A gustaría

   B gustaríamos

   C gustaria

   D han gustado

2 ¿Qué verbo completa la oración 2?

   A tratan

   B trataron

   C trataba

   D tratar

3 ¿Qué verbo completa la oración 3?

   A metio

   B metió

   C metieron

   D metiste

4 ¿Qué verbo completa la oración 4?

   A engancho

   B has enganchado

   C enganchó

   D han enganchado

5 ¿Qué verbo completa la oración 5?

   A río

   B rieron

   C reiremos

   D reíste

Actividad para la casa Su niño o niña se preparó para tomar un examen de la concordancia entre sujeto y verbo. Pídale que explique las reglas que aprendió sobre los cambios de los verbos según el sujeto sea singular o plural. Pídale que dé ejemplos de ambos casos.

Nombre _____

El ojo de la tormenta

Causa y efecto

- Una causa es por qué sucede algo.
- Un efecto es lo que sucede.

Instrucciones Lee el texto y completa el organizador gráfico con las relaciones de causa y efecto.

La mayoría de los tornados y tormentas ocurren en primavera, cuando el aire frío y seco se encuentra con el aire húmedo y cálido. Las masas de aire que se chocan causan corrientes ascendentes que empujan el aire hacia arriba y crean altas "chimeneas" de aire que rota. Los giros de un tornado pueden producir vientos de hasta 300 millas por hora.

Los tornados y otras fuertes tormentas de viento pueden destruir edificios y hacer daños generalizados. Algunas veces las partículas de aire se congelan y crecen mientras se mueven dentro del tornado. Cuando los pedazos de hielo forman capas, se producen las tormentas de granizo. Algunos pedazos pueden crecer hasta tener el tamaño de pelotas de softball. Las tormentas de granizo pueden dañar los techos y los carros.

Causa	Efecto
1. encuentro de aire frío y cálido	→ _____
2. _____	→ "chimeneas" de aire que rota
3. _____	→ vientos de hasta 300 millas por hora
4. tornados y fuertes tormentas	→ _____
5. Las partículas de agua se congelan y crecen.	→ _____

Actividad para el hogar Su hijo identificó las relaciones de causa y efecto en un texto sobre tornados. Hable con su hijo sobre qué hacer para prevenir los efectos dañinos de las tormentas. Discutan los efectos positivos y negativos del clima. Luego pregunte a su hijo si un efecto puede ser la causa de otro efecto.

Comprensión 211

Nombre _____

El ojo de la tormenta

Escritura • Carta formal

Aspectos principales de las cartas formales
- incluyen encabezado, dirección, saludo, cuerpo o desarrollo, despedida y firma
- se mantienen enfocadas en una idea
- usan un tono serio, son educadas y respetuosas

1400 South Spring Street
Fort Worth, TX 76123
20 de mayo de 2010

Sra. Laura Ramírez
555 Grove Street
Chicago, IL 60617

Estimada maestra Ramírez:

La semana pasada sucedió algo terrible, pero que me hizo pensar en usted y en la unidad sobre el clima que comenzamos a estudiar antes de que se mudara. La tarde del día 5 de mayo hubo una espantosa tormenta y se cortó la luz. Estamos todos bien, pero nos tuvimos que mudar a un departamento hasta que los agujeros del techo se puedan arreglar.

Por suerte, la tormenta no azotó a nuestra escuela. Esta semana aprendí más sobre lo que sucedió. El daño fue causado por pelotas de hielo que se llaman granizo. El granizo es una forma de precipitación que cae como pedazos de hielo. Aprendí que las tormentas de granizo son comunes durante el verano en los estados centrales y al oeste de los Estados Unidos, pero en Fort Worth tuvimos granizo del tamaño de pelotas de golf. El granizo abolló carros e hizo agujeros en los techos de los edificios. Al granizo le siguieron lluvia, truenos, relámpagos y vientos que duraron toda la noche.

La tormenta causó mucho daño en Fort Worth. Cuando terminó, la mayor parte de la gente del pueblo no tenía luz. Muchas personas estaban lastimadas. Incluso los vientos fuertes derribaron algunos edificios. Creo que tomará mucho tiempo para que se reconstruyan los edificios de Fort Worth.

Espero que nunca volvamos a tener una tormenta de granizo como ésa. Es bueno que se mudara cuando lo hizo, pero nunca olvidaré su importante mensaje: ¡La ciencia no sólo se ve en los libros!

Atentamente,
Jane McMahon

---

1. ¿Qué palabras en la despedida de la carta muestran que la escritora es respetuosa?

_____

2. ¿Qué información se incluye en el encabezado de esta carta?

Nombre _____

El ojo de la tormenta

Vocabulario

Instrucciones Escoge la palabra de la casilla que mejor se ajuste a cada definición. Escribe la palabra en la línea de la izquierda.

_____ 1. un gran golpe de una ola

_____ 2. pedazos pequeños en que se divide algo al romperse

_____ 3. informes de lo que viene; predicciones

_____ 4. gran daño; desastre

Verifica las palabras que conoces

___ destrucción
___ tronada
___ pronósticos
___ tornado
___ añicos
___ oleada

Instrucciones Resuelve el siguiente ejercicio escribiendo la palabra que mejor se ajuste a cada definición.

5. torbellino de viento fuerte _____

6. pedazos _____

7. devastación _____

8. barrida de las olas _____

9. descripciones del futuro _____

10. tempestad de truenos _____

Escribe una carta formal

En una hoja aparte, escribe una carta formal para pedir ayuda después de un huracán. Decide a quién escribirás esta carta y lo que dirás. Usa tantas palabras del vocabulario como puedas.

Actividad para el hogar Su hijo identificó y usó palabras del vocabulario de *El ojo de la tormenta*. Juntos, lean en una enciclopedia sobre huracanes. Luego pida a su hijo que escriba algunas oraciones descriptivas sobre los huracanes usando las palabras del vocabulario.

Vocabulario 213

Nombre _____

El ojo de la tormenta

Verbos en presente, pasado y futuro

> El **tiempo verbal** dice cuándo ocurre la acción. Un verbo en **presente** indica que la acción ocurre ahora o habitualmente. Un verbo en **pasado** indica que la acción ya ocurrió. El **futuro** de un verbo indica que la acción ocurrirá más adelante.
>
> **Presente**   Julia <u>mira</u> por la ventana.
>
> **Pasado**   Pedro y Ted <u>vieron</u> una tormenta. Laura <u>ha visto</u> un relámpago.
>
> **Futuro**   Todos <u>entraremos</u> en la casa. Allí <u>vamos a estar</u> seguros.

Instrucciones Escribe *presente, pasado* o *futuro* para cada verbo subrayado.

1. Mi familia <u>vive</u> en Massachusetts.   _____

2. Hace un año, <u>vinimos</u> aquí desde Florida.   _____

3. <u>Extrañaremos</u> los inviernos cálidos de Florida.   _____

4. ¡En realidad, me <u>gustaban</u> los huracanes de Florida!   _____

Instrucciones Copia el verbo de cada oración. Encierra en un círculo los verbos en pasado. Subraya los que estén en futuro.

5. En Florida, nunca nieva.   _____

6. Ella quiere un invierno con nieve.   _____

7. Yo leí un artículo sobre las ventiscas.   _____

8. Este año jugaremos en la nieve.   _____

Actividad para la casa Su niño o niña estudió los verbos en presente, pasado y futuro. Pídale que use estos tres tiempos verbales en oraciones. De ser necesario, puede hacerle preguntas: *¿Qué hiciste ayer? ¿Qué haces cada día? ¿Qué harás mañana?*

Nombre _____

El ojo de la tormenta

Acentuación: Palabras graves

Palabras de ortografía

árbol	maleta	álbum	primero	ángel
azúcar	frágil	portero	partido	palanca
campo	lápiz	ágil	madera	enorme
playa	fácil	mármol	importante	fósil

Definiciones Escribe la palabra correcta de la lista al lado de la definición.

1. especie de libro que tiene muchas fotografías
2. tiene tronco, ramas, hojas y, a veces, tiene frutos
3. sirve para endulzar
4. es un ser que tiene alas, pero no es un pájaro
5. cuando algo o alguien es fundamental o valioso
6. jugador que ataja los penales en el fútbol
7. lugar en donde hay muchas palmeras, agua y sol
8. recipiente que se utiliza para guardar la ropa cuando se viaja
9. instrumento para levantar cosas muy pesadas
10. utensilio que sirve para escribir o dibujar

1. _____
2. _____
3. _____
4. _____
5. _____
6. _____
7. _____
8. _____
9. _____
10. _____

Palabras en contexto Escribe una palabra de la lista de la casilla para completar cada oración.

11. Los domingos viajamos al _____ para visitar a mis tíos.
12. El elefante es un animal _____.
13. Algunos museos están hechos de _____.
14. Mi perro es muy _____, corre rápido.
15. La botella de vidrio es muy _____.
16. Estamos todos emocionados porque está por comenzar el _____ de fútbol.
17. Los arqueólogos encontraron un nuevo _____ en África.
18. Mi abuelo construye muebles de _____.
19. Este trabajo es muy _____.
20. No me gusta ser el _____ de la lista.

11. _____
12. _____
13. _____
14. _____
15. _____
16. _____
17. _____
18. _____
19. _____
20. _____

Actividad para el hogar Su hijo escribió palabras graves. Diga una palabra de la lista y pida a su hijo que la escriba.

Ortografía Acentuación: Palabras graves

Nombre _____

El ojo de la tormenta

Título _____

A. _____

    1. _____

    2. _____

    3. _____

B. _____

    1. _____

    2. _____

    3. _____

C. _____

    1. _____

    2. _____

    3. _____

Escritura Plan

Nombre _____

El ojo de la tormenta

Vocabulario • Raíces de palabras

- Cuando encuentres una palabra nueva, busca la **raíz de la palabra** y luego identifica los afijos para descubrir su significado.
- La raíz *struct* se refiere a "estructura".

Instrucciones Lee el siguiente texto. Luego responde las preguntas de abajo.

> Los vientos se hacían más fuertes de lo esperado y Dee miró nerviosa por la ventana. Los pronósticos del tiempo de las estaciones de radio y televisión hablaban de fuertes lluvias. Los programas de noticias pedían a todos que se quedaran dentro de sus casas.
>
> Dee sabía que una tormenta como ésa podría fácilmente producir gran destrucción. La última vez que hubo una lluvia realmente fuerte se inundaron muchas rutas. El pasto y las hojas habían obstruido los desagües pluviales, lo que impedía que la lluvia se desaguara.
>
> De repente, se cortó la luz. Las instrucciones de su tía eran usar una linterna si se quedaban sin electricidad.
>
> Justo cuando la tía de Dee le daba la linterna, escucharon un fuerte sonido. ¡La rama de un árbol golpeó la puerta de entrada! ¡Guau! Ésta iba a ser una terrible tormenta.

1. ¿Cómo te ayuda a entender el significado de la palabra *destrucción* la raíz *struct*?

_____

_____

2. ¿Qué tiene que ver en tu opinión la raíz *struct* con *instruido,* que significa "educado" o "con información"?

_____

_____

3. La palabra *construir*, con el prefijo *con-*, significa "hacer algo con estructura". Si el prefijo *ob-* significa oponer, ¿qué crees que significa *obstruir*?

_____

_____

4. ¿Qué significa *instrucciones*?

_____

_____

5. ¿Cuál es una posible conexión entre *instrucciones* y la raíz *struct*?

_____

_____

Actividad para el hogar Su hijo usó el conocimiento de raíces para identificar el significado de palabras. Juntos, usen un diccionario para encontrar otras palabras que contengan la raíz *struct* y comenten sus significados.

Vocabulario 217

Nombre _____

El ojo de la tormenta

Directorio telefónico en línea

- Un **directorio telefónico en línea** es una lista de números telefónicos y direcciones de personas particulares y negocios.
- Los registros de las páginas blancas son una lista de individuos y negocios en orden alfabético.
- Los registros de las páginas amarillas son una lista de negocios (junto con publicidades) por categoría, o tipo de negocio.

Instrucciones Examina la pantalla de páginas amarillas en línea. Para cada uno de los cinco negocios de la lista de abajo, escribe palabras que definan la categoría del negocio que quieres buscar.

Páginas amarillas   Hoteles   Restaurantes   Cines   Quiénes somos

Búsqueda rápida—La forma más rápida de encontrar el negocio que estás buscando. Escribe el nombre del negocio o la categoría del negocio que te gustaría encontrar.

Nombre o tipo de negocio

compañía de seguros

○ nombre del negocio   ☐   ☐ ciudad ○   ¡*Buscar*!
● categoría del negocio ☐   ☐ estado ○

_____ 1. un negocio que vende impermeables para lluvia

_____ 2. un negocio que vende persianas para ventanas

_____ 3. un negocio que vende equipos de seguridad para huracanes

_____ 4. un negocio que vende seguros para dueños de casas

_____ 5. un negocio que repara techos dañados por la tormenta

Destrezas de investigación y estudio

Nombre _____

El ojo de la tormenta

Instrucciones Usa la pantalla de las páginas amarillas en línea para responder las siguientes preguntas.

6. ¿Por qué es importante incluir la ciudad y el estado del negocio que estás buscando en línea?

   _____

   _____

7. Si supieras el tipo (pero no el nombre) de un negocio, ¿sería mejor usar las páginas blancas o las páginas amarillas para encontrarlo? ¿Por qué?

   _____

   _____

8. ¿Cuál sería el resultado si las palabras clave estuvieran mal escritas?

   _____

   _____

9. Si sólo recordaras parte del nombre de un negocio local, ¿cómo buscarías su número telefónico?

   _____

   _____

10. ¿Por qué una persona podría escoger usar el directorio telefónico en línea en vez de la guía telefónica común?

    _____

    _____

Actividad para el hogar Su hijo aprendió sobre ubicar y reunir información usando varias fuentes, incluido un directorio telefónico en línea. Juntos, busquen tres negocios usando las páginas blancas y las páginas amarillas de un directorio en línea y de una guía telefónica común.

Destrezas de investigación y estudio 219

Acentuación: Palabras graves

Corrige el horario Encierra en un círculo seis palabras con errores de ortografía y escríbelas correctamente.

Lunes	Martes	Miércoles	Jueves	Viernes	Sábado
17.00: ir a la casa de Rita y llevar el album	8.00: desayuno con mi madre y anotar lo importánte para la fiesta	21.00: fiesta en la pláya	20.00: ver el programa en la televisión sobre el descubrimiento del fosil	11.00: comprar un lapiz para la clase de dibujo	10.00: viajamos al cámpo

Palabras de ortografía

árbol
azúcar
campo
playa
maleta
frágil
lápiz
fácil
álbum
portero
ágil
mármol
primero
partido
madera
importante
ángel
palanca
enorme
fósil

1. _____
2. _____
3. _____
4. _____
5. _____
6. _____

Palabras difíciles

césped
cráter
hábil
estéril
inmóvil

Palabras correctas Encierra en un círculo las palabras escritas correctamente. Escribe la palabra.

7. facil   fácil   facíl   7. _____
8. marmol   mármol   marmól   8. _____
9. ágil   agil   agíl   9. _____
10. enorme   enórme   énorme   10. _____
11. azucar   ázucar   azúcar   11. _____
12. arbol   árbol   arból   12. _____

El ojo de la tormenta

Actividad para el hogar Su hijo identificó palabras graves mal escritas. Pida a su hijo que use cada palabra de la lista en una oración.

Nombre _____

El ojo de la tormenta

Verbos en presente, pasado y futuro

Lee las oraciones. Luego, lee cada pregunta. Encierra en un círculo la letra de la respuesta correcta.

Al acecho de las tormentas

(1) El año pasado, el fotógrafo _____ los tornados. (2) Hace poco _____ un premio por esas fotografías. (3) Cuando era joven, _____ en una estación meteorológica. (4) Anteayer nosotros _____ una gran tormenta. (5) Cuando yo sea mayor, _____ el tiempo.

1. ¿Cuál es la forma verbal que falta en la oración 1?
   - A seguirá
   - B siguió
   - C sigue
   - D siguieron

2. ¿Cuál es la forma verbal que falta en la oración 2?
   - A ha recibido
   - B recibe
   - C recibirá
   - D va a recibir

3. ¿Cuál es la forma verbal que falta en la oración 3?
   - A trabajaremos
   - B trabaja
   - C trabajará
   - D trabajaba

4. ¿Cuál es la forma verbal que falta en la oración 4?
   - A vemos
   - B veré
   - C veía
   - D vimos

5. ¿Cuál es la forma verbal que falta en la oración 5?
   - A estudiaba
   - B estudié
   - C estudiaré
   - D estudio

Actividad para la casa Su niño o niña se preparó para tomar un examen sobre los verbos en pasado, presente y futuro. Miren juntos las ilustraciones de un libro. Pídale que le describa lo que ve usando verbos en pasado, presente y futuro.

Nombre _____

Paul Bunyan

Generalizar

- Una **generalización** es una clase de conclusión donde se hace una oración general basada en varios ejemplos.
- Palabras clave como *todos, la mayoría, siempre, a menudo* o *generalmente* indican generalizaciones.
- Una generalización puede ser válida (lógica) o no válida (falsa) dependiendo del número de ejemplos en los que se basa y de la lógica del razonamiento.

Instrucciones Lee el texto. Luego completa el diagrama de abajo encontrando generalizaciones y su apoyo.

Desde hace varios años, los inviernos en mi parte del país se han vuelto más y más cálidos. Como resultado, hay menos nieve en las montañas de los centros de esquí. Éste ha sido un cambio drástico para mi familia, ya que durante años hemos ido a esquiar en las vacaciones de invierno. Siempre hemos disfrutado del aire frío y tonificante de la montaña y de la cantidad de nieve sólida.

Hace tres años todo cambió. Ese invierno la temperatura en las montañas nunca fue menos de cincuenta grados. Todavía podíamos esquiar porque el centro de esquí puso nieve artificial sobre las pistas. Esquiar en camisa, sin embargo, no es lo mismo que esquiar con mi chaqueta de lanilla. Hace dos años nevó antes de las vacaciones, pero luego se puso realmente cálido. La nieve se derritió en dos días. El año pasado llovió y las temperaturas estuvieron en sesenta grados hasta febrero. No pude esquiar ni una vez. Ahora es otra vez octubre y hace ochenta grados. Mi familia está buscando una nueva manera de pasar las vacaciones de invierno. Tenis, ¿quién se anota?

Generalización
5.

↑ ↑ ↑ ↑

Evidencia del texto
1.

Evidencia del texto
2.

Evidencia del texto
3.

Evidencia del texto
4.

Actividad para la casa Su hijo usó un organizador gráfico para encontrar una generalización y su evidencia. Juntos, lean un texto de ficción o informativo. Pídale que haga dos generalizaciones sobre los sucesos del texto: una válida y otra no. Pídale que explique la diferencia entre ambas.

Nombre _____

Paul Bunyan

Escritura • Resumen

Aspectos principales de un resumen
- Incluye sucesos clave o ideas principales.
- Se escribe con las propias palabras del escritor.
- Menciona los sucesos en orden cronológico.

Resumen de "De cómo la noche llegó del mar" por Mary-Joan Gerson

"De cómo la noche llegó del mar" es un mito de Brasil, contado por Mary-Joan Gerson. La historia cuenta sobre Yemanyá, la diosa africana del mar, y su hija, que se casó con un habitante de la tierra.

Al principio del tiempo no había noche, sólo luz solar sobre la tierra. La hija de Yemanyá se enamoró y se casó con un hombre de la tierra. Los dos vivían una vida feliz en la tierra hasta que la hija empezó a extrañar la oscuridad en la que había crecido en las profundidades del mar.

Viendo la tristeza de su esposa, el esposo ordenó a sus sirvientes que trajeran en un saco la noche de Yemanyá. Cuando los aterrados sirvientes llegaron a las profundidades del mar, Yemanyá les dio un saco con la noche con instrucciones claras de no abrirlo hasta que estuvieran cerca de su hija, que podía calmar a los espíritus de la noche. Pero los curiosos sirvientes volvieron a la tierra y abrieron el saco. Todos los seres de la noche escaparon y la noche llegó repentinamente a la tierra. Pero la hija de Yemanyá fue capaz de dominar a los seres de la noche y otra vez se sintió feliz de tener noche.

Una vez que la hija estuvo feliz nuevamente, lo celebró dando tres regalos a la tierra: la estrella de la mañana para anunciar el nacimiento de un nuevo día, el gallo para recordarnos que el día ha comenzado y los pájaros cantores para anunciar cuándo llegará el amanecer.

1. Vuelve a leer el resumen. Escribe una oración que mencione la idea principal que está en el segundo párrafo.

_____

_____

2. ¿Qué sucesos clave narra el resumen?

_____

_____

Nombre _____

Paul Bunyan

Vocabulario

Instrucciones Elige la palabra del recuadro que mejor se ajuste a cada definición. Escribe la palabra sobre la línea de la izquierda.

Verifica las palabras que conoces

___ anunció
___ característica
___ arneses
___ leñadores
___ requisitos
___ descongelarán
___ anormal
___ agrestes

_____ 1. salvajes, naturales, sin cultivar

_____ 2. derretirán, invertirán el estado de congelación

_____ 3. rasgo o cualidad distintiva

_____ 4. necesidades o condiciones que deben cumplirse

_____ 5. combinación de cintas y equipo usado para unir un animal a una carreta o a objetos que deben moverse

Instrucciones Escoge la palabra de las Palabras para aprender que mejor reemplace la palabra o palabras subrayadas. Escribe la palabra en la línea de la izquierda.

_____ 6. Los gansos hicieron una elección <u>inusual</u> de no migrar porque la gente seguía alimentándolos.

_____ 7. El entrenador <u>avisó</u> que incrementaría una hora de práctica para los jugadores.

_____ 8. Los <u>trabajadores del bosque</u> almorzaron sentados sobre los troncos.

_____ 9. Las tierras eran <u>salvajes</u> e indómitas, llenas de sonidos extraños por la noche.

_____ 10. El <u>rasgo</u> más memorable de Marilyn era un lunar cerca de su boca.

Escribe una narración

En una hoja aparte, escribe una narración sobre los cambios que ocurren en la naturaleza a medida que se acerca tu estación favorita. Usa tantas palabras del vocabulario como puedas.

Actividad para la casa Su hijo identificó y usó palabras de vocabulario del cuento exagerado *Paul Bunyan*. Con su hijo, lea un libro para niños o una historieta y comenten las características que éstos comparten con el cuento exagerado usando tantas palabras de vocabulario como sea posible.

Nombre _____

Paul Bunyan

Verbos irregulares

En los verbos se distinguen dos partes: la raíz y la terminación: *cant-ar*. Al conjugar un verbo regular, la raíz no cambia. Los **verbos irregulares** son los que no siguen el modelo de conjugación que les corresponde o no conservan la raíz sin cambio al conjugarlos.

Presente   Hoy voy a tu casa.

Pasado   Ayer fui a la escuela.

Futuro   Mañana iré al parque.

Éstos son algunos verbos irregulares.

Infinitivo	Presente	Pasado	Futuro	Participio
decir	digo	dije	diré	dicho
hacer	hago	hice	haré	hecho
ir	voy	fui	iré	ido
jugar	juego	jugué	jugaré	jugado
poder	puedo	pude	podré	podido
poner	pongo	puse	pondré	puesto
saber	sé	supe	sabré	sabido
salir	salgo	salí	saldré	salido
ser	soy	fui	seré	sido
tener	tengo	tuve	tendré	tenido
traer	traigo	traje	traeré	traído
venir	vengo	vine	vendré	venido

Instrucciones Escribe el pasado del verbo irregular que aparece entre ( ).

1. Paul Bunyan (ir) a los bosques de Maine. _____

2. (Traer) un hacha y una caña de pescar. _____

3. Allí (hacer) un nuevo amigo. _____

4. Paul y Bebé (ir) a talar árboles. _____

5. Paul (decir) que comenzaría un campamento maderero. _____

Actividad para la casa Su niño o niña estudió los verbos irregulares. Pídale que le cuente qué pasó esta mañana y que use el pasado de los verbos *sentir, hacer, decir, ir* y *tener*.

Acentuación: Palabras esdrújulas y sobresdrújulas

Paul Bunyan

Palabras de ortografía				
México	década	rápido	límite	nómadas
lágrimas	llámame	píntalo	fórmula	vámonos
música	ángulo	pájaro	física	esdrújula
vértice	partícula	público	llévanos	pásamelo

Palabras en contexto Escribe palabras de la lista para completar las oraciones. Escribe en singular y en plural cada palabra. Observa si cambia cada acentuación.

1. El _____ canta al amanecer.
2. Todos los _____ vuelan al sur en esta temporada.
3. El _____ es la abertura entre dos líneas desde un vértice.
4. El ingeniero midió los _____ del edificio.
5. Estamos en el _____ de nuestra ciudad.
6. Desde el comienzo hay que proponerse _____ claros.
7. La palabra sílaba es _____ .
8. Las palabras _____ siempre llevan tilde.
9. Caía una _____ por mi mejilla cuando leía el poema.
10. ¡Se acabaron las _____ !
11. En la última _____ se publicaron muchas revistas.
12. Se vivieron seis _____ de paz.

1. _____
2. _____
3. _____
4. _____
5. _____
6. _____
7. _____
8. _____
9. _____
10. _____
11. _____
12. _____

Significado de las palabras Escribe una palabra de la lista de la casilla que corresponda con cada uno de los significados.

13. que se mueve a gran velocidad
14. conjunto de personas que asiste a un espectáculo
15. melodía, ritmo y armonía combinados que escuchamos en la radio
16. que van de un lugar a otro sin tener un lugar donde vivir de forma fija
17. pequeña porción de las cosas que vemos o tocamos
18. ciencia que estudia la energía y cómo funcionan las cosas
19. cuando ordenamos a alguien que nos pase un lápiz
20. expresión para irse de un lugar que utiliza un grupo

13. _____
14. _____
15. _____
16. _____
17. _____
18. _____
19. _____
20. _____

Actividad para el hogar Su hijo escribió palabras esdrújulas y sobresdrújulas. Diga una palabra de la lista y pida a su hijo que la escriba.

Paul Bunyan

Guía para calificar: Resumen

Características de la escritura	4	3	2	1
Enfoque / Ideas	Resumen claro; sólo utiliza información importante.	Resumen bueno; en general usa información importante.	El resumen tiene algunas ideas principales y algunos detalles principales.	No comprende la forma del resumen.
Organización	Las ideas importantes están en una secuencia correcta.	La secuencia de los sucesos es generalmente correcta.	La secuencia no es siempre clara.	Desorganizado
Voz	Muestra comprensión de las ideas principales.	Muestra comprensión del tema.	Le falta comprensión del tema.	No comprende el tema.
Lenguaje	Usa adjetivos descriptivos, verbos y palabras de tiempo y orden.	Usa algunos adjetivos descriptivos, verbos y palabras de tiempo y orden.	Pocos o ningún adjetivo descriptivo o palabras de tiempo y orden	Lenguaje pobre
Oraciones	Usa oraciones simples y compuestas.	Algunas estructuras variadas de oraciones	Las oraciones no son variadas.	Fragmentos u oraciones mal combinadas
Normas	Control excelente; pocos o ningún error	Buen control; pocos errores	Poco control; muchos errores	Muchos errores serios

Escritura 227

Nombre _____

Paul Bunyan

Vocabulario • Afijos: Sufijos

- Un **sufijo** es un afijo que se agrega al final de una palabra base para cambiar su significado o la forma en que se usa en una oración. Por ejemplo, el sufijo -*dor* puede hacer que el sustantivo signifique "persona o cosa que hace algo".
- En los diccionarios sólo aparece la definición de la palabra, sin separar sus partes. Conocer el significado de un sufijo y de la raíz o de la palabra base es útil para comprender el significado de una palabra.

Instrucciones Lee el siguiente texto. Luego responde las preguntas de abajo.

Por fin se anunció: ¡el Granero de arce de Jones estaba abierto para la estación de jarabe de arce! Además de la espectacular y dulce decoración de los panqueques, el Granero de arce de Jones era el vendedor de desayunos más solicitado, y la caja registradora no daba abasto. Por supuesto, sus panqueques eran simplemente maravillosos.

Los arces tienen un líquido que corre por sus troncos y ramas llamado savia. En invierno, la savia no se mueve mucho en el árbol. En la primavera, a medida que el clima se hace más cálido, la savia fluye rápidamente. La gente junta la savia insertando tubos en los troncos de los árboles. Luego la cocina. Los requerimientos para hacer un galón de jarabe son 40 galones de savia. Eso es mucho trabajo, ¡pero nada es más delicioso que jarabe puro de arce!

1. ¿Cuál es el sufijo en la palabra *vendedor*?

   _____

2. ¿Cómo te ayuda el sufijo a comprender el significado de *vendedor*?

   _____

   _____

3. ¿Cómo te ayuda el sufijo de *registradora* a descubrir el significado de la palabra?

   _____

   _____

4. ¿Qué sufijos tienen estas dos palabras? ¿Qué significan?

   _____

Actividad para la casa Su hijo aprendió a identificar y a usar sufijos para comprender palabras nuevas en un texto. Trabajen juntos para identificar significados de palabras con sufijos en un artículo. Ayude a su hijo a encontrar formas de recordar el significado de los sufijos.

Nombre _____

Paul Bunyan

Horario

- Un **horario** es una tabla especial con una lista de sucesos y de cuándo ocurrirán.
- Los horarios de buses, trenes y otros medios a menudo presentan la información en cuadros. Generalmente contienen tanto filas como columnas, cada una con un nombre o encabezado.

Instrucciones Paul Bunyan enjambró *abejosquitos* en un barco de azúcar hawaiano fondeado en el Lago Superior. Lee este horario de embarque para responder las preguntas de abajo.

\multicolumn{5}{c}{Envíos de azúcar al Lago Superior vía Golfo de San Lorenzo}
Barco	**Partida: Honolulu, Hawái**	**Llegada: Portland, Maine**	**Carga de madera y carbón en Portland**	**Llegada: Lago Superior (Duluth, Minnesota)**
Puako	1 de junio	31 de julio	4–8 de agosto	1 de septiembre
KoKo	5 de julio	8 de septiembre	12–16 de septiembre	5 de octubre
Lahina	10 de agosto	15 de octubre	19–23 de octubre	10 de noviembre
Puako	15 de diciembre	21 de febrero	24–28 de febrero	15 de marzo
KoKo	20 de enero	28 de marzo	2–6 de abril	20 de abril
Lahina	27 de febrero	1 de mayo	5–9 de mayo	27 de mayo

1. ¿Cuántos meses dura cada viaje? ¿Cómo lo sabes?

   _____

   _____

2. ¿Cuántos barcos usan estas rutas? ¿Cómo lo sabes?

   _____

   _____

3. Si viajaras con la tripulación en el segundo viaje del KoKo, ¿durante qué días ayudarías a cargar madera y carbón en Portland?

   _____

4. ¿En qué barco viajarías para estar en Portland el 18 de octubre?

   _____

5. Si quisieras navegar con la tripulación del Puako, ¿cuál sería tu elección de fechas de partida desde Honolulu?

   _____

Nombre _____

Paul Bunyan

Instrucciones Usa el horario de actividades para responder las preguntas de abajo.

Compañía maderera de Big Onion Horario de actividades del 1 de abril							
Actividad	7–8 a.m.	8–9 a.m.	9–10 a.m.	11–12 p.m.	12–1 p.m.	1–2 p.m.	2–3 p.m.
Patinar en la plancha	+						
Desayunar		+					
Sacar agua de los Grandes Lagos			+				
Almorzar				+			
Atizar el fuego de la plancha					+		
Cenar							+
Tejer barbas para hacer medias						+	
Hacer zapatos de paraguas						+	
Escuchar las palabras descongeladas de Shot		+	+	+	+	+	+
+ = actividad disponible							

1. ¿Qué representa el signo más en el horario? ¿Cómo lo sabes?

   _____

   _____

2. ¿Entre qué horas los hombres podrían escuchar las palabras de Shot?

   _____

3. ¿Qué actividades ocurren al mismo tiempo en que se hacen los zapatos de paraguas?

   _____

4. Si algunos hombres están sacando agua, ¿qué están haciendo los otros hombres?

   _____

5. ¿Cómo ayuda el horario a los leñadores para planear su día?

   _____

   _____

Actividad para la casa Su hijo aprendió a leer un horario. Juntos, miren un horario de un evento deportivo o de un viaje. Pida a su hijo que le explique el horario.

Nombre _____

Paul Bunyan

Acentuación: Palabras esdrújulas y sobresdrújulas

Corrige el artículo del periódico Encierra en un círculo seis palabras con errores de ortografía y escríbelas correctamente sobre las líneas.

> CNTV Latinoamérica anunció hoy que:
> Los Premios CNTV Latinoamérica 2008 a la Musica se llevarán a cabo en Guadalajara, Jalisco, Mexico el próximo jueves 28 de noviembre. Este año, CNTV celebra su décimo aniversario en Latinoamérica. El evento se transmitirá en vivo a más de 22 países. El show presentará la misma formula de la última decada. "Estamos muy emocionados de llegar a la tierra de los mariachis y la vamos a invadir con eventos sensacionales", comentó Olga Martínez, Productora Ejecutiva de Los Premios CNTV Latinoamérica 2008. "El espectáculo será tan emotivo que seguro al publico le robaremos unas lagrimas".

Palabras de ortografía
México
lágrimas
música
vértice
década
llámame
ángulo
partícula
rápido
píntalo
pájaro
público
límite
fórmula
física
llévanos
nómadas
vámonos
esdrújula
pásamelo

1. _____
2. _____
3. _____
4. _____
5. _____
6. _____

Palabras difíciles
partícipe
préstamela
pentágono
agítalo
atmósfera

Palabras correctas Escribe correctamente las palabras sobre la línea, colocando la tilde donde corresponda.

7. vamonos
8. llevanos
9. llamame
10. pintalo
11. angulo
12. fisica

7. _____
8. _____
9. _____
10. _____
11. _____
12. _____

Actividad para el hogar Su hijo identificó palabras esdrújulas y sobresdrújulas mal escritas. Pida a su hijo que use cada palabra de la lista en una oración.

Nombre _____

Paul Bunyan

Verbos irregulares

Lee las oraciones. Luego, lee cada pregunta. Encierra en un círculo la letra de la respuesta correcta.

Las hazañas de Paul Bunyan

(1) Al principio, Paul se _____ muy solo. (2) Luego, _____ un amigo. (3) Paul _____ el Gran Cañón con su zapapico. (4) Paul y Bebé _____ a Kansas. (5) Yo he _____ que sus hazañas fueron increíbles.

1 ¿Qué forma verbal completa la oración 1?

   A sentar
   B sentí
   C siente
   D sentimos

2 ¿Qué forma verbal completa la oración 2?

   A tenerá
   B tendrá
   C teno
   D tener

3 ¿Qué forma verbal completa la oración 3?

   A hizo
   B hació
   C hicieron
   D hacer

4 ¿Qué forma verbal completa la oración 4?

   A ireron
   B fue
   C fueron
   D ir

5 ¿Qué forma verbal completa la oración 5?

   A decir
   B dicho
   C decido
   D dijo

Actividad para la casa Su niño o niña se preparó para tomar un examen de los verbos irregulares. Ayúdelo a preparar tarjetas relámpago con el infinitivo de un verbo irregular por un lado y su presente, pasado, futuro y participio por el otro. Use las tarjetas relámpago para hacerle preguntas.

Nombre _____

Unidad 3 Semana 1 Repaso interactivo

Hiato

Palabras de ortografía				
paseo	roedor	boa	toalla	ideal
extraer	peatones	leones	oeste	corretean
noroeste	caen	recreo	tarea	caemos
sea	maestra	creativo	oboe	poseer

Palabras correctas Encierra en un círculo las palabras escritas correctamente. Escribe la palabra.

1. peátones   peatones   piatones   1. _____
2. roédor   roedor   ruedor   2. _____
3. caen   cáen   caén   3. _____
4. oboe   obóe   oboé   4. _____
5. noroéste   noróeste   noroeste   5. _____
6. tualla   toalla   tóalla   6. _____
7. posier   poseer   poseér   7. _____
8. leones   léones   leónes   8. _____
9. caemos   caémos   cáemos   9. _____
10. maestra   máestra   maéstra   10. _____

Completa la oración Escribe una palabra de la lista para completar cada oración.

11. Los niños _____ por el parque.   11. _____
12. Para _____ el jugo puedes usar un exprimidor.   12. _____
13. Para ser publicista debes ser muy _____.   13. _____
14. Trabajar en una juguetería debe ser el trabajo _____.   14. _____
15. El Sol se pone por el _____.   15. _____
16. Salir de _____ es divertido y relajante.   16. _____
17. Una serpiente muy grande es la _____.   17. _____
18. Antes de jugar debes completar tu _____.   18. _____
19. El _____ es un buen momento para conversar.   19. _____
20. No importa qué regalo _____ si se da con amor.   20. _____

Actividad en casa Su hijo escribió palabras con hiato. Diga una palabra de la lista y pida a su hijo que la escriba.

Verbos de acción y verbos copulativos

Instrucciones Copia el verbo de cada oración.

1. Los científicos han acampado en la montaña.
2. En la madrugada, han sacado sus binoculares.
3. Las aves estaban en los árboles.
4. De repente, han levantado el vuelo.
5. Son unas aves hermosísimas.
6. Los científicos las han mirado con atención.
7. Ahora hablan de sus observaciones.
8. Después tomarán notas.
9. También consultarán sus libros.
10. Juntos identificarán la especie.

Instrucciones Subraya los verbos de acción. Encierra en un círculo los verbos copulativos *ser* y *estar*.

11. Los colibríes van de flor en flor.
12. Beberán el néctar de las flores.
13. Laura estaba fascinada con los colibríes.
14. Este colibrí ha comido un insecto.
15. Los colibríes son útiles para las plantas.
16. Los leñadores han cortado los árboles.
17. Los científicos estuvieron en este bosque.
18. Ese incendio ha sido muy malo para los colibríes.
19. Quemó los árboles y las flores.
20. Pronto, con las lluvias, la plantas crecerán de nuevo.

Nombre _____

Unidad 3 Semana 2 Repaso interactivo

Homófonos

Palabras de ortografía

botar	callo	bienes	hondas	tubo
votar	cayo	vienes	ondas	tuvo
hecho	bello	hola	combino	coser
echo	vello	ola	convino	cocer

Palabras en contexto Escribe una palabra de la lista para completar cada oración.

1. Quiero saber dónde _____ en estas elecciones.
2. ¿Te _____ una o dos cucharadas de azúcar?
3. La gente cuida sus _____ pues son su patrimonio.
4. Una _____ me hizo caer en la playa.
5. El agua en el mar tiene _____ en la superficie.
6. Mira cómo _____ los colores y formo otros.
7. Se rompió un _____ del desagüe.
8. La leona _____ un leoncito.
9. Cerca de la costa vimos un _____.
10. Su _____ es del mismo color que su cabello.

1. _____
2. _____
3. _____
4. _____
5. _____
6. _____
7. _____
8. _____
9. _____
10. _____

Completa la oración Encierra en un círculo la palabra correcta. Escribe la palabra.

11. Hago silencio, por eso me _____ .   cayo   callo
12. No me dijo ni _____ .   hola   ola
13. Estas piscinas son muy _____ .   hondas   ondas
14. Tengo mi pantalón roto, lo tendré que _____ .   coser   cocer
15. Creo que el trabajo no me _____ .   combino   convino
16. Es un árbol muy _____ .   vello   bello
17. Eso ya no sirve, lo puedes _____ .   votar   botar
18. Hay vegetales que se deben _____ .   cocer   coser
19. Debes diferenciar una opinión de un _____ .   echo   hecho
20. Todos preguntan si _____ .   vienes   bienes

11. _____
12. _____
13. _____
14. _____
15. _____
16. _____
17. _____
18. _____
19. _____
20. _____

Actividad en casa Su hijo ha aprendido palabras que suenan igual pero que tienen significado distinto. Pida a su hijo que use cada par de homófonos de la lista en una misma oración.

Ortografía Homófonos **235**

Verbos principales y auxiliares

Instrucciones Copia la frase verbal de cada oración.

1. Las orcas van nadando en grupo.

2. Ayer pudimos verlas desde un barco.

3. Han comido calamares y peces.

4. Este grupo lleva viviendo aquí muchos años.

5. Con un poco de suerte, conseguiré ver más ballenas.

Instrucciones Subraya el verbo principal y encierra en un círculo el verbo auxiliar de cada oración.

6. Las ballenas jorobadas se estuvieron cazando durante muchos años.

7. La población de estos animales iba disminuyendo.

8. Ahora esta especie se está recuperando.

9. Se pueden hallar ballenas jorobadas en todos los océanos.

10. Esa ballena está azotando la cola contra el agua.

11. Esas dos se están poniendo de lado.

12. Durante todo el verano, se han alimentado en el norte.

13. Ahora están migrando hacia el sur.

14. Ese ballenato ha seguido a su madre durante todo el viaje.

15. Juntos van nadando hacia las aguas del Caribe.

Nombre _____

Unidad 3 Semana 3 Repaso interactivo

Acentuación: Palabras agudas

Palabras de ortografía				
corazón	jardín	ojalá	amanecer	comenté
bondad	camión	balón	pizarrón	feroz
remar	feliz	cortés	ratón	champú
además	preguntó	chimpancé	calor	bastón

Emparejar Dibuja una línea que conecte las dos partes de la palabra de la lista.

1. cor   roz
2. ama   tés
3. fe   tón
4. oja   lón
5. re   dín
6. jar   mar
7. ba   lá
8. bas   necer

Busca las palabras Busca las palabras que están ocultas en la sopa de letras. Las palabras aparecen en forma horizontal, vertical y en diagonal. Escribe el acento de las palabras cuando sea necesario.

```
B C A J Z R
L O W A H O
S S N R A L
P E Y D L A
U R I I A C
K Ñ P N J D
B R A T O N
```

bondad
coser
ratón
jardín
ojalá
calor

Actividad en casa Su hijo ha aprendido palabras agudas. Escriba palabras agudas sin acento y pida a su hijo que los coloque según corresponda.

Ortografía Acentuación: Palabras agudas

Nombre _____

Unidad 3 Semana 3 Repaso interac

Concordancia entre sujeto y verbo

Instrucciones Escribe *Sí* si el sujeto y el verbo de la oración concuerdan. Escribe *No* si no concuerdan.

1. Los brasileños cuentan muchos cuentos. _____
2. Muchos de los personajes soy seres fantásticos. _____
3. Un animal de la selva es el Caipora. _____
4. El Caipora montaban en un jabalí. _____
5. Estos cuentos son muy imaginativos. _____

Instrucciones Copia el verbo entre ( ) que completa correctamente las oraciones.

6. Otra leyenda (describía, describían) al Curupira. _____
7. Los dedos de sus pies (está, están) colocados hacia atrás. _____
8. Sus huellas (confunde, confunden) a los cazadores. _____
9. El Curupira (protege, protegen) a los animales y los árboles. _____
10. Los animales de Brasil (necesita, necesitan) al Curupira. _____
11. El Negrinho (es, son) un niño invisible. _____
12. Seguramente muchas personas (creerá, creerán) en el Negrinho. _____
13. A algunas, estos seres las (asustará, asustarán). _____
14. Los brasileños le (pide, piden) ayuda al Negrinho. _____
15. ¿Tú (estuviste, estuvimos) alguna vez en Brasil? _____
16. Una gran serpiente (vivía, vivíamos) en el agua. _____
17. Los demás pescadores y yo (temíamos, temías) a la serpiente. _____
18. Juan y tú (leeré, leerán) más leyendas en la biblioteca. _____
19. Cada cultura (tiene, tienes) sus propios mitos. _____
20. Los mitos y las leyendas (contesta, contestan) preguntas sobre la vida. _____

238 **Normas** Concordancia entre sujeto y verbo

Nombre _____

Unidad 3 Semana 4 Repaso interactivo

Acentuación: Palabras graves

Palabras de ortografía				
árbol	maleta	álbum	primero	ángel
azúcar	frágil	portero	partido	palanca
campo	lápiz	ágil	madera	enorme
playa	fácil	mármol	importante	fósil

Doble pista Cada número tiene dos pistas para encontrar la palabra de la lista. Escríbela sobre la línea.

1. dulce + blanca
2. fútbol + ataja los penales
3. rompible + delgado
4. madera + bosque
5. carpintero + mesa
6. alas + ser fantástico
7. fotografías + libro
8. tamaño + fabuloso
9. costa + mar
10. cultivo + naturaleza

1. _____
2. _____
3. _____
4. _____
5. _____
6. _____
7. _____
8. _____
9. _____
10. _____

Palabras correctas Encierra en un círculo las palabras con errores de ortografía y escríbelas correctamente.

11. Cuando viajé a España llevé una maléta enorme.
12. Mejor escribo con lapiz para borrar si me equivoco.
13. Se halló un fosil muy antiguo en Australia.
14. El deportista es rápido y agil.
15. Lo importánte no es ganar, sino participar.
16. Lo priméro que haré es la tarea.
17. Con una palánca se pueden mover cosas pesadas.
18. Todos los partídos gana el mismo equipo.
19. El marmol es muy elegante.
20. ¿Quién dice que hacer eso es facil?

11. _____
12. _____
13. _____
14. _____
15. _____
16. _____
17. _____
18. _____
19. _____
20. _____

Actividad en casa Su hijo ha aprendido palabras graves. Escriba palabras graves sin acentos en un papel. Pida a su hijo que las acentúe correctamente.

Ortografía Acentuación: Palabras graves **239**

Verbos en presente, pasado y futuro

Instrucciones Escribe *presente*, *pasado* o *futuro* para cada verbo subrayado.

1. Los vientos de un tornado <u>giran</u> a gran velocidad. _____
2. Aquí <u>se formaron</u> muchos tornados en 2002. _____
3. <u>Destrozaron</u> casas, carros y negocios. _____
4. A veces <u>cae</u> granizo antes de un tornado. _____
5. Mañana <u>valoraremos</u> los daños. _____
6. Ese carro <u>ha aterrizado</u> en el techo de un supermercado. _____
7. El conductor apenas <u>se ha hecho</u> daño. _____
8. Muchas veces la gente <u>se refugia</u> en el sótano. _____
9. Los científicos <u>seguirán investigando</u> estas tormentas. _____
10. Con pronósticos más precisos, <u>estaremos</u> más seguros. _____

Instrucciones Copia el verbo de cada oración. Encierra en un círculo los verbos en pasado. Subraya los que estén en futuro.

11. Algunas personas buscan los tornados. _____
12. Les gusta la emoción. _____
13. El año pasado seguí un tornado con David. _____
14. Al principio, el cielo se puso oscuro. _____
15. Se acercaba un tornado a gran velocidad. _____
16. Por suerte, el tornado saltó por encima de nuestro carro. _____
17. Luego, los vientos se calmaron. _____
18. A David le encantó la aventura. _____
19. La próxima vez, me quedaré en casa. _____
20. David, en cambio, lo hará de nuevo. _____

Normas Verbos en presente, pasado y futuro

Acentuación: Palabras esdrújulas y sobresdrújulas

Palabras de ortografía

México	década	rápido	límite	nómadas
lágrimas	llámame	píntalo	fórmula	vámonos
música	ángulo	pájaro	física	esdrújula
vértice	partícula	público	llévanos	pásamelo

Acentos Coloca el acento en las siguientes palabras según corresponda. Luego, sepáralas en sílabas.

Palabra	Con acento	Separar en sílabas
Mexico		
esdrujula		
fisica		
nomadas		
pajaro		
rapido		
musica		

Singular o plural Escribe el singular o el plural de las siguientes palabras. Observa si conservan el acento.

Singular	Plural
ángulo	
	fórmulas
lágrima	
vértice	
	partículas
década	
	límites

Actividad en casa Su hijo ha aprendido palabras esdrújulas y sobresdrújulas. Escriba las palabras de la lista acentuadas de forma incorrecta y pida a su hijo que las corrija.

Nombre _____

Unidad 3 Semana 5 Repaso interac

Verbos irregulares

Instrucciones Escribe el pasado del verbo irregular que aparece entre ( ).

1. Mi maestra (traer) un libro de cuentos exagerados. _____

2. Ella me (decir) que leyera un cuento de Paul Bunyan. _____

3. A todos los niños les (hacer) mucha gracia. _____

4. Paul Bunyan (tener) hazañas increíbles. _____

5. Paul y Bebé (ir) a través de los Bosques del Norte. _____

6. Durante un tiempo, nadie (saber) nada de ellos. _____

7. Muchos leñadores (ir) a verlos cuando leyeron los carteles. _____

8. Los más grandes y fuertes (poder) cumplir los requisitos. _____

9. Los leñadores (decir) que tenían mucha hambre. _____

10. El cocinero no sabía qué hacer y le (pedir) ayuda a Paul. _____

Instrucciones Escribe la forma verbal entre ( ) que completa correctamente cada oración.

11. Roberto y yo (hemos ido, hemos ir) a la biblioteca. _____

12. Allí (hay, habe) más cuentos exagerados. _____

13. Hoy nosotros (cuenta, contamos) la historia de Pecos Bill. _____

14. Mañana ustedes (hacerán, harán) una presentación sobre John Henry. _____

Nombre _____

**Proceso de la escritura
Unidad 3**

Diagrama de Venn

Instrucciones Completa el diagrama de Venn con las semejanzas y las diferencias sobre las dos cosas que compares.

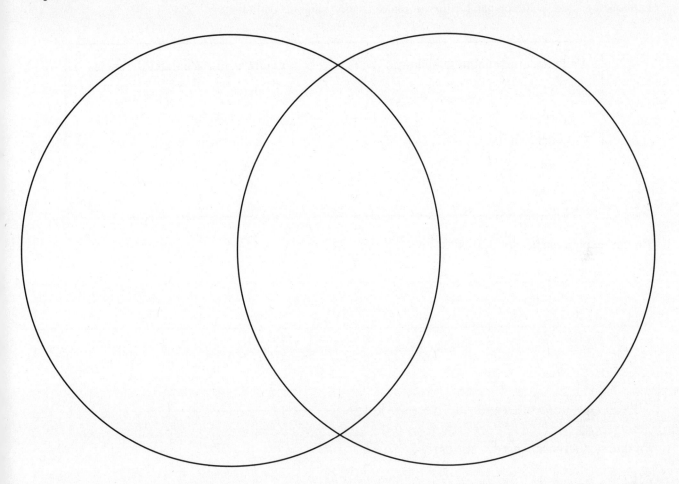

Unidad 3 Proceso de la escritura 243

Nombre _____

**Proceso de la escritura
Unidad 3**

Palabras que comparan y contrastan

Instrucciones Las palabras de la lista señalan que dos cosas son iguales o diferentes. Escribe dos oraciones que expliquen en qué se parecen tus dos animales usando palabras de la lista. Luego escribe dos oraciones que expliquen en qué se diferencian tus dos animales usando palabras de la lista.

Palabras que señalan semejanzas	Palabras que señalan diferencias
y	pero
además	sin embargo
también	a diferencia de
asimismo	por otro lado
como	

En qué se parecen los dos animales

1. _____

_____

2. _____

_____

En qué se diferencian los dos animales

1. _____

_____

2. _____

_____

Verbos expresivos

Instrucciones Reemplaza cada verbo subrayado por un verbo expresivo del cuadro. Escribe cada oración nueva.

> adoptar   ladra   adopta   retozan
> crecen   permanecen   comprar

1. Mucha gente <u>tiene</u> un perro o jerbo como mascota familiar.

2. Los perros necesitan más lugar para hacer sus ejercicios. <u>Juegan</u> en un jardín o parque, pero los jerbos <u>están</u> a menudo en sus jaulas.

3. Un perro <u>avisa</u> cuando se acercan extraños. Sin embargo, un jerbo no da una advertencia.

4. Generalmente, los perros <u>son</u> mucho más grandes que los jerbos.

5. Puedes <u>conseguir</u> tanto perros como jerbos en una tienda de mascotas. Sin embargo, puedes <u>tener</u> un perro de un refugio local.

Nombre _____

Proceso de la escritura
Unidad 3

Corrección 2

Instrucciones Corrige estas oraciones. Busca errores de ortografía, gramática, uso de mayúsculas y sintaxis. Usa marcas de corrección de lectura para mostrar las correcciones.

Marcas de corrección	
Borrar	⌒
Agregar	∧
Ortografía	◯
Mayúscula	≡
Minúscula	/

1. ¿En qué se diferensian los sapos y las ranas?

2. Dado que son anfibios, vieven parte en el agua y parte en la tierra.

3. tanto las ranas como los sapos nazen de huevos en el agua.

4. Los sapos y las ranas también ibernan durante el invierno.

5. Las ranas se esconden en el lodo en un lago, mientras que los sapos caban profundo en la tierra ceca.

6. Un sapo tienen piel seca con muchos protuberancias.

7. La piel de una ranas es usulmente suave y húmeda.

8. Tanto los sapos como las ranas son exelentes saltadores. usan sus fuertes patas de atrás.

Ahora corrige el borrador de tu ensayo de comparación y contraste. Luego usa tu copia revisada y corregida para hacer una copia final de tu ensayo. Finalmente, comparte tu trabajo escrito con tu audiencia.

Nombre _____

La basura jadeante

Comparar y contrastar

- **Comparar y contrastar** significa contar en qué se parecen o se diferencian dos o más cosas.
- Las palabras clave *parecido* y *como* señalan similitudes. Las palabras clave *sin embargo* y *en cambio* señalan diferencias.

Instrucciones Lee el texto. Luego completa el diagrama comparando y contrastando los trucos de magia con los efectos especiales.

¿Alguna vez viste criaturas extrañas y superhéroes asombrosos en las películas? En la actualidad, los efectos especiales son como la magia que se hacía en los escenarios durante muchos años, sólo que éstos resultan aún más difíciles de entender. Durante años, los magos se valieron de manos rápidas y de distracciones para que pareciera que las cosas aparecían y desaparecían. Del mismo modo, los efectos especiales te hacen creer que estás viendo algo que en realidad no existe. Para crear la magia de las películas, los artistas encargados de los efectos especiales usan computadoras y crean imágenes en movimiento que engañan nuestros ojos. Cuando los ves desplegarse delante de ti, tanto los trucos de magia como los efectos especiales parecen reales. Ambos funcionan gracias al gran trabajo que hace la gente a quien le gusta entretenernos.

Efectos especiales y trucos de magia	
Semejanzas	**Diferencias**
Ambos parecen reales.	3.
1.	4.
2.	5.

Actividad para el hogar Su hijo comparó y contrastó dos tipos de ilusiones ópticas en un texto expositivo. Túrnese con su hijo para señalar las similitudes y diferencias entre dos muebles.

Comprensión 247

Escritura • Cuento de detectives

Aspectos principales de un cuento de detectives
- Describe un problema o una situación misteriosa.
- Los personajes pueden ser detectives, sospechosos y testigos.
- El argumento mantiene al lector en suspenso.
- El ambiente puede ser un lugar común o un lugar extraño.

El caso de los crayones perdidos

—¡Ja! —exclamó Erika para sí misma, confundida. Miró de nuevo la caja grande de crayones que tenía entre las manos. ¡Faltaban todos los rojos y los amarillos! ¿Por qué a alguien se le ocurriría sacar de la caja esos dos colores? Frunciendo el ceño con enojo, echó un vistazo a la habitación soleada pero no había señales de los crayones que faltaban. ¿Cómo le haría la tarjeta de cumpleaños a su abuelo sin usar sus colores favoritos?

"¡Apuesto a que Emma se los llevó! Siempre me causa problemas", pensó Erika. Rápidamente, caminó por el pasillo hacia la habitación de su hermana mayor. Allí, sobre el escritorio, vio una pila de pequeños trozos de papel. Al acercarse vio que eran envoltorios de crayones. "¡Ajá! ¡Entonces sí tomó mis crayones! ¿Dónde estará ahora?".

Luego Erika fue hasta el comedor. La mesa estaba cubierta por diarios y sobre el papel se veían pequeñas migas de colores fuertes. Levantó una de las migas de cera. Eran puntas de crayones amarillas y rojas. ¡Emma estaba destruyendo los crayones! ¿Por qué haría eso? Ahora Erika no sólo estaba confundida, sino también enojada.

"¡Ten mucho cuidado!". Era la voz de su madre desde la cocina. Erika olfateó y se dio cuenta de que había un olor raro en el aire. Cuando entró en la cocina, vio a su madre y a Emma paradas junto a la cocina. Emma estaba revolviendo algo en una olla.

—Erika, llegas justo a tiempo para ayudarnos —le dijo la madre alegremente cuando la vio en la puerta—. ¡Estamos haciendo velas con crayones para el abuelo! Usamos rojo y amarillo porque son sus colores preferidos. Rayamos los crayones y ahora los estamos derritiendo. Después, vamos a echar la cera en unos moldes.

Erika sonrió. Había resuelto el caso de los crayones perdidos e iba a ayudarlas a hacer un regalo de cumpleaños para su abuelo.

1. Vuelve a leer la selección. ¿Cuál es el misterio que debe resolverse?

2. Subraya el nombre del detective. Traza dos líneas debajo del nombre del sospechoso.

Nombre _____

La basura jadeante

Vocabulario

Instrucciones Escoge la palabra del recuadro que mejor empareje con cada definición. Escribe la palabra sobre la línea. Usa el diccionario para buscar las palabras que no conoces.

_____ 1. lugar donde se realizan pruebas de investigación

_____ 2. que respiran con ansias

_____ 3. que no disminuye en fuerza o ritmo; inflexible

_____ 4. suposición de algo posible o imposible para deducir una consecuencia

_____ 5. conjunto de rasgos que indican quién es una persona

Verifica las palabras que conoces

- análisis
- laboratorio
- obnubilara
- identidad
- microscopios
- jadeantes
- hipótesis
- implacable

Instrucciones Escoge una palabra del recuadro para completar cada oración.

6. Dani estaba muy concentrado para que nada _____ su mente.

7. El laboratorio necesita dinero para comprar _____ y otros elementos.

8. Los científicos descubrieron la _____ de la persona que había dejado sus huellas en la habitación.

9. Los excursionistas estaban tan agotados que llegaron _____ a la cima de la montaña.

Escribir una nota

Piensa en algo misterioso que te haya pasado. En una hoja de papel aparte, escribe una nota a un amigo y describe tu experiencia. Asegúrate de explicarle por qué te pareció un misterio. Usa tantas palabras del vocabulario como puedas.

Actividad para el hogar Su hijo identificó y usó palabras del cuento *El caso de la basura jadeante*. Revise las definiciones de cada palabra del vocabulario con su hijo y trabajen juntos para usar las palabras en oraciones.

Vocabulario 249

Nombre _____

La basura jadeante

Pronombres en singular y plural

> Los **pronombres personales** son palabras que se escriben para sustituir a los sustantivos. Los **pronombres en singular** se escriben en lugar de los sustantivos singulares. Son pronombres en singular: *yo, mí, me, tú, ti, te, él, ella, usted, se, lo, la* y *le*. Los **pronombres en plural** toman el lugar de los sustantivos plurales. Son pronombres en plural: *nosotros, nosotras, nos, ellos, ellas, ustedes, se, los, las, les*.
>
> La niña oyó un ruido en la basura.
>
> Ella lo oyó.
>
> Cuando hablas de ti mismo y de otras personas, debes ponerte en último lugar. Tanto el pronombre *usted* como el *tú* se usan con la persona a la que se habla; *tú* refleja confianza o familiaridad y *usted*, respeto. El pronombre *usted* concuerda con el verbo conjugado en tercera persona del singular, y ustedes con el verbo conjugado en tercera persona del plural.
>
> Los pronombres reflexivos son *me, te, se, nos*.
>
> Él se esconde en el clóset.

Instrucciones Encierra en un círculo el pronombre de cada oración.

1. Jaime y yo hemos leído un cuento sobre unos detectives científicos.
2. Ellos son dos estudiantes de quinto grado: Drake y Nell.
3. Una niña de su escuela les pide ayuda.
4. La niña se llama Gabby.
5. La niña pasó junto a un bote de basura y lo oyó jadear.

Instrucciones Copia el pronombre entre ( ) que completa las oraciones correctamente.

6. Simón y yo haremos un experimento; si quieres, _____
   (nos, nosotros) puedes ayudar.

7. ¿Crees que tu mamá (tú, te) dará permiso? _____

8. ¡Todos (ella, ustedes) están invitados! _____

Actividad para la casa Su niño o niña estudió los pronombres en singular y plural. Pídale que le cuente qué hizo hoy y que identifique los pronombres en singular y plural que use.

Nombre _____

La basura jadeante

Diptongo y hiato: Acentuación

Palabras de ortografía				
seria	reina	aire	paisaje	después
sería	sonreír	sabia	reúne	caída
río	aceite	sabía	había	cuidado
cuídate	país	boina	mío	añadió

Completar la oración Escribe una palabra de la lista de la caja para completar cada oración.

1. La tía de Mario le pone mucho _____ a las ensaladas.
2. El _____ que respiramos en la montaña es puro.
3. Toma estas vitaminas antes y _____ del almuerzo.
4. El abuelo usa una _____ para cubrir su cabeza en invierno.
5. Carina admiraba el _____ desde la ventana del hotel.
6. El rey y la _____ bailaron el vals.

1. _____
2. _____
3. _____
4. _____
5. _____
6. _____

Acentuación Escribe la palabra correcta en cada oración

7. Mi primo tuvo una gran _____, pero sólo se lastimó la rodilla.
8. La abuela de Luis es muy _____: siempre nos da buenos consejos.
9. El _____ cristalino baja de la montaña hasta unirse con el mar.
10. Esa montaña es peligrosa. Nadie _____ capaz de escalarla.
11. Tienes bellos dientes; no dejes de _____.
12. Cuando salgas de la escuela cruza la calle con _____.
13. A Carmen le gustaba la danza, pero no _____ bailar.
14. El grupo de amigos se _____ para organizar el cumpleaños.
15. El té de Josefina estaba amargo porque no le _____ azúcar.
16. En la casa de Laura no _____ nadie.
17. Tu lápiz negro es igual al _____.
18. La señora de la tienda es muy _____, ¡nunca se ríe!
19. Jorge, _____ cuando montes bicicleta, por favor.
20. El nombre del _____ donde vivo es España.

7. _____
8. _____
9. _____
10. _____
11. _____
12. _____
13. _____
14. _____
15. _____
16. _____
17. _____
18. _____
19. _____
20. _____

Actividad para el hogar Su hijo escribió palabras con diptongo y con hiato, con y sin acento. Diga una palabra de la lista y pida a su hijo que la escriba.

Nombre _____

La basura jadeante

Título _____

Personajes

Ambiente

Problema

Sucesos

_____
_____
_____
_____
_____
_____
_____
_____

Solución

252 **Escritura**

Nombre _____

La basura jadeante

Vocabulario • Sinónimos y antónimos

- Cuando ves una palabra poco común en tu lectura, usa las **claves del contexto** para entender el significado.
- A veces un autor usará un sinónimo o un antónimo como clave del contexto.
- Los **sinónimos** son palabras que significan casi lo mismo.
- Los **antónimos** son palabras con significados opuestos.

Instrucciones Lee el siguiente pasaje sobre la aprendiz y el mago de la calle. Luego completa las analogías de abajo con palabras del pasaje. Piensa en sinónimos y antónimos mientras lees.

En la plaza de la aldea, la aprendiz era implacable mientras se abría camino entre la complaciente multitud. Quería ver al mago de la calle. Nadie conocía su identidad y era esta falta de identificación lo que lo hacía un misterio. La niña logró inspeccionar el sombrero mágico. El mago decía que estaba vacío. Y de pronto sacó una paloma del sombrero. Decía que leía las mentes, pero la mayor parte del tiempo era más inexacto que preciso. La pequeña niña creía que una investigación y un análisis de su proceso revelarían los secretos del mago.

1. *Valiente* es a *cobarde* como _____ es a *flexible*.

2. *Inspección* es a *revisión* como _____ es a *impreciso*.

3. *Indomable* es a *salvaje* como _____ es a *hueco*.

4. *Opaco* es a *brillante* como *inexacto* es a _____.

5. *Verdad* es a *realidad* como *investigación* es a _____.

Actividad en casa Su hijo identificó sinónimos (palabras con el mismo significado) y antónimos (palabras que son opuestas en significado) en un pasaje corto. Lea un artículo de revista o de periódico con su hijo. Túrnense para buscar sinónimos y antónimos en el artículo.

Nombre _____

La basura jadeante

Procedimientos e instrucciones/Manual

- Los **procedimientos e instrucciones** son guías o indicaciones para hacer o crear algo.
- Las instrucciones se dan en orden. Usualmente incluyen pasos numerados.
- Lee todas las instrucciones antes de empezar. Luego síguelas, un paso a la vez.
- Usualmente un **manual** está presentado en forma de libro pequeño. Tiene instrucciones para ayudar al lector a entender cómo usar o construir algo.
- Mira las instrucciones y diagramas. Presta atención a las advertencias de seguridad que pueden incluir los manuales.

Instrucciones Lee las instrucciones en la tabla de abajo. Luego responde las preguntas.

Una rápida receta para pan blanco

1	Preparar la masa para el pan. En un tazón grande, mezclar 2 tazas de agua caliente y 5 tazas de harina. Luego mezclar 2 cucharadas de cada uno de los siguientes: levadura, sal, azúcar, aceite.
2	Amasar la masa. Esto se hace aplastando y apretando la masa con tus manos.
3	Dejar crecer la masa a temperatura ambiente por una hora. La masa debería duplicar su tamaño.
4	Aplastar la masa para hacerla más compacta y dividirla en tres partes iguales. Colocar cada parte en un molde para pan.
5	Hornear los panes en horno precalentado a 350 grados durante 25 minutos.

1. ¿Cuál es el propósito de estas instrucciones?

_____

2. ¿Qué representan los números de la columna izquierda?

_____

3. ¿Qué paso en este procedimiento implica medidas?

_____

4. ¿Por qué es importante que sigas las instrucciones en orden?

_____

5. Para seguir estas instrucciones exitosamente, ¿cuáles son las destrezas que necesitas?

_____

Actividad en casa Su hijo aprendió sobre procedimientos e instrucciones. Lea una receta favorita con su hijo. Revise en voz alta los pasos que tendría que seguir para hacer la receta. Pregunte a su hijo sobre la secuencia de los pasos.

Nombre _____

La basura jadeante

Instrucciones Lee esta sección del índice de un libro de cocina. Luego responde las preguntas de abajo.

Plato/ingrediente	Página
Calabaza	151, 206
Coles de Bruselas	180
Coliflor	172
Crepas	121
Galletas	80–101
Maíz	157, 161, 163
Pan	24–29, 32, 34, 40–42
Pasteles	73–76
Pizza gruesa	303–304
Zanahoria	76, 159, 164, 166

6. ¿Cuál es el propósito de este índice?

_____

7. ¿En cuántas páginas encontrarás recetas con maíz?

_____

8. ¿En qué páginas buscarías una receta para pastel de ángel?

_____

9. ¿Dónde mirarías para hallar cómo hacer masa para pizza?

_____

10. ¿En qué página, muy probablemente, hallarías una receta para pastel de zanahoria? ¿Por qué lo crees?

_____

_____

_____

Actividad en casa Su hijo aprendió cómo usar el índice de un libro de cocina. Juntos, miren un libro de cocina. Invite a su hijo a hallar comidas favoritas en el índice.

Destrezas de investigación y estudio 255

Diptongo y hiato: Acentuación

Corrige las preguntas y respuestas Victoria tiene una lista de preguntas escritas para entregarle a su maestra, pero sabe que algunas palabras tienen errores que debe corregir antes de entregársela. Encierra en un círculo seis palabras con errores de ortografía de la lista de Victoria y escríbelas correctamente. Vuelve a escribir la oración que tenga un error de puntuación.

La basura jadeante

Palabras de ortografía

seria
sería
río
cuídate
reina
sonreír
aceite
país
aire
sabia
sabía
boina
paisaje
reúne
había
mío
después
caída
cuidado
añadió

> ¿Pueden sonreir los animales?
> ¿Sólo habia un continente antes?
> ¿El rio Amazonas es el más grande del mundo?
> ¿Seria conveniente reciclar juguetes?
> ¿Qué sucedió despues de la prehistoria
> ¿El equipo se reune todos los días?

1. _____ 2. _____

3. _____ 4. _____

5. _____ 6. _____

7. _____

Palabras difíciles

olió
arqueólogo
reíamos
transeúnte
destruir

Palabras perdidas Encierra en un círculo las palabras escritas correctamente en cada oración. Escribe la palabra.

8. Juan dibujó un **paisaje paísaje** en su cuaderno.   8. _____

9. El **aceíte aceite** de oliva es muy sano.   9. _____

10. Cuando su hijo se fue, **sabia sabía** que lo iba a extrañar.   10. _____

11. Antes de la **caida caída** galopaba tranquilamente.   11. _____

12. En mi **país pais** hay muchos equipos de fútbol.   12. _____

Actividad en casa Su hijo identificó palabras con diptongo y hiato mal escritas, así como su acentuación. Pida a su hijo que use cada palabra de la lista en una oración.

Nombre _____

La basura jadeante

Pronombres en singular y plural

Lee las oraciones. Luego, lee cada pregunta. Encierra en un círculo la letra de la respuesta correcta.

¡Cuidado con el laboratorio!

(1) El Sr. Doyle _____ dijo a Drake y Nell que tuvieran cuidado. (2) Luego _____ marchó. (3) —¿_____ cree capaces de hacer que el laboratorio explote? (4) —La última vez _____ hiciste. (5) —No _____ acordaba; tienes razón.

1 ¿Qué pronombre completa la oración 1?

   A lo
   B les
   C la
   D ustedes

2 ¿Qué pronombre completa la oración 2?

   A se
   B me
   C les
   D nos

3 ¿Qué pronombre completa la oración 3?

   A Nosotros
   B La
   C Le
   D Nos

4 ¿Qué pronombre completa la oración 4?

   A le
   B lo
   C él
   D ella

5 ¿Qué pronombre completa la oración 5?

   A ella
   B la
   C nos
   D me

Actividad para la casa Su niño o niña se preparó para tomar un examen sobre los pronombres en singular y plural. Pídale que escriba una lista de los pronombres que aprendió. Dígale que le cuente un cuento en el que use todos los pronombres que pueda.

Normas Pronombres en singular y plural

Nombre _____

Encantado

Comparar y contrastar

- **Comparar** y **contrastar** dos o más cosas es mostrar en qué se parecen y en qué se diferencian.
- Algunas palabras clave son *mientras, como, pero, en vez de* y *sin embargo*.
- A veces los escritores no usan palabras clave cuando comparan y contrastan cosas.

Instrucciones Lee el siguiente pasaje.

> Mientras se acerca el crepúsculo, varios animales diferentes entran en acción. Los insectos son los primeros en aparecer. Las polillas se alborotan alrededor de las luces de la calle. Algunas regiones tienen luciérnagas que pueden "encender" sus cuerpos. Los mosquitos, sin embargo, son verdaderos parásitos. Se alimentan de la sangre de los animales y de la de los humanos.
>
> Afortunadamente, los murciélagos cazan de noche. Mientras aletean en el aire, los murciélagos comen mosquitos y otros insectos. Como los murciélagos, los búhos cazan en la oscuridad. Algunos búhos cazan murciélagos. Algunos búhos anidan en graneros y árboles altos. Otros anidan dentro de los cactos o madrigueras en el suelo.

Instrucciones Responde las preguntas y completa el organizador gráfico.

1. ¿En qué se parecen las polillas y las luciérnagas a los mosquitos?

   _____

2. ¿En qué se diferencian los mosquitos de otros insectos voladores? ¿Qué palabra sugiere un contraste?

   _____

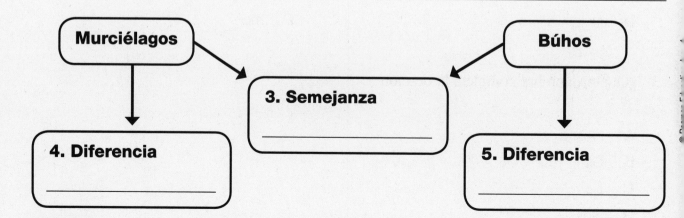

Actividad en casa Su hijo comparó y contrastó detalles de un pasaje breve. Con su hijo, compare y contraste sus animales favoritos.

Encantado

Escritura • Canción

Aspectos principales de una canción
- Tiene palabras que siguen una melodía.
- Está dividida en versos.
- A menudo usa la rima.

Es una urraca azul

(con la melodía de "Puente de Londres")

Alas azules brillando al sol,
azules como el cielo,
así es como lo veo.
Alas azules brillando al sol,
es una urraca azul.

Gritos y llamados desde los tejados,
son muy agresivos.
¡Dañan mis oídos!
Gritos y llamados desde los tejados,
es una urraca azul.

Asusta a los pájaros más pequeñitos
con ojos de zafiro,
"¡El jardín es mío!".
Asusta a los pájaros más pequeñitos,
es una urraca azul.

Alimenta a los polluelos con basura del cielo,
los bebés están temblando
pero mamá está llegando.
Alimenta a los polluelos con basura del cielo,
es una urraca azul.

1. Vuelve a leer la canción. Subraya el estribillo cada vez que lo veas. ¿Dónde aparece?

2. En la canción, busca palabras que rimen y enciérralas en un círculo.

Vocabulario

Instrucciones Escoge la palabra del recuadro que mejor coincida con cada definición. Escribe la palabra sobre la línea.

_____ 1. latidos regulares y medidos

_____ 2. fáciles de doblar

_____ 3. muy deslumbrado, complacido

_____ 4. vistas o miradas cortas y rápidas

_____ 5. área superior de algo

Verifica las palabras que conoces
- acuarios
- delfines
- encantado
- flexibles
- vistazos
- pulsaciones
- superficie

Instrucciones Escoge la palabra del recuadro que mejor complete cada oración. Escribe la palabra sobre la línea que se muestra a la izquierda.

_____ 6. El espectáculo en los _____ presenta delfines y tiburones.

_____ 7. Los _____ son mamíferos que viven en el mar.

_____ 8. Durante el espectáculo, una cría de delfín salta sobre la _____ del agua.

_____ 9. El público está _____ por la magia de los trucos de los delfines.

_____ 10. A través de los cristales del acuario, los visitantes pueden dar _____ a las criaturas que viven bajo el agua.

Escribe un anuncio

Imagina que diriges un acuario y quieres que la gente asista al espectáculo de delfines. En una hoja de papel aparte, escribe un anuncio que persuada a la gente de ir. Usa palabras vívidas para hacer que el espectáculo suene gracioso. Usa tantas palabras del vocabulario como puedas.

Actividad en casa Su hijo identificó y usó palabras del vocabulario de *Encantado: El delfín rosado del Amazonas*. Juntos, escriban su propio cuento que suceda en el océano, un lago o un río. Traten de usar todas las palabras del vocabulario en el cuento.

Nombre _____

Encantado

Pronombres sujeto y objeto

- El pronombre personal es a veces **pronombre sujeto** de la oración.

    Ella fue a Brasil.

    Los pronombres que pueden ser sujeto de la oración son:

    Singular   *yo, tú, él, ella* y *usted*
    Plural   *nosotros, nosotras, ellos, ellas* y *ustedes*

- Otras veces, el pronombre personal es parte del predicado de la oración y se llama **pronombre de complemento** o **pronombre objeto**. Otros pronombres que pueden tener función de objeto son los reflexivos, que se usan cuando el sujeto y el objeto de la acción coinciden.

    La canoa nos gustó mucho. Adela me enseñará a navegar.

    Algunos pronombres que pueden ser objeto en la oración son:

    Singular   *me, te, se, lo, la, le*
    Plural   *nos, se, los, las, les*

Un **pronombre** se escribe en lugar de uno o más sustantivos. El **antecedente,** o referente, es el sustantivo al que se refiere un pronombre. Los pronombres y sus antecedentes deben concordar en género y número. En las siguientes oraciones los antecedentes están subrayados una vez y los pronombres, dos.

Sergio y yo fuimos al acuario y luego él fue a la biblioteca.

El delfín rosado y el manatí corren peligro y los tenemos que proteger.

Instrucciones Escribe el pronombre sujeto y/o el pronombre objeto de cada oración.

1. Nosotros estamos estudiando las selvas tropicales. _____
2. Yo quisiera conocer mejor estos ecosistemas. _____
3. Sara y tú nos muestran la maqueta de una selva. _____
4. Mañana Jaime y ella nos hablarán de los delfines. _____
5. La Sra. López nos explicó la importancia de las selvas. _____
6. Sra. López, ¿me puede decir dónde está el Amazonas? _____
7. Yo me lavo las manos en el río. _____

Actividad para la casa Su niño o niña estudió los pronombres sujeto y objeto. Pídale que demuestre que comprende la diferencia entre pronombres sujeto y objeto usando los pronombres *yo, me, nosotros* y *nos* en varias oraciones.

Normas Pronombres sujeto y objeto **261**

Nombre _____

Encantado

Acentuación de verbos conjugados

Palabras de ortografía

dormirás	miraré	pasábamos	dábamos	pasó
caminaré	verás	comí	saltaría	íbamos
saldríamos	comerían	volverán	nadaría	cultivaría
visitarás	estarán	podrás	trabajó	fuéramos

Grupos de palabras Escribe la palabra de la lista que mejor complete cada grupo.

1. veré, observaré, _____
2. ofrecíamos, donábamos, _____
3. sumergiría, flotaría, _____
4. mastiqué, mordí, _____
5. descansarás, reposarás, _____
6. mirarás, observarás, _____
7. retornarán, regresarán, _____
8. existirán, permanecerán, _____
9. andaré, pasearé, _____
10. rebotaría, brincaría, _____

1. _____
2. _____
3. _____
4. _____
5. _____
6. _____
7. _____
8. _____
9. _____
10. _____

Palabras perdidas Escribe una palabra de la lista de la caja para completar cada oración.

11. El empleado _____ todo el día en la empresa.
12. Mi hermano va al cine y nos pidió que _____ con él.
13. En las vacaciones, todos los días _____ al centro comercial.
14. Antes no regresábamos a casa si no _____ antes por la casa de la abuela.
15. ¿Me _____ cuando me vaya a vivir a Francia?
16. Si no supiera que las rosas perfumarán mi jardín, no las _____.
17. ¡Todavía no puedo creer cómo _____ el tiempo!
18. ¿Sabes si _____ ayudarme con las tareas?
19. ¿Ustedes _____ estos chocolates?
20. Si no fuera invierno e hiciera mucho frío, esta noche _____ todos.

11. _____
12. _____
13. _____
14. _____
15. _____
16. _____
17. _____
18. _____
19. _____
20. _____

Actividad en casa Su hijo escribió verbos conjugado que llevan acento. Diga algunos verbos de la lista y pida a su hijo que los escriba.

262 Ortografía Acentuación de verbos conjugados

Nombre _____

Encantado

Escritura 263

Nombre _____

Encantado

Vocabulario • Palabras de varios significados

- Las **palabras de varios significados** son palabras con la misma ortografía pero significados diferentes.
- Si lees una palabra que reconoces, pero se usa de una forma desconocida, busca pistas sobre su significado en las palabras que están alrededor. Luego usa un diccionario como ayuda para entender su significado.

Instrucciones Lee el siguiente pasaje. Luego responde las preguntas de abajo.

> Ken quedó encantado con su visita a este lugar fascinante, el bosque tropical. Justo debajo de la superficie del agua, vio peces totalmente distintos a cualquier otro de los de su acuario en casa. Los árboles eran tan grandes que sus ramas alcanzaban el agua, como brazos flexibles que se doblaban hacia su bote. Se sorprendió cuando dio rápidos vistazos a los delfines que nadaban río abajo. A lo lejos se veía el pico de una montaña. Ken sabía que no tendría tiempo suficiente para absorber todo lo que vio. Sabía que regresaría para aprender más sobre este sorprendente mundo tan diferente de donde él vive.

1. Después de buscar *encantado* en un diccionario, ¿qué palabras de la oración reconoces como pistas?

_____

2. Bote puede significar "embarcación" o "recipiente". ¿Cómo se usa en este pasaje? ¿Cómo lo sabes?

_____

3. Pico puede significar "cima" o "boca de las aves". ¿Cómo se usa aquí? ¿Cómo lo sabes?

_____

4. *Brazos* son "corrientes que fluyen de un río principal" o "miembros del cuerpo". ¿Qué significado se usa aquí? ¿Cómo lo sabes?

_____

5. *Absorber* puede significar "llenarse de agua" o "aprender". ¿Cómo se usa en este pasaje? ¿Cómo lo sabes?

_____

Actividad en casa Su hijo identificó palabras que se escriben igual, pero tienen diferentes significados en un pasaje. Comente los diversos significados de las palabras que nombran varios objetos comunes en la casa. Anime a su hijo a hallar diez cosas de la casa cuyos nombres tengan más de un significado. Pídale que use un diccionario para buscar los significados.

Nombre _____

Encantado

Cartel/Anuncio

- Un **cartel** es un **anuncio** para un evento. Los carteles tienen un tamaño grande. Generalmente usan color y letras grandes para llamar la atención.
- Los carteles responden estas preguntas sobre un evento: ¿Quién? ¿Qué? ¿Cuándo? ¿Dónde? ¿Cómo? ¿Por qué?

Instrucciones Lee este cartel. Luego, completa el cuadro contando cómo el cartel responde las preguntas.

> **Conozca a los mejores entrenadores de los Estados Unidos.**
>
> *Espectáculo de delfines completamente nuevo*
>
> Acuario de la ciudad de Springfield
> **Sábado 8 de marzo**
> 11:00 A.M.
> Sólo $1 por persona
>
> La recaudación será a beneficio de la Cruz Roja.

¿Quién?	los mejores entrenadores de los Estados Unidos
¿Qué?	1.
¿Cuándo?	2.
¿Dónde?	3.
¿Por qué?	4.

5. En una hoja grande, haz un cartel colorido para un evento de tu escuela. Elige la información más importante. Asegúrate de que tu cartel diga quién, qué, cuándo, por qué, cómo y dónde.

Destrezas de investigación y estudio

Nombre _____

Encantado

Instrucciones Lee este anuncio. Luego responde las preguntas de abajo.

> ## ¡AYUDA A SALVAR LA SELVA!
>
> Ven a oír a
> ## Manuel Ortega,
> biólogo costarricense
>
> "Lo que pueden hacer los niños para salvar la selva"
>
> No te pierdas esta presentación multimedia para niños de 8 a 11 años. Disfruta de las actividades, los animales y los aperitivos selváticos. Ven con tus preguntas.
>
> **12 DE ENERO, 5 P.M.**
> Biblioteca pública Santa Fe
> S. Río Grande Way, 2100

6. ¿Cuál es el propósito de este anuncio?

_____

7. ¿Cuál es el evento? ¿Quién participará?

_____

_____

8. ¿Cuándo y dónde es el evento?

_____

_____

9. ¿Por qué crees que organizaron este evento?

_____

10. ¿A qué le da importancia el anuncio? ¿Cómo?

_____

_____

Actividad en casa Su hijo aprendió sobre los anuncios. Junto con su hijo, piense en una actividad escolar o comunitaria cercana. Trabaje con su hijo para escribir un anuncio para pegar. Asegúrese de que su hijo incluya las respuestas a estas preguntas: ¿Quién? ¿Qué? ¿Cuándo? ¿Por qué? ¿Cómo? ¿Dónde?

Acentuación de verbos conjugados

Corrige un cuento Melisa está escribiendo un cuento. Corrige el primer párrafo. Encierra en un círculo seis palabras con errores de ortografía y escríbelas correctamente. Encuentra la oración que debe llevar punto seguido y escríbela correctamente.

Un día de playa

Estoy de vacaciones y hoy es un día muy soleado me levanté temprano y en el desayuno tomé un rico jugo de naranjas frescas y comi galletas deliciosas. Como ayer papá trabajo todo el día, iremos a la playa sólo mamá y yo. ¡Cómo me gusta el mar! Si supiera, nadaria hasta lo más profundo, pero por lo pronto camináre por la orilla y buscaré a mis primas, que seguramente estaran jugando alegremente. Nos encontramos en el lugar de siempre; saltamos y corrimos todo el día; comimos helado y armamos un gran castillo en la arena. Ya es el atardecer, regreso a la casa muy cansada pero feliz porque mañana mis primas volveran a buscarme para compartir otro día de playa.

Palabras de ortografía
- dormirás
- caminaré
- saldríamos
- visitarás
- miraré
- verás
- comerían
- estarán
- pasábamos
- comí
- volverán
- podrás
- dábamos
- saltaría
- nadaría
- trabajó
- pasó
- íbamos
- cultivaría
- fuéramos

Palabras difíciles
- traído
- ahórrate
- construiré
- oíste
- supiéramos

1. _____
2. _____
3. _____
4. _____
5. _____
6. _____
7. _____

Palabras correctas Rellena el círculo que está al lado de la palabra escrita correctamente. Escribe la palabra.

8. ○ dabamos   ○ dábamos   ○ dabámos   8. _____
9. ○ íbamos   ○ ibamos   ○ ibámos   9. _____
10. ○ saldríamos ○ saldriámos ○ saldriamós 10. _____
11. ○ comi   ○ cómi   ○ comí   11. _____
12. ○ cultivaria ○ cultivaría ○ cultívaria 12. _____

Actividad en casa Su hijo identificó verbos conjugados con errores de acentuación. Pida a su hijo que use cada palabra de la lista en una oración.

Nombre _____

Encantado

Pronombres sujeto y objeto

Lee las oraciones. Luego, lee cada pregunta. Encierra en un círculo la letra de la respuesta correcta.

(1) —¿_____ fijaste en esa araña? (2) Sí, hace un rato que _____ estoy mirando. (3) —_____ pregunto de qué especie será. (4) —¿_____ trajiste un frasco con tapa? (5) —Déjala, no _____ molestes.

1. ¿Qué pronombre personal completa la oración 1?
   - A Tú
   - B Lo
   - C Nos
   - D Te

2. ¿Qué pronombre personal completa la oración 2?
   - A me
   - B lo
   - C la
   - D nos

3. ¿Qué pronombre personal completa la oración 3?
   - A Tú
   - B Ella
   - C Se
   - D Me

4. ¿Qué pronombre personal completa la oración 4?
   - A Nosotros
   - B Lo
   - C Ustedes
   - D Tú

5. ¿Qué pronombre personal completa la oración 5?
   - A la
   - B ellos
   - C nosotros
   - D tú

Actividad para la casa Su niño o niña se preparó para tomar un examen de pronombres sujeto y objeto y a reconocer sus antecedentes. Vaya diciendo pronombres y pídale que los use para formar oraciones.

Nombre _____

Habladores de código

Secuencia

- **Secuencia** es el orden en que los hechos ocurren en un cuento o un artículo.
- Las palabras clave *primero, después, luego* y *finalmente* narran el orden de los hechos cuando la secuencia es explícita.
- Si la secuencia es implícita, no aparecen palabras clave. Tienes que resolver cómo se relacionan las ideas entre sí sin las palabras clave.
- Las palabras clave *mientras, mientras tanto* y *durante* te dicen que los hechos están ocurriendo al mismo tiempo.

Instrucciones Lee el texto. Luego escribe las letras correctas sobre las líneas que muestran la secuencia de los hechos.

Durante la Segunda Guerra Mundial, los militares alemanes usaron una máquina especial, el *Enigma*, para enviar y recibir mensajes cifrados. El *Enigma* fue tan eficaz que, recién en 1941, polacos, franceses y británicos, trabajando juntos, pudieron descifrar el código que tenía.

Ya que temía una invasión de sus vecinos, Polonia fue el primer país que empezó a intentar decodificar el *Enigma*.

Los franceses y británicos se unieron a esta tarea más tarde.

Cuando Alemania decidió invadir Polonia, en 1939, la mayoría de los criptólogos polacos (personas que estudian los códigos secretos) viajó a Francia a continuar su trabajo. Más tarde, cuando Alemania invadió Francia, algunas de esas mismas personas se fueron a Park Bletchley, una escuela secreta en Inglaterra para la gente especializada en descifrar códigos.

1. Primer hecho _____   a. Las tropas alemanas invadieron Francia.

2. Segundo hecho _____   b. Alemania comenzó a usar el *Enigma* para enviar mensajes.

3. Tercer hecho _____   c. Francia, Polonia y Gran Bretaña descifraron el código del *Enigma*.

4. Cuarto hecho _____   d. Las tropas alemanas invadieron Polonia.

5. Quinto hecho _____   e. Los polacos intentaron decodificar el *Enigma*.

Actividad para el hogar Su hijo leyó un texto corto e identificó la secuencia de los hechos. Hable con su hijo sobre lo que ambos hicieron hoy. Luego, hagan una lista corta, al azar, de esos hechos. Túrnense para recordar la secuencia correcta de los hechos.

Comprensión

Nombre _____

Habladores de código

Escritura • Instrucciones

Aspectos principales de las instrucciones
- Explican cada paso de un proceso.
- Utilizan palabras que indican secuencia como *primero, luego, por último*.
- A menudo están escritas en forma de lista.

El código del nombre

El año pasado, mis amigos y yo inventamos un código. Es genial para enviar los mensajes cortos que no queremos que nadie más lea. Lo llamamos El código del nombre. Así es cómo puedes crear tu propio Código del nombre:

1. Primero, haz una lista de nombres que empiecen con cada letra del abecedario. Por ejemplo, puedes usar Ana para la A, Belén para la B, Carlos para la C, Darío para la D, y así sucesivamente. Entrégales una copia de la lista a tus amigos para que ellos también usen el código para mandar mensajes.

2. Para escribir un mensaje con el Código del nombre, escribe un nombre de tu lista para cada letra del mensaje. Por ejemplo, imagina que quieres decir "Nos vemos en el parque". Puedes usar "Norma Oscar Sabrina" para las letras N-O-S en "Nos".

3. Después, entrégale el mensaje a un amigo y asegúrate de que sepa cómo descifrarlo. No hace falta que vuelvas a la lista de nombres para entender el mensaje. Simplemente encierra en un círculo la primera letra de cada palabra y luego lee esas letras.

Intenta inventar tu propio Código del nombre, o fíjate si puedes inventar algo parecido, como un Código animal. ¡Seguramente tú y tus amigos se asombrarán y se divertirán mucho comunicándose con mensajes secretos!

1. Vuelve a leer la selección. Encierra en un círculo las palabras que indiquen una secuencia.

2. ¿Qué otra clave te dice que la selección es un conjunto de instrucciones?

_____

_____

Nombre _____

Habladores de código

Vocabulario

Instrucciones Escoge la palabra del recuadro que mejor coincida con cada definición. Escribe la palabra sobre la línea.

_____ 1. cansadoras, fatigosas

_____ 2. que tiene fuerza, intensidad

_____ 3. descubrieron, hicieron conocer

_____ 4. creado, inventado, progresado

_____ 5. que arroja bombas

Verifica las palabras que conoces
- intenso
- desarrollado
- agotadoras
- reclutadores
- imposible
- bombardero
- mensajes
- revelaron

Instrucciones Escoge la palabra del recuadro que mejor complete cada oración. Escribe la palabra sobre la línea.

_____ 6. Los _____ les dijeron qué necesitaban para alistarse en el ejército.

_____ 7. Los _____ contenían información que era importante para las tropas.

_____ 8. Era algo que parecía _____; pero ahora la gente viaja a la velocidad del sonido.

Escribir un mensaje secreto

En una hoja de papel aparte, escribe un mensaje secreto a un amigo. Reemplaza palabras importantes, como colores, animales y comidas. Incluye una clave atrás de la hoja para recordarte qué palabras reemplazaste. Usa tantas palabras del vocabulario como puedas.

Actividad para el hogar Su hijo identificó y usó palabras del vocabulario del cuento *Los habladores de código navajos*. Con su hijo, escriba un mensaje que necesiten llevar a las tropas en la batalla. Comente cómo idear palabras de un código para la gente, lugares y sucesos en el mensaje.

Vocabulario 271

Nombre _____

Habladores de código

Pronombres reflexivos y demostrativos

> Los **pronombres reflexivos** indican que quien realiza la acción del verbo (sujeto) es el mismo que el que la recibe (objeto).
>
> Los pronombres reflexivos son:
>
> **Singular**   *me, te* y *se*
>
> **Plural**   *nos* y *se*
>
> Yo <u>me</u> miro en el espejo.
>
> María <u>se</u> viste para la fiesta.
>
> Los **pronombres demostrativos** son los que sirven para señalar o mostrar la persona, animal o cosa nombrados por el sustantivo al que sustituyen.
>
> Los pronombres demostrativos son:
>
> **Singular**   *éste, ésta, esto, ése, ésa, eso, aquél, aquélla* y *aquello*
>
> **Plural**   *éstos, éstas, ésos, ésas, aquéllos* y *aquéllas*
>
> El carro es azul.   <u>Éste</u> (carro) es azul.

Instrucciones Escribe el pronombre reflexivo entre ( ) que completa cada oración.

1. Johnston y Jones (nos, se) prepararon a conciencia. _____

2. Ellos (me, se) comprometieron a crear un código. _____

3. Nosotros los navajos (nos, se) enrolábamos sin saber que seríamos habladores de código. _____

4. (Me, Se) corté el pelo al entrar en la Infantería de Marina. _____

Instrucciones Escribe el pronombre demostrativo entre ( ) que completa cada oración.

5. No usaremos aquel código. Usaremos (éste, éstas). _____

6. En vez de ir al fuerte Wingate, iremos a (ésta, aquél). _____

7. Este código es sencillo. (Éstos, Aquél) es indescifrable. _____

Actividad para la casa Su niño o niña estudió los pronombres reflexivos y demostrativos. Pídale que compare objetos que vea más cerca con otros que están más lejos usando pronombres demostrativos, por ejemplo: *Veo dos sillas; ésta está en la cocina* (cerca) *y aquélla está en el comedor* (más lejos).

Nombre _____

Habladores de código

Acento diacrítico

Palabras de ortografía				
sé	se	sólo	de	tu
dé	él	aún	si	mi
más	tú	sí	ése	ó
té	mí	solo	te	el

Sinónimos Escribe las palabras de la lista que tengan el mismo significado o casi el mismo significado que las palabras subrayadas.

1. Ya es verano pero <u>todavía</u> no hace calor. 1. _____
2. Es necesario que yo le <u>entregue</u> esta carta hoy. 2. _____
3. El soldado dijo: ¡<u>afirmativo</u>, mi general! 3. _____
4. Lucas se compró una camisa. Ahora esa camisa es de <u>Lucas</u>. 4. _____
5. La abuela preparaba una <u>bebida caliente</u> antes de dormir. 5. _____
6. Hoy quiero ir al teatro <u>únicamente</u> contigo. 6. _____
7. <u>Conozco</u> mucho sobre animales. 7. _____
8. Compré helado para <u>comerlo yo</u>. 8. _____
9. Mi cuaderno es <u>el que</u> está ahí. 9. _____
10. <u>En el caso de que</u> pudiera, lo haría. 10. _____

Antónimos Escribe una palabra de la lista de la caja que signifique lo opuesto o casi lo opuesto.

11. la 11. _____
12. menos 12. _____
13. y 13. _____
14. acompañado 14. _____

Actividad para el hogar. Su hijo escribió palabras con acento diacrítico. Juntos, escriban oraciones con cada uno de estos pares: *sí*, *si*, y *tu*, *tú*.

Nombre _____

Habladores de código

Proceso _____

- Paso 1
- Paso 2
- Paso 3
- Paso 4
- Paso 5

Nombre _____

Habladores de código

Vocabulario • Palabras desconocidas

- Los **diccionarios** y los **glosarios** proveen listas alfabéticas de palabras y sus significados. Un diccionario es un libro, pero un glosario es parte de otro libro.
- A veces usar las claves del contexto no te ayudará a entender el significado de una palabra desconocida. Cuando esto pase, puedes usar un diccionario o glosario para hallar el significado de la palabra.

Instrucciones Lee el siguiente pasaje. Busca las claves del contexto mientras lees para ayudarte a definir cada palabra de la tabla. Usa un diccionario o glosario si es necesario. Completa la tabla de abajo con definiciones usando tus propias palabras.

Las mascotas de la casa de los Johnson no se llevaban bien. Como es usual, eran los gatos contra los perros. ¡Los gatos habían llegado demasiado lejos esta vez! Decidieron que la nueva comida de perros, "Gravy Boat", sabía mejor que su comida, "FrouFrou Feast". Debido a que los gatos caminaban tan silenciosamente, era imposible para los perros oír a los gatos entrar a hurtadillas en la cocina y robar la comida para perros. Los perros necesitaban un modo de darse ventaja y saber cuándo los gatos estaban a punto de agarrar su preciado alimento.

Dixon, el dálmata, desarrolló un código secreto que aprendieron todos los perros para enviarse mensajes. Si ninguno de los gatos estaba arriba, un perro menearía su cola y golpearía contra la pared tres veces. Si un perro veía un gato dirigirse a la cocina, arañaría con intensa energía. Si veían a los gatos comer la comida para perros, otro perro revelaría este hecho a la gente de la casa y correría de un lado para otro a un ritmo agotador. ¡Este sistema de mensajes funcionó tan bien que derrotaron a los gatos! Los gatos decidieron que "FrouFrou Feast" no era tan malo después de todo.

Palabra	Definición
mensajes	1.
ventaja	2.
intensa	3.
revelar	4.
agotador	5.

Actividad para el hogar Su hijo aprendió a entender palabras desconocidas después de buscarlas en un diccionario o glosario. Trabaje con su hijo para identificar palabras desconocidas en un cuento. Pídale que las busque en un diccionario y vea qué significado se adapta mejor a la oración.

Vocabulario 275

Nombre _____

Habladores de código

Seguir y aclarar instrucciones

- Las **instrucciones** te dicen cómo llegar a un lugar o cómo hacer algo.
- Haz lo que dice el primer paso antes de continuar con el paso siguiente.
- Trata de visualizar el resultado final de las instrucciones para ver a dónde te diriges.

Instrucciones Sigue las instrucciones para decodificar el mensaje que Joanie le dio a Mary. Luego responde las preguntas de abajo.

1. Busca las palabras que no entiendes.
2. Toma notas cuando sea necesario.
3. Estudia el decodificador para ver qué significan las palabras inusuales.
4. Usa la información para hallar el camino a la fiesta de tu amigo.

Cuando salgas de tu ksa dbl a la izqd y cmn ⟶ la esq. Dbl a la drch y ve 3 cdrs hasta la calle Carpintero. Dbl a la drch en Carpintero y cmn hasta Washington. Mi ksa está en la esq de Carpintero y Washington, ntr una gran ksa amarilla y un supermercado. La fiesta comienza a las 2pm. No puedo esperar ⟶ vt.

Decodificador
dbl = dobla   izqd = izquierda   ⟶ = hacia/para   ksa = casa   esq = esquina
drch = derecha   cdrs = cuadras   cmn = camina   ntr = entre   vt = verte

1. ¿Qué debería hacer Mary cuando salga de su casa? ¿Qué parte del mensaje le dice esto?

_____

_____

2. ¿Qué dirección debería tomar cuando llegue a la esquina? ¿Qué código usa Joanie para la palabra derecha?

_____

3. ¿Cuántas cuadras debería caminar para llegar a la calle Carpintero?

_____

4. ¿Qué edificios usará Mary para hallar la casa de Joanie?

_____

_____

Destrezas de investigación y estudio

Nombre _____

Habladores de código

Instrucciones Lee estas instrucciones. Luego responde las preguntas de abajo.

> Puede que hayas visto castillos de arena en la playa o mirado los resultados de un concurso de construcción de castillos de arena en vivo o por televisión. Aquí está la mejor manera de construir tu propio castillo de arena.
>
> 1. Escoge arena que esté lo suficientemente húmeda para que se pegue. La mejor es arena fina de grano plano. A menudo, esta arena se halla cerca de la línea de marea alta.
> 2. Comienza a hacer una pila de arena de aproximadamente 1 pie hasta 1½ de alto. Su altura y anchura dependerán de cómo quieras que luzca tu castillo. Trabaja desde arriba hacia abajo para mejores resultados.
> 3. Compacta la pila de arena y haz una cima suave y plana.
> 4. Usa el borde de una pala o regla para tallar la torre y las paredes del castillo. También puedes usar cubos, palas, latas, cucharas y demás.
> 5. Moldea la pila de arriba a abajo, formando una escalera. Sé creativo, forma torres y paredes.
> 6. Recuerda que los castillos de arena tienen una vida muy corta. No pases mucho tiempo en tratar de hacer una sola ventana perfecta en la torre. En vez de eso, diviértete y recuerda que podrás intentar hacerlo diferente la próxima vez.

1. ¿Cuál es el propósito de estas instrucciones?
_____

2. ¿Qué altura debería tener la pila de arena?
_____

3. ¿Deberías trabajar desde la base hacia arriba o de la cima hacia abajo?
_____

4. Nombra algunas herramientas que podrías usar en la construcción de tu castillo de arena.
_____

5. ¿Por qué no deberías preocuparte tanto por tu primer intento en construir un castillo de arena?
_____
_____

Actividad para la casa Su hijo aprendió a seguir instrucciones. Con su hijo, lea las instrucciones para un juego de cartas o tablero. Traten de seguirlas paso a paso. Ayude a su hijo a aclarar cada paso en las instrucciones.

Destrezas de investigación y estudio 277

Nombre _____

Habladores de código

Acento diacrítico

Corrige un cartel Encierra en un círculo seis palabras con errores de ortografía y una palabra que tenga un error de uso de mayúsculas. Escribe las palabras correctamente sobre las líneas.

> ¡El viernes 11 de abril es el día!
> Inauguramos una pista para que tu vengas a bailar y a disfrutar dé buena música.
> ¡No té lo pierdas! Aun puedes hacer las reservaciones. Se que no vendrás sólo, ¡Invita a todos tus amigos!
> La dirección es Santiago de compostela 2215.
> ¡Te esperamos!

Palabras de ortografía

sé
dé
más
té
se
él
tú
mí
sólo
aún
sí
solo
de
si
ése
te
tu
mi
ó
el

1. _____
2. _____
3. _____
4. _____
5. _____
6. _____
7. _____

Palabras difíciles

ésta
aquél
ésos
aun
esto

Palabras correctas Encierra en un círculo la palabra con error de cada oración. Escribe la forma correcta de la palabra en la línea.

8. Si quieres que te de un abrazo, debes venir deprisa.
9. No me pidas mas caramelos, que no te hacen bien.
10. Cuando vengas a tomar el te a casa, te lo daré.
11. El carro no sé mojará.
12. Cuéntame lo que a el le gustaría.
13. Sabes que eso no depende de mi.
14. Si me das solo un minuto, te cuento.

8. _____
9. _____
10. _____
11. _____
12. _____
13. _____
14. _____

Actividad para la casa Su hijo identificó palabras con acento diacrítico mal escritas. Pida a su hijo que use cada palabra de la lista en una oración.

Nombre _____

Habladores de código

Pronombres reflexivos y demostrativos

Lee las oraciones. Luego, lee cada pregunta. Encierra en un círculo la letra de la respuesta correcta.

Al servicio del país

(1) Yo _____ visto de militar. (2) Ustedes _____ preparan para ir a Camp Eliott. (3) Tú _____ enrolaste a ti mismo en el ejército. (4) Ese mensaje de ahí es más corto que _____. (5) Elías no usa este código sino _____.

1 ¿Qué pronombre reflexivo completa la oración 1?

- **A** nos
- **B** mí
- **C** se
- **D** me

2 ¿Qué pronombre reflexivo completa la oración 2?

- **A** me
- **B** te
- **C** nos
- **D** se

3 ¿Qué pronombre reflexivo completa la oración 3?

- **A** me
- **B** se
- **C** te
- **D** nos

4 ¿Qué pronombre demostrativo completa la oración 4?

- **A** ésta
- **B** éste
- **C** aquéllas
- **D** éstas

5 ¿Qué pronombre demostrativo completa la oración 5?

- **A** aquél
- **B** aquéllas
- **C** aquélla
- **D** éstas

Actividad para la casa Su niño o niña se preparó para tomar un examen de pronombres reflexivos y demostrativos. Dígale que se fije en los pronombres reflexivos que use al contarle las cosas que hace por la mañana (por ejemplo: *me lavo, me visto, me peino,* etc.).

Normas Pronombres reflexivos y demostrativos

Nombre _____

Buscador

Fuentes gráficas

- Una **fuente gráfica**, como un dibujo, un mapa, una línea cronológica o una tabla, organiza la información y la hace fácil de ver.

Instrucciones Estudia el mapa y la leyenda de abajo. Responde las preguntas que siguen.

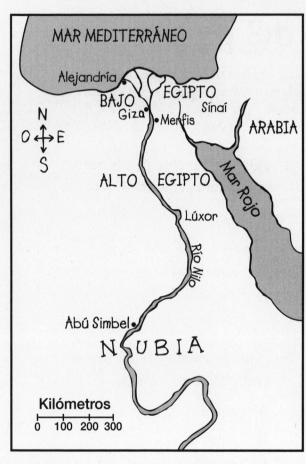

1. ¿Qué muestra este mapa?
   _____
   _____

2. ¿Dónde se ubica Alejandría?
   _____
   _____
   _____
   _____

3. ¿Cuán cerca del río Nilo estaban las ciudades del antiguo Egipto?
   _____
   _____

4. ¿Cuán lejos está Alejandría de Giza, el hogar de las pirámides?
   _____
   _____
   _____

5. ¿Cómo te ayuda este mapa a entender mejor el antiguo Egipto?
   _____
   _____
   _____
   _____

Actividad para la casa Su hijo usó información de un mapa para responder preguntas. Mire el mapa con su hijo. Hablen sobre la información que pueden aprender del mapa, como ubicaciones clave y distancias entre los lugares que se muestran.

Nombre _____

Buscador

Escritura • Ensayo de solución de problemas

Aspectos principales de un ensayo de solución de problemas
- Establece claramente el problema.
- Incluye opiniones apoyadas por hechos y detalles.
- Presenta soluciones apoyadas por hechos y detalles.

¡Limpiemos las aceras!

Todas las mañanas, cinco niños del vecindario vamos caminando a la escuela Central. La mayoría de los días, nos encanta la caminata. Pero en invierno, después de nevar, caminar hasta la escuela se convierte en una obligación tediosa. Lo peor es cuando la gente saca la nieve del camino de entrada a sus casas y la deja en las aceras. ¡Caminar con dificultad por la nieve profunda e intentar subir y bajar los montículos que se forman es una tarea muy difícil! Incluso si usamos botas y pantalones especiales, aun así llegamos a la escuela con las medias mojadas. Y caminar por la calle no es una buena solución porque es peligroso y va en contra de la ley.

Hay una solución simple para este problema. Si todas las familias del vecindario sacaran la nieve a paladas de las aceras de sus casas, el camino a la escuela sería más lindo, limpio y seguro. No toma mucho trabajo palear unos metros de acera, y si todos cumplen con su parte, quedará toda limpia en muy poco tiempo. Entendemos que a algunas personas les cuesta hacer un esfuerzo físico como el que implica palear. Quizás el resto de los vecinos puedan ayudar a esta gente. A los niños también nos encanta dar una mano, a veces.

Amigos y vecinos, por favor acompáñennos para lograr que el camino a la escuela sea más seguro y más cómodo en invierno. ¡Empecemos a palear!

1. Vuelve a leer la selección. Subraya la oración que presenta el problema.
2. Anota dos hechos que apoyen la opinión del autor sobre el problema.

_____

_____

3. Encierra en un círculo la oración que señala la solución del problema.

Nombre _____

Buscador

Vocabulario

Instrucciones Escoge la palabra del recuadro que mejor coincida con cada definición. Escribe la palabra sobre la línea.

_____ 1. algo que une o conecta

_____ 2. victoria, éxito

_____ 3. hacer conocer; revelar

_____ 4. de hace mucho tiempo en el pasado

_____ 5. gente que tiene mucho conocimiento

Verifica las palabras que conoces

- antiguas
- vínculo
- eruditos
- templo
- traducir
- triunfo
- destapar
- sagrado

Instrucciones Escoge la palabra del recuadro que mejor complete cada oración. Escribe la palabra sobre la línea.

Siempre en una búsqueda, el caballero formó parte de un grupo de 6. _____ en historia de la antigüedad. Después de muchos años, encontró el objeto de su búsqueda en un 7. _____ sagrado. Después de su descubrimiento, su siguiente tarea fue 8. _____ el escrito inscripto en él. El escrito estaba en una 9. _____ lengua que se usó miles de años atrás. El descubrimiento del caballero se celebró en todo el reino como un 10. _____.

Escribir un informe de noticias

En una hoja de papel aparte, escribe un informe de noticias que anuncie el descubrimiento de un nuevo idioma. Necesitarás investigar cómo, cuándo y dónde se hizo el descubrimiento y quién fue el descubridor. Usa tantas palabras del vocabulario como sea posible.

Actividad para la casa Su hijo identificó y usó palabras del vocabulario de *Buscador de conocimiento: El hombre que descifró los jeroglíficos egipcios*. Pida a su hijo que cree un cuento sobre hallar un tesoro secreto. Pida a su hijo que use el vocabulario de la lección en el cuento.

282 Vocabulario

Nombre _____

Buscador

Pronombres posesivos

> Los **pronombres posesivos** indican a quién o a qué pertenece algo.
>
> Los pronombres posesivos son: *mío, míos, mía, mías, tuyo, tuyos, tuya, tuyas, suyo, suyos, suya, suyas, nuestro, nuestros, nuestra* y *nuestras*.
>
> Los pronombres posesivos concuerdan en género y número con los sustantivos a los que sustituyen.
>
> Estas notas son las <u>mías</u>. Las <u>tuyas</u> están en la otra mesa.

Instrucciones Encierra en un círculo el pronombre posesivo de cada oración.

1. El alfabeto egipcio era muy distinto del nuestro.
2. El suyo contenía algunos símbolos de animales.
3. Este pictograma lo dibujé yo; aquél es el tuyo.
4. Champollion estudió los hallazgos de otros y luego hizo los suyos.

Instrucciones Escribe el pronombre posesivo entre ( ) que completa correctamente cada oración.

5. La clase de Ana estudia el Imperio romano; la (nuestro, nuestra) estudia la civilización egipcia. _____

6. Este modelo de la piedra de Rosetta es bueno, pero el (tuyo, suya) es mejor. _____

7. Si me enseñas el jeroglífico que hiciste, yo te enseño el (mío, tuyo). _____

8. Yo entiendo mi jeroglífico, pero no consigo descifrar el (mío, tuyo). _____

Actividad para la casa Su niño o niña estudió los pronombres posesivos. Pídale que hable de amigos o familiares y de sus pertenencias, y que se fije en los pronombres posesivos que usa al describirlos.

Normas Pronombres posesivos

Nombre _____

Buscador

Acentuación de adverbios interrogativos y exclamativos

Palabras de ortografía				
cual	como	cuando	adonde	quien
cuál	cómo	cuándo	adónde	quién
donde	que	porque	cuantos	cuánto
dónde	qué	por qué	cuántos	cuántas

Palabras que faltan Escribe una palabra de la lista que pueda completar la oración.

1. Estaré en la esquina _____ nos conocimos.
2. Me siento liviana _____ una pluma.
3. _____ tengas el libro, me lo prestas.
4. Prueba los postres. Hay _____ tú quieras.
5. Siempre iré _____ tú vayas.
6. Hoy no puedo _____ tengo que estudiar.
7. No sé _____ volveremos a vernos…
8. Los _____ tenían frío entraron al salón.
9. Los niños revoloteaban _____ mariposas.
10. Invitaré a _____ tú quieras.

1. _____
2. _____
3. _____
4. _____
5. _____
6. _____
7. _____
8. _____
9. _____
10. _____

Preguntas y respuestas Imagina que cada oración es una respuesta. Escribe una palabra de la lista del recuadro que sea la pregunta que responde cada oración.

11. Mi nombre es Manuel.
12. Yo podré ir.
13. Hay muchos estudiantes en el patio.
14. Iremos todos a la plaza.
15. Lo haremos así porque juntos es más fácil.
16. Debo decírtelo muchas veces.
17. Fue poco el tiempo que esperé en el consultorio.
18. Pude llegar porque le pregunté al oficial.
19. Están en el cajón de la mesa.
20. Es un libro que me prestaron.

11. _____
12. _____
13. _____
14. _____
15. _____
16. _____
17. _____
18. _____
19. _____
20. _____

Actividad para la casa Su hijo escribió adverbios interrogativos y exclamativos acentuados y adverbios relativos sin acentuar. Diga oraciones con palabras de la lista y pídale que le diga si el adverbio de la oración lleva acento o no.

Nombre _____

Buscador

Problema

Solución

Escritura Plan **285**

Nombre _____

Buscador

Vocabulario • Raíces griegas y latinas

- Cuando veas una palabra desconocida, puedes usar lo que sabes sobre **raíces griegas y latinas** como ayuda para entender el significado de la palabra.
- La palabra latina *ante* significa "antes", como en la palabra *antecámara*. La palabra *escolarizado* viene de la palabra latina *escolare*, que significa "de una escuela". La palabra *celebridad* viene de la palabra latina *celebrare*, que significa "honrar".

Instrucciones Lee el siguiente pasaje. Busca las raíces latinas mientras lees. Luego responde las preguntas de abajo. Usa un diccionario como ayuda.

Desde los tiempos antiguos, descifrar el código de un enemigo ha sido muy importante. Durante la Segunda Guerra Mundial, los descifradores del código de los aliados trabajaron muy duro para descubrir los secretos que se hallaban en los códigos alemanes. Desde 1939 hasta 1945, estos eruditos usaron su conocimiento de matemáticas y tecnología para descifrar los códigos de las comunicaciones alemanas. Si los descifradores de códigos podían traducir un mensaje, podrían atrapar a los espías y podrían salvar vidas. ¡Descifrar un código era un triunfo para celebrar!

1. ¿En qué se parece el significado de *antiguo* al significado de la palabra latina *ante*?

   _____

   _____

2. *Traducir* viene de la palabra latina *traducere*, que significa "llevar a través o transferir". ¿En qué se relaciona el significado de *traducir* con el significado de *traducere*?

   _____

   _____

3. ¿Qué palabra de arriba viene de la palabra latina *triumphus*, que significa "victoria"?

   _____

4. ¿De qué manera conocer el significado de la palabra latina *celebrare* te ayuda a entender el significado de *celebrar*?

   _____

   _____

Actividad para la casa Su hijo identificó y usó raíces latinas para entender palabras poco comunes. Trabaje con su hijo para identificar palabras con raíces latinas y griegas en un artículo. Usen un diccionario para confirmar los significados.

Nombre _____

Buscador

Diccionario de sinónimos

- Un **diccionario de sinónimos** es una clase de diccionario que tiene una lista de **sinónimos** (palabras con el mismo significado o significado parecido) y **antónimos** (palabras con significados opuestos). Algunos incluyen palabras relacionadas. Las categorías gramaticales aparecen entre paréntesis para mostrar cómo se usa una palabra. Si una palabra tiene varios significados, se dan sinónimos para cada significado.

- Puedes usar un diccionario de sinónimos como ayuda para hallar palabras nuevas e interesantes, así no repites las mismas palabras demasiado a menudo en tu escrito.

---

bonito (adj) bello, hermoso, lindo, guapo. ANT: feo, horrible.

breve (adj) reducido, corto, conciso, efímero, momentáneo, limitado, pequeño, pasajero, fugaz. ANT: largo, extenso, duradero.

brillar (v) **1.** destellar, resplandecer, centellear, relucir. ANT: oscurecerse, ensombrecer. **2.** sobresalir, predominar, distinguirse. Ver: *brillo, brillante*.

brillante (adj) **1.** destellante, resplandeciente, relumbrante. ANT: apagado, opaco. **2.** inteligente, sobresaliente, admirable, espléndido, descollante, genial. Ver: *brillar, brillo*.

brillo (s) **1.** destello, resplandor, fulgor, centelleo. ANT: opacidad, oscuridad. **2.** fama, prestigio, notoriedad, lucimiento, gloria, prestigio. ANT: descrédito, desprestigio. Ver: *brillar, brillante*.

---

1. ¿Cuántos sinónimos hay para *breve* en esta página del diccionario de sinónimos? ¿Qué categoría gramatical tienen?

_____

2. ¿Qué lista numérica de sinónimos usarías para *brillar* como se usa en esta oración: "Las estrellas brillaban en la noche oscura"? ¿Por qué?

_____

3. Observa las dos listas de sinónimos para la entrada *brillante*. ¿De qué lista tomarías un sinónimo para reemplazar la palabra en la oración "El estudiante era realmente brillante"? Vuelve a escribir la oración usando ese sinónimo.

_____

Nombre _____

Buscador

4. Vuelve a escribir la siguiente oración usando un sinónimo para *brillar*: "La fabulosa actriz logró *brillar* en la representación".

   _____

   _____

5. Escribe un antónimo para *breve*.

   _____

6. Usa un antónimo para *brillo* en esta oración. "Hay que pulir los cubiertos de plata para quitarles la _____".

   _____

7. Escribe tres sinónimos para *bonito*. ¿Tienen exactamente el mismo significado?

   _____

   _____

8. ¿Dónde indica la entrada de *brillo* que podrías hallar más sinónimos para la palabra?

   _____

   _____

9. ¿En qué se parecen las listas de sinónimos que aparecen en las entradas *brillo*, *brillante* y *brillar*? ¿En qué se diferencian?

   _____

   _____

   _____

10. ¿Por qué usarías un diccionario de sinónimos cuando escribes? Explica tu respuesta.

    _____

    _____

    _____

Actividad para la casa Su hijo aprendió cómo usar un diccionario de sinónimos como un recurso. Pida a su hijo que use un diccionario de sinónimos para una palabra escogida al azar de un artículo de periódico.

Destrezas de investigación y estudio

Nombre _____

Acentuación de adverbios interrogativos y exclamativos

Corrige un discurso Encierra en un círculo seis palabras con errores de ortografía y escríbelas correctamente. Escribe correctamente la oración con el tiempo verbal incorrecto.

Palabras de ortografía
cual
cuál
donde
dónde
como
cómo
que
qué
cuando
cuándo
porque
por qué
adonde
adónde
cuantos
cuántos
quien
quién
cuánto
cuántas

Si quieres saber como van a ser tus vacaciones ¡estás en el lugar correcto!

¿En que lugar? ¡En el lugar dónde podrás disfrutar del aire del mar y cuántas excursiones desees realizar!

¿Cuando? Ahora mismo. Te ofrecemos una promoción que no podrás rechazar por qué es increíble.

No dejabas pasar el tiempo. ¡Te esperamos!

1. _____ 2. _____

3. _____ 4. _____

5. _____ 6. _____

7. _____

Palabras difíciles
cuanta
cuánta
cuán
cuáles
quiénes

Palabras que faltan Encierra en un círculo las palabras escritas correctamente en cada oración. Escribe la palabra.

8. Nunca sabremos   cuantas   cuántas   galletas comió.   8. _____

9. Quienes   Quiénes   tengan las manos limpias pueden comer. 9. _____

10. Ahora sí podemos   por qué   porque   hemos crecido.   10. _____

11. Queremos saber   cual   cuál   es tu apellido.   11. _____

12. Correr es   cómo   como   caminar rápido.   12. _____

Actividad para la casa Su hijo practicó la acentuación de adverbios interrogativos y exclamativos. Pida a su hijo que use cada palabra de la lista en una oración.

Ortografía Acentuación de adverbios interrogativos y exclamativos

Nombre _____

Buscador

Pronombres posesivos

Lee las oraciones. Luego, lee cada pregunta. Encierra en un círculo la letra de la respuesta correcta.

Ideas propias

(1) El animal preferido de Jean-François era el león; el _____ es el caballo. (2) Jean-François leía su libro y su hermano leía el _____. (3) Champollion respetaba las ideas de los eruditos, pero él tenía las _____. (4) Tú tienes tus ideas y yo tengo las _____. (5) Voy a comparar el alfabeto griego con el _____.

1. ¿Qué pronombre posesivo completa correctamente la oración 1?

    A nuestra
    B suyos
    C mío
    D mía

2. ¿Qué pronombre posesivo completa correctamente la oración 2?

    A míos
    B suyo
    C tuya
    D nuestra

3. ¿Qué pronombre posesivo completa correctamente la oración 3?

    A suyas
    B suyo
    C tuya
    D nuestros

4. ¿Qué pronombre posesivo completa correctamente la oración 4?

    A mías
    B tuya
    C míos
    D mía

5. ¿Qué pronombre posesivo completa correctamente la oración 5?

    A míos
    B suya
    C nuestro
    D suyos

Actividad para la casa Su niño o niña se preparó para tomar un examen de los pronombres posesivos. Pídale que lea un artículo del periódico o de una revista y que subraye los pronombres posesivos que encuentre.

Nombre _____

La goliza

Elementos literarios: Personaje y argumento

- Un **personaje** es una persona o un animal que participa en un cuento. Puedes aprender sobre un personaje a través de sus palabras, acciones o pensamientos.
- El **argumento** es la serie de hechos relacionados en un cuento. Incluye un problema o *conflicto*, la *complicación*, el *clímax* y la *solución* o el final.
- Un cuento puede estar escrito en primera persona, lo que se ve a través del uso que hace el narrador de las palabras *yo, nosotros* o *nuestro*. También puede estar escrito en tercera persona, con el uso de las palabras *él, ella* o *ellos*.

Instrucciones Lee el texto. Completa el argumento en el cuadro de abajo. Luego, responde la pregunta.

Becky entró arrebatadamente a la cocina. —¡Rápido, vengan, hay un OVNI! —gritó. Corrimos afuera. —¿Dónde? —pregunté. Becky señaló hacia arriba. Yo no vi nada pero tampoco quedé convencida. —En serio —insistió— vi una luz pequeña y brillante que pasó muy rápido. ¡Zas! Y después, desapareció. —La afirmación de Becky era a la vez tonta y emocionante.

Decidí investigar y me conecté a Internet para estudiar el cielo del lugar donde vivíamos. Una página web contenía un video de una lluvia de meteoritos. La vimos juntas.
—¡Allí está el OVNI! —exclamó Becky.
—Eso es una *estrella fugaz* —le recordé.
Se veía desilusionada: —La próxima vez pediré un deseo —dijo.

Conflicto	1.
Complicación	2.
Clímax	3.
Solución	4.

5. ¿El cuento está contado en primera persona o en tercera persona?

_____

Actividad para la casa Su hijo leyó un texto corto e identificó si estaba escrito en primera o en tercera persona y los elementos del argumento. Lea un cuento con su hijo. Luego, pídale que identifique si estaba escrito en primera o en tercera persona y que señale los elementos del argumento: el conflicto, la complicación, el clímax y la solución. ¿Qué les dice la solución sobre los personajes?

Comprensión 291

Nombre _____

La goliza

Escritura • Cuento de aventuras

Aspectos principales de un cuento de aventuras
- A menudo ocurre en un ambiente interesante.
- El cuento está construido alrededor de una búsqueda o un problema.
- Incluye situaciones extrañas y emocionantes.

El diario misterioso

—¡Uf! —dijo Ana jadeando cuando se golpeó el mentón contra las escaleras. El escalón podrido cedió cuando lo pisó y eso la lanzó hacia los escalones que estaban más arriba.

—Ana, ¿estás bien? —dijo un susurro asustado. Emma estaba a tres escalones de Ana, apuntando ansiosamente a su hermana mayor con una linterna.

—Creo que sí —alcanzó a decir Ana. "¡Uy, me dolió!". Recuperó su propia linterna e iluminó el lugar a su alrededor. La luz le mostró polvo, telas de araña y un papel tapiz roto. La mansión era aún más tenebrosa por dentro que por fuera. —¿Estás bien como para seguir adelante? —preguntó Emma—. Todas las pistas indican que el diario de nuestra bisabuela Catalina está en esta casa y debemos encontrar ese diario.

—Lo sé —respondió Ana. Respirando hondo, se obligó a ignorar los moretones que se le estaban formando por la caída.

—Bueno, vamos. —Cuidadosamente subió el resto de las escaleras.

Ana se detuvo al final de las escaleras para esperar a que Emma también subiera con cuidado. Juntas, iluminaron el pasillo al final de las escaleras con las linternas. Hacia la izquierda, se abría la entrada a una habitación.

—Creo que empezaremos por aquí —dijo Ana, señalando la puerta. Emma asintió con la cabeza.

—Tú primero.

Lentamente, Ana atravesó la puerta y miró hacia adentro. La luz de la linterna le mostró muebles antiguos cubiertos con sábanas. Muchas telarañas y más polvo decoraban la habitación. —No veo ningún lugar en donde alguien podría esconder un diario. ¿Tú ves algo, Emma?

Silencio.

Ana se dio vuelta rápidamente. No había nadie detrás de ella. —¿Emma? —la llamó con voz temblorosa—. ¡Emma! —El grito de Ana sonó en el silencio. Nunca en su vida se había sentido tan sola.

1. Vuelve a leer la selección. Escribe una oración que describa el ambiente.

_____

2. Subraya la oración que describa la búsqueda en el centro de esta aventura.

3. Encierra en un círculo las palabras que ayudan a crear la emoción en este cuento.

Vocabulario

Instrucciones Escoge la palabra del recuadro que mejor corresponda a la definición. Escribe la palabra sobre la línea.

_____ 1. ropa igual de un grupo

_____ 2. medida de energía

_____ 3. ocasión única

_____ 4. lugar por donde se anota un gol en el fútbol

_____ 5. contiendas deportivas

Verifica las palabras que conoces
- oportunidad
- instrucciones
- calorías
- defendernos
- resultado
- uniforme
- portería
- campeonatos

Instrucciones Escoge la palabra del recuadro que mejor complete cada oración. Escribe la palabra sobre la línea.

David se apresuró, ésta era una gran **6.** _____ de ver la exhibición en el zoológico. ¡No había nada allí! Sólo un vigilante con **7.** _____. ¿Era esto el **8.** _____ de un robo de animales? ¿Habían escapado? Si alguien robaba nuestros animales debíamos **9.** _____. De pronto, notó un cartel con **10.** _____ que indicaban cómo llegar a las nuevas jaulas: ¡se estaban mudando!

Escribe una descripción

En una hoja de papel aparte, escribe una descripción de un animal imaginario. Usa tantas palabras del vocabulario como sea posible.

Actividad para la casa Su hijo identificó y usó palabras de *La goliza*. Repasen juntos las definiciones. Pida a su hijo que use algunas de las palabras en una oración.

Nombre _____

La goliza

Enunciados negativos

> Un **enunciado negativo** nos dice que algo no existe o que una acción no se ha realizado. Los enunciados negativos se forman normalmente poniendo delante del verbo la palabra *no*.
>
>   Ayer *no* fui al cine.
>
>   Juan *no* está en casa.
>
> Los enunciados negativos también se pueden formar con otras palabras, como *ni*, *nunca*, *ninguno*, *tampoco*, *nada*, *nadie*.
>
>   *Nunca* lo dije.
>
>   No me gusta el boxeo *ni* las carreras.
>
>   *Ni* fuimos al parque *ni* vimos el partido.
>
>   Yo *tampoco* te vi.
>
>   *Ninguno* contestó.
>
>   *Nadie* vino a la cita.

Instrucciones Transforma cada oración en otra negativa usando las palabras *no*, *ni*, *nunca*, *ninguno*, *tampoco*, *nada*, *nadie*. Escribe la nueva oración en la raya.

1. Quique sabía jugar fútbol.

   _____

2. Me gusta el fútbol y también juego béisbol.

   _____

3. Siempre voy al juego de los domingos.

   _____

4. En la cancha había alguien.

   _____

5. A todos mis amigos les gusta el fútbol.

   _____

6. El boxeo me gusta mucho.

   _____

Actividad para la casa Su niño o niña estudió los enunciados negativos. Pídale que diga algunos enunciados negativos usando palabras como *no*, *ni*, *nunca*, *ninguno*, *tampoco*, *nada*, *nadie*.

Prefijos *in-*, *im-*, *des-*

La goliza

Palabras de ortografía				
incapaz	inusual	desarreglar	descubrir	impuro
imposible	inodoro	irregular	imparable	desempate
ilógico	desinfectante	irreal	inmóvil	descalzos
ilegal	inútil	increíble	imborrable	descanso

Agregar prefijos Escribe las palabras de la lista que agreguen un prefijo a las palabras subrayadas.

1. Este abrigo es <u>útil</u> para los días de nieve.
2. Todo lo que me dices me resulta <u>creíble</u>.
3. Es <u>lógico</u> que tengas sueño.
4. Esta tarde fue <u>posible</u> caminar por el pasto.
5. El abogado dijo que el documento era <u>legal</u>.
6. Sabes que sería <u>capaz</u> de hacerlo.
7. Es seguro que Pedro lo va a <u>cubrir</u>.
8. Juanita, ¿puedes <u>arreglar</u> tu cama?
9. El partido va a terminar; ¡necesitamos un <u>empate</u>!

1. _____
2. _____
3. _____
4. _____
5. _____
6. _____
7. _____
8. _____
9. _____

Sinónimos Escribe una palabra de la lista que tenga un significado igual o casi igual al de las pistas.

10. reposo
11. quieto
12. fantasioso
13. no tiene olor
14. sucio
15. sin calzado
16. variable
17. inolvidable
18. no se detiene
19. insólito
20. detergente

10. _____
11. _____
12. _____
13. _____
14. _____
15. _____
16. _____
17. _____
18. _____
19. _____
20. _____

Actividad para la casa Su hijo escribió palabras con *prefijos in-*, *im-*, *des-*. Diga algunas palabras de la lista y pida a su hijo que las escriba.

Guía para calificar: Cuento de aventuras

	4	3	2	1
Enfoque/Ideas	La búsqueda está claramente establecida; el argumento está bien focalizado en resolver la búsqueda	La búsqueda está bien establecida; el argumento está mayormente focalizado en resolver la búsqueda	La búsqueda no está claramente establecida; el argumento se desvía de la búsqueda	El argumento no tiene ninguna búsqueda o dirección
Organización	Los sucesos forman una secuencia y llevan al clímax del argumento lógicamente	Los sucesos forman una secuencia y, en general, llevan al clímax	Los sucesos forman una secuencia pobre que no se conecta lógicamente con el clímax	No existe una secuencia lógica
Voz	La voz es animada e interesante	La voz es entretenida en general	La voz, a veces, es aburrida	La voz es monótona y aburrida
Lenguaje	Usa verbos expresivos y una variedad de palabras descriptivas	Usa algunos verbos expresivos y palabras descriptivas	Pocos verbos expresivos o ninguno; pocas palabras descriptivas o ninguna	Lenguaje limitado
Oraciones	Usa oraciones simples y compuestas	Algunas estructuras oracionales variadas	No hay variación en las oraciones	Fragmentos u oraciones muy largas
Normas	Pocos o ningún error; uso correcto de enunciados negativos	Pocos errores; uso correcto de enunciados negativos	Muchos errores	Muchos errores serios

Nombre _____

La goliza

Vocabulario • Sinónimos y antónimos

- Los **sinónimos** son palabras con el mismo o casi el mismo significado.
- Los **antónimos** son palabras con significados diferentes.
- Cuando lees, puedes encontrarte con una palabra que no conoces. Busca los sinónimos o antónimos como claves para deducir el significado de la palabra desconocida. Usa un diccionario o diccionario de sinónimos para buscar cualquier palabra de la que no estás seguro.

Instrucciones Lee el siguiente pasaje. Luego responde las preguntas de abajo.

> Tamika presentó serpientes de cascabel y fue asombrosa. Presentó la piel de una serpiente de cascabel en su exhibición, o muestra, de ciencias y explicó que, a diferencia de otros anfibios, los reptiles tienen escamas. Tamika también incluyó dibujos de la dieta de la serpiente de cascabel, que incluía conejos, ratas y ardillas.
>
> Su mejor amigo, Ty, se quedó perplejo y confundido. Preguntó: "¿Cómo puede una serpiente comer animales que son más grandes que ella?" Tamika también había quedado perpleja por esto, pero ahora lo comprendía. Le mostró a Ty su enciclopedia y juntos vieron dibujos de las mandíbulas expandidas de la serpiente.

1. ¿Qué significa *exhibición*? ¿Qué sinónimos te ayudan a determinar su significado?

   _____

2. Explica por qué *reptil* y *anfibio* no son antónimos.

   _____

3. ¿Qué significa *perplejo*? ¿Qué sinónimo te ayuda a determinar su significado?

   _____

4. ¿Qué significa *comprender*? ¿Qué antónimo te ayuda a determinar su significado?

   _____

5. Usa un diccionario o un diccionario de sinónimos para hallar tres sinónimos para la palabra *expandido* como se usa en el cuento. Luego escribe una oración y usa la palabra y un sinónimo.

   _____

Actividad para la casa Su hijo identificó sinónimos y antónimos con el uso de un diccionario o diccionario de sinónimos. Con su hijo, lea un artículo sobre un animal y pida a su hijo que identifique palabras poco conocidas. Anime a su hijo a entender los significados con el uso de claves del contexto, como sinónimos y antónimos, y use un diccionario de sinónimos para buscar sinónimos para las palabras cuyos significados no sean claros.

Vocabulario 297

Nombre _____

La goliza

Fichero/Base de datos en línea

El **fichero** y **las bases de datos en línea** proveen información que necesitas para hallar un libro en la biblioteca. El fichero tiene cajones con tarjetas en ellos. Las tarjetas proveen información sobre un libro: su **autor, título, tema** y **número de catálogo**. Puedes buscar en un fichero por autor, título o tema. Una base de datos de una biblioteca es la versión en línea de un fichero.

Instrucciones Usa esta tarjeta de un fichero para responder las preguntas de abajo.

J597.9 PA

Reptiles y anfibios
Kel, Serge; 1960–

A través de sus descripciones y sus impresionantes fotografías, este libro provee al lector una mirada experta y cercana al fascinante mundo de los cocodrilos, caimanes, salamandras y otros.

Editorial: Imprenta universitaria reptil
Fecha de publicación: 2003
Páginas: 96

ISBN: 0739842434

1. El número de catálogo de este libro está en la esquina superior izquierda. ¿Cuál es su número de catálogo?

_____

2. El título de este libro está en negrita. ¿Cuál es el título?

_____

3. El nombre el autor está debajo del título. ¿Quién es el autor? ¿Cuándo nació?

_____

4. ¿Cuándo se publicó el libro? ¿Cuántas páginas tiene?

_____

5. ¿Cómo buscarías en el fichero para hallar más libros sobre el tema de reptiles y anfibios?

_____

Destrezas de investigación y estudio

Nombre _____

La goliza

Instrucciones Observa los resultados de búsqueda en una base de datos en línea. Luego responde las preguntas de abajo.

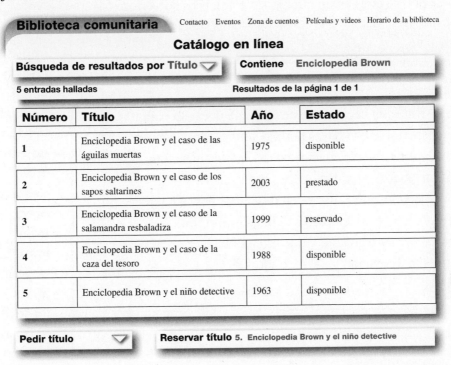

6. Estos resultados son de una búsqueda por títulos que contienen *Enciclopedia Brown*. ¿Cómo lo sabes?

_____

7. ¿Cuántas entradas se hallaron para esta búsqueda? ¿Cuántas se muestran en la pantalla?

_____

8. ¿Cuántos de estos libros puedes pedir hoy? ¿Cómo lo sabes?

_____

_____

9. ¿Cuál es el libro más nuevo? ¿Cuándo fue publicado?

_____

10. ¿Cuál es libro más viejo? ¿Cuándo fue publicado?

_____

 Actividad para la casa Su hijo aprendió cómo usar un fichero y la base de datos en línea de una biblioteca para ubicar libros. Vaya a la biblioteca o consulte en línea la base de datos de una biblioteca. Practiquen juntos la búsqueda de libros y usen el fichero o una base de datos en línea.

Destrezas de investigación y estudio

Nombre _____

La goliza

Prefijos *in-, im-, des-*

Corrige una carta Encierra en un círculo siete palabras con errores de ortografía en esta carta y escríbelas correctamente. Agrega el signo de puntuación que falta.

> Querida sobrina
>
> Espero que disfrutes de la casa en estos días de decanso para ti. Realmente es imcreíble que hayas podido venir; ya te decía yo que nada es inposible. Verás cuántas cosas interesantes podrás decubrir en este pueblo pequeño.
>
> Te recomiendo que los niños no anden descalsos por la huerta: aunque es inusoal, a veces aparecen algunas hormiguitas...
>
> Sé que lo pasarás muy bien aquí y que este verano será inborrable para ti. Te mando un abrazo grande,
>
> Tu tía Manuela

Palabras de ortografía

incapaz
imposible
ilógico
ilegal
inusual
inodoro
desinfectante
inútil
desarreglar
irregular
irreal
increíble
descubrir
imparable
inmóvil
imborrable
impuro
desempate
descalzos
descanso

1. _____   2. _____
3. _____   4. _____
5. _____   6. _____
7. _____

Palabras que faltan Encierra en un círculo la letra de las palabras escritas correctamente. Escribe la palabra.

8. La abuela es _____ de hacerte daño.
   A. imcapaz   B. incapaz   C. incapas

9. Esta tinta es _____.
   A. imalterable   B. inalteravle   C. inalterable

10. Puede ser que este motivo te resulte _____.
    A. ilógico   B. inlógico   C. ilójico

11. El policía estuvo parado _____ frente a la casa de Pablo.
    A. inmóbil   B. inmovil   C. inmóvil

12. Por favor, ¡no vayas a _____ mis libros!
    A. desarreglar   B. inarreglar   C. desareglar

Palabras difíciles

inconsciente
impreciso
desintegrado
imprescindible
inalterable

8. _____
9. _____
10. _____
11. _____
12. _____

Actividad para la casa Su hijo identificó palabras con los prefijos *in-, im-, des-* mal escritas. Pida a su hijo que use cada palabra de la lista en una oración.

300 **Ortografía** Prefijos *in-, im-, des-*

Nombre _____

La goliza

Enunciados negativos

Lee las oraciones. Luego, lee cada pregunta. Encierra en un círculo la letra de la respuesta correcta.

Un día sin goles

(1) Quique _____ fue al juego. (2) Ni ganaron _____ se divirtieron.
(3) _____ de ellos marcó un gol. (4) Al final no quedaba _____ en la cancha.
(5) No habían ganado ese día y _____ el anterior.

1. ¿Qué palabra falta en la oración 1?
   A nadie
   B no
   C ninguno
   D nada

2. ¿Qué palabra falta en la oración 2?
   A ninguno
   B ni
   C nadie
   D nunca

3. ¿Qué palabra falta en la oración 3?
   A Ninguno
   B Nada
   C No
   D Nunca

4. ¿Qué palabra falta en la oración 4?
   A nadie
   B no
   C nunca
   D ni

5. ¿Qué palabra falta en la oración 5?
   A ninguno
   B nadie
   C no
   D tampoco

Actividad para la casa Su niño o niña se preparó para el examen de enunciados negativos. Lean juntos anuncios de periódico y pídale que identifique los enunciados negativos.

Normas Enunciados negativos **301**

Diptongo y hiato: Acentuación

Palabras de ortografía				
seria	reina	aire	paisaje	después
sería	sonreír	sabia	reúne	caída
río	aceite	sabía	había	cuidado
cuídate	país	boina	mío	añadió

Corregir la acentuación Encierra en un círculo las palabras que están escritas incorrectamente.

1. Pienso que seria bueno que festejáramos.
2. A la orilla del rio comeremos el pastel.
3. ¿Sabes cuál es el pais más grande del mundo?
4. Si no puedes hacerlo ahora, hazlo despues.
5. ¡Tanto esperar y no habia nadie!
6. El papá de Sara sabia muy bien lo que decía.
7. Cuando estaba todo listo, Marta le añadio una pizca de sal.
8. Admirábamos juntos la caida de la cascada.
9. Hijo, ¡cuidate al cruzar la calle!
10. ¡Es tan lindo verte sonreir!

Corregir acentuación y diptongos La palabra subrayada en cada oración tiene un error. Escribe la palabra correcta de la lista.

11. Es necesario tener cuídado al cruzar esta calle.
12. La gente se reune hoy en casa de Manuel.
13. Este espejo está roto, te prestaré el mio.
14. ¡Tendrías que ver este países!
15. Es admirable cómo la naturaleza es sabía.
16. La reína posaba alegre para la foto.
17. Si le pones mucho aceíte, sabrá mal.
18. El abuelo buscaba su boína por todos lados.
19. Las corrientes de aíre son normales.
20. Cuando te pones sería te ves enojada.

11. _____
12. _____
13. _____
14. _____
15. _____
16. _____
17. _____
18. _____
19. _____
20. _____

Actividad en casa Su hijo escribió palabras para repasar la acentuación de diptongos y hiatos. Diga una palabra de la lista y pida a su hijo que la escriba.

Nombre _____

Unidad 4 Semana 1 Repaso interactivo

Pronombres en singular y plural

Instrucciones Subraya los pronombres en singular y encierra en un círculo los pronombres en plural.

1. Mamá y yo hicimos un experimento juntos.

2. Nosotros hicimos el experimento en el sótano.

3. Antes de empezar, nos leímos bien las instrucciones.

4. Papá se preocupó cuando notó un olor raro en la casa.

5. Le dijimos que era por el experimento.

6. A toda la familia nos gustan mucho las ciencias.

Instrucciones Copia las oraciones siguientes reemplazando las palabras subrayadas con uno de los pronombres del recuadro. No te olvides de cambiar el orden de las palabras si es necesario.

    ellos   la   me   nosotros   ellas   las

7. Sandra y Nora prepararon una tinta invisible.

_____

8. Las chicas usaron la tinta invisible para escribir unas cartas.

_____

9. Mandaron las cartas a unos amigos.

_____

10. Los amigos tuvieron que planchar las cartas para poder leerlas.

_____

Nombre _____

Unidad 4 Semana 2 Repaso interact

Acentuación de verbos conjugados

Palabras de ortografía				
dormirás	miraré	pasábamos	dábamos	pasó
caminaré	verás	comí	saltaría	íbamos
saldríamos	comerían	volverán	nadaría	cultivaría
visitarás	estarán	podrás	trabajó	fuéramos

Analogías Escribe la palabra de la lista que mejor complete cada comparación.

1. *Serpiente* es a *arrastraría* lo que *pez* es a _____ .
2. *Hacia* es a *irán* lo que *desde* es a _____ .
3. *Adentro* es a *entraríamos* lo que *afuera* es a _____ .
4. *Mañana* es a *despertarás* lo que *noche* es a _____ .
5. *Cama* es a *descansó* lo que *herramienta* es a _____ .
6. *Agua* es a *bebí* lo que *comida* es a _____ .
7. *Mariposa* es a *volaría* lo que *conejo* es a _____ .
8. *Alas* es a *volaré* lo que *pies* es a _____ .
9. *Oído* es a *escucharás* lo que *ojos* es a _____ .
10. *Egoísmo* es a *quitábamos* lo que *generosidad* es a _____ .

1. _____
2. _____
3. _____
4. _____
5. _____
6. _____
7. _____
8. _____
9. _____
10. _____

Definiciones Escribe la palabra de la lista que corresponde a cada definición.

11. Irás a la casa de algún amigo.
12. Serás capaz de hacerlo tú solo.
13. Observaré detalladamente algún objeto.
14. Nos dirigíamos a un lugar determinado.
15. Masticarían en el almuerzo.
16. Permanecerán en un lugar.
17. Sembraría plantas en la tierra.
18. Fue a un lugar determinado y luego siguió su camino.
19. Nos pidieron que viajáramos hasta allá.
20. Ocupábamos el tiempo haciendo algo.

11. _____
12. _____
13. _____
14. _____
15. _____
16. _____
17. _____
18. _____
19. _____
20. _____

Actividad en casa Su hijo escribió verbos conjugados acentuados. Diga una palabra de la lista y pida a su hijo que la escriba.

304 **Ortografía** Acentuación de verbos conjugados

Pronombres sujeto y objeto

Instrucciones Escribe el pronombre sujeto de cada oración.

1. Ellos se nos acercaron nadando. _____

2. Nosotros los vimos saltar fuera del agua. _____

3. Luego yo vi una madre que llevaba una cría junto a ella. _____

4. ¡Tú tienes que venir a verlos! _____

5. Yo te puedo acompañar la semana que viene. _____

Instrucciones Escribe el pronombre objeto de cada oración.

6. Los científicos estudian los delfines y los describen. _____

7. Alguien me dijo que es difícil imitar sus sonidos. _____

8. ¿Tú los consigues imitar? _____

9. El profesor Parra dice que los delfines le han enseñado mucho sobre los humanos. _____

10. ¡Su esposa cree que les habla más a los delfines que a ella! _____

Instrucciones Escribe el antecedente del pronombre subrayado.

11. Te dejaré el libro que escribió el profesor y lo podrás leer. _____

12. Se lo presté a Elena y a ella le gustó mucho. _____

13. Ben y yo queremos ser biólogos; nos fascinan los animales. _____

14. Ustedes no conocen la selva; ¿les gustaría ir? _____

15. Aunque son animales huidizos, quizás los logremos ver. _____

Nombre _____

Unidad 4 Semana 3 Repaso interactivo

Acento diacrítico

Palabras de ortografía				
sé	se	sólo	de	tu
dé	él	aún	si	mi
más	tú	sí	ése	ó
té	mí	solo	te	el

Palabras en contexto Completa cada oración con palabras de la lista.

1. Quiero estar presente cuando _____ lo des.
2. ¿Cómo puedes decirme eso a _____?
3. Sergio es el mayor _____ todos.
4. Si tú me lo pides _____ lo voy a dar.
5. Somos iguales porque ella es _____ hermana gemela.
6. _____ es el vestido que yo quiero comprar.
7. Estoy segura de que _____ me lo dirá.
8. Puedes venir a las 5 _____ 6.
9. Te pareces mucho a _____ madre.
10. _____ tema de hoy es el agua.

1. _____
2. _____
3. _____
4. _____
5. _____
6. _____
7. _____
8. _____
9. _____
10. _____

Crucigrama Usa las pistas para resolver el crucigrama

Horizontales
11. Pronombre personal, 2.ª persona singular
13. Que aumenta la cantidad
15. Solitario
17. Infusión, bebida
18. Conozco, tengo idea

Verticales
12. Todavía
14. Solamente, únicamente
15. Afirmación
16. Done, regale, obsequie
18. Palabra que expresa una condición

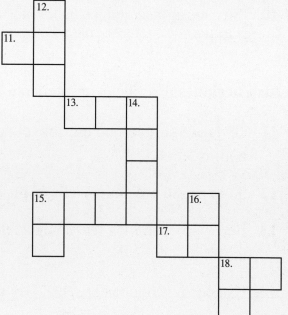

Actividad en casa Su hijo escribió palabras con acento diacrítico. Diga una palabra de la lista y pida a su hijo que la use en una oración.

306 **Ortografía** Acento diacrítico

Pronombres reflexivos y demostrativos

Instrucciones Escribe los pronombres reflexivos de cada oración.

1. Yo me llamo Roy Hawthorne. _____
2. Tú te criaste con los navajos. _____
3. Nosotros nos convertimos en habladores de código. _____
4. Ellos se preparan para descifrar un mensaje. _____
5. Ustedes se hicieron su propio código. _____
6. Nosotros nos protegimos del fuego enemigo. _____
7. Tú te arriesgaste mucho. _____
8. Por suerte, ustedes se salvaron. _____
9. Todos nos callamos para no hacer ruido. _____

Instrucciones Encierra en un círculo los pronombres reflexivos y subraya los pronombres demostrativos de las oraciones siguientes.

10. En aquella fiesta me aburrí; ésta será más divertida.
11. El amigo que tengo sentado a mi lado se llama Guillermo; aquél es Enrique.
12. Mañana todos mis amigos se disfrazarán.
13. Yo me vestiré de navajo.
14. Les presento a Julián: éste es mi mejor amigo.
15. Julián, ¿te has mirado en el espejo?
16. Tú te has manchado de pintura.
17. No podrás quitar la mancha con agua; necesitarás esto.
18. Deja ese disfraz y toma éste.

Nombre _____

Acentuación de adverbios interrogativos y exclamativos

Palabras de ortografía				
cual	como	cuando	adonde	quien
cuál	cómo	cuándo	adónde	quién
donde	que	porque	cuantos	cuánto
dónde	qué	por qué	cuántos	cuántas

Palabras correctas Escribe la palabra que corresponda para completar las preguntas.

1. ¿_____ María es tan tímida?
2. ¿_____ desarmamos estos nudos?
3. ¿_____ podremos viajar?
4. ¿_____ tiene que ver?
5. ¿Alguien sabe _____ huevos se le ponen a la tortilla española?
6. Marta, ¿_____ iremos hoy?
7. ¿_____ es Pedro García?
8. ¿Sabes _____ veces debemos repetir el ejercicio?
9. Dime, ¿_____ mides?
10. ¿En _____ has estado todo este tiempo?
11. ¿_____ es tu color preferido?

1. _____
2. _____
3. _____
4. _____
5. _____
6. _____
7. _____
8. _____
9. _____
10. _____
11. _____

Palabras desordenadas Ordena las letras de las palabras y escríbelas correctamente sobre las líneas

12. sucnaot
13. enddo
14. cnudao
15. qorpeu
16. niequ
17. lcau
18. donade
19. uqe
20. omco

12. _____
13. _____
14. _____
15. _____
16. _____
17. _____
18. _____
19. _____
20. _____

Actividad en casa Su hijo repasó la acentuación de los adverbios interrogativos y exclamativos. Use distintas palabras de la lista en oraciones y pida a su hijo que le diga si llevan acento ortográfico o no.

Nombre _____

Unidad 4 Semana 4 Repaso interactivo

Pronombres posesivos

Instrucciones Encierra en un círculo el pronombre posesivo de cada oración.

1. Este cuaderno es de Ana; es el suyo.

2. Cuando acabe la presentación de Ana y Diego empezará la nuestra.

3. Tú te disfrazarás de egipcia. Ese disfraz será el tuyo.

4. Yo me disfrazaré de egipcio, y este disfraz será el mío.

5. Aquí están las joyas; ¿puedo elegir ahora las mías?

6. Me gustan los trajes de Ana y Diego, pero prefiero los nuestros.

Instrucciones Escribe el pronombre posesivo entre ( ) que completa correctamente cada oración.

7. Miwako y yo hacemos pirámides; este proyecto es el (tuyos, nuestro). _____

8. Su pirámide es más alta que la (suyo, mía). _____

9. Mi pirámide es más baja que la (suya, nuestras). _____

10. Nosotras hacemos nuestro proyecto y ustedes hacen el (tuyo, suyo). _____

11. ¡El (suyo, tuyas) es fantástico, amigos! _____

12. Aunque el que estoy haciendo con Miwako está bien, la verdad es que prefiero el (nuestra, suyo). _____

13. Es un barco egipcio; su proyecto es más difícil de armar que el (nuestro, tuyos). _____

14. No encuentro mi pegamento. ¿Me prestas el (mío, tuyo)? _____

Normas Pronombres posesivos

Prefijos *in-*, *im-* y *des-*

Palabras de ortografía

incapaz	inusual	desarreglar	descubrir	impuro
imposible	inodoro	irregular	imparable	desempate
ilógico	desinfectante	irreal	inmóvil	descalzos
ilegal	inútil	increíble	imborrable	descanso

Palabras que faltan Escribe una palabra de la lista para completar cada oración.

1. Ese atleta es _____; ¡nadie puede alcanzarlo!
2. Hoy resulta _____ que alguien te regale flores.
3. ¡Tú puedes hacerlo, Gloria, no te sientas _____!
4. Ni la goma es útil; lo que escribo es _____.
5. Aunque te empeñes en sentir el aroma, este ramo de flores es _____.
6. Ese líquido se ve turbio. ¡No lo bebas, es _____!
7. Nada es _____ cuando tienes ganas de conseguirlo.
8. El actor hacía bien su papel de estatua: estaba _____.
9. ¡Me parece _____ estar de regreso en mi país!
10. ¡Nos empapamos! La sombrilla fue _____.

1. _____
2. _____
3. _____
4. _____
5. _____
6. _____
7. _____
8. _____
9. _____
10. _____

Antónimos Escribe una palabra de la lista que empiece con *des-*, que signifique lo opuesto o casi lo opuesto de cada palabra o frase.

11. empate
12. arreglar
13. cubrir
14. cansancio
15. contaminante
16. calzados

11. _____
12. _____
13. _____
14. _____
15. _____
16. _____

Palabras desordenadas Ordena las letras de las palabras y escríbelas correctamente sobre las líneas.

17. igerurlra
18. góilcio
19. lrarie
20. egilal

17. _____
18. _____
19. _____
20. _____

Actividad en casa Su hijo escribió palabras con los prefijos *im-*, *in-* y *des-*. Diga una palabra de la lista y pida a su hijo que la escriba.

Enunciados negativos

Instrucciones Transforma cada oración en otra negativa usando las palabras *no, ni, nunca, ninguno, tampoco, nada, nadie*. Escribe la nueva oración en la raya.

1. El día era malo para jugar fútbol.

   _____

2. Hacía calor y también había humedad.

   _____

3. Quique tenía su uniforme y la pelota.

   _____

4. Alguien había encendido la luz.

   _____

5. Había que hacer algo.

   _____

6. En los bancos había alguien sentado.

   _____

Instrucciones Escribe la palabra entre ( ) que completa correctamente cada oración.

7. A mí (tampoco, ninguno) me resulta difícil marcar goles. _____

8. (Ni, Nunca) hasta hoy jugué fútbol. _____

9. Aquí no hay (nunca, nadie). _____

10. No he encontrado la pelota (nada, ni) los tenis. _____

11. (Nadie, No) te dejo mi pelota porque me la romperás. _____

12. No ha venido (ni, ninguno) de ellos a vernos jugar. _____

Nombre _____

**Proceso de la escritura
Unidad 4**

Tabla del cuento

Instrucciones Completa el organizador gráfico con la información del cuento.

Título

Personajes

Ambiente

Sucesos

↓

↓

↓

Solución

Nombre _____

Proceso de la escritura
Unidad 4

Un buen principio

Haz que el principio de tu cuento atrape la atención del lector. Abajo hay algunas formas diferentes para escribir el principio de un cuento.

Instrucciones Escribe una oración inicial (basada en tus personajes, ambiente y argumento) que llame la atención usando cada idea. Puedes usar una de las oraciones que escribas para comenzar tu cuento.

1. Haz una pregunta (*¿Qué fue ese sonido extraño?*).

   _____

2. Utiliza una exclamación (*¡Ay! Escuché un sonido extraño*).

   _____

3. Utiliza un sonido (*¡Cric! Cuando escuché ese sonido extraño se me erizó el pelo de la nuca*).

   _____

4. Da una pista para el final (*Nunca había escuchado un sonido como ése antes, pero sabía que todavía lo escucharía muchas veces más*).

   _____

5. Usa aliteración (*El extraño sonido seseante sonó otra vez y yo empecé a temblar*).

   _____

6. Haz una lista (*Latidos fuertes, respiración entrecortada, estómago revuelto. Sí, tenía todos los síntomas del miedo*).

   _____

7. Presenta la escena (*Las nubes tapaban la luz de la luna. Estaba oscuro, así que no podía ver por dónde iba. Hacia la izquierda escuché un extraño sonido seseante*).

   _____

Nombre _____

**Proceso de la escritura
Unidad 4**

Combinar oraciones

> Cuando escribes, puedes combinar oraciones simples cortas para crear oraciones compuestas o complejas. Una oración compuesta tiene dos cláusulas independientes (grupos de palabras que pueden aparecer solas como oraciones) unidas por una palabra como *y, pero, o, ni*. Una oración compleja tiene una cláusula independiente y una cláusula subordinada (un grupo de palabras que no pueden aparecer solas como una oración) unidas por una palabra como *si, cuando, porque, aunque, ya que*. Recuerda, las dos oraciones que combines deben tener sentido juntas.

Instrucciones Usa la palabra entre ( ) para combinar las dos oraciones. Recuerda usar una coma cuando sea necesario.

1. Voy de viaje. Me gusta viajar en avión. (cuando)

   _____

   _____

2. Algunas personas viajan en tren. Otras personas viajan en auto. (y)

   _____

   _____

3. Esa gente puede tener miedo a volar. A mí, volar no me asusta. (pero)

   _____

   _____

4. Quiero ir a América del Sur. Tengo familiares allí. (porque)

   _____

   _____

5. Quizás vaya este verano. Quizás espere hasta el próximo otoño. (o)

   _____

   _____

Nombre _____

Proceso de la escritura
Unidad 4

Comentar un cuento entre compañeros

Instrucciones Después de intercambiar borradores, lee el cuento de tu compañero. Revisa la Lista para revisar mientras haces anotaciones sobre el cuento de tu compañero. Escribe tus comentarios o preguntas en las líneas. Hazle cumplidos además de sugerencias para la revisión. De a uno a la vez, hablen sobre los borradores del otro usando las anotaciones que hicieron. Entrégale tus notas a tu compañero.

Lista para revisar

Enfoque/Ideas

- ¿El cuento se enfoca en un incidente o un hecho?
- ¿El argumento del cuento incluye un problema y una solución?

Organización

- ¿El cuento tiene un principio, un desarrollo y un final claros?
- ¿La oración inicial atrapa la atención del lector?

Voz

- ¿El narrador o el personaje principal tiene una voz definida?

Lenguaje

- ¿Se han usado detalles emocionantes para involucrar al lector en el cuento?
- ¿Se han usado palabras de tiempo y orden que muestren la secuencia de los hechos?

Oraciones

- ¿Hay oraciones simples y compuestas? ¿Se han combinado las oraciones cortas para hacer oraciones compuestas o complejas?

Cosas que creo que estuvieron bien _____

_____

_____

Cosas que creo que pueden mejorarse _____

_____

_____

Comentarios del maestro _____

_____

Nombre _____

Bomberos paracaidistas

Propósito del autor

- El **propósito del autor** es la razón que tiene el autor para escribir.
- Un autor puede escribir para persuadir, para informar, para entretener o para expresar ideas o sentimientos.

Instrucciones Lee el texto siguiente.

Para aprender más sobre la gente que responde a las emergencias, lee el siguiente texto.

La policía y los departamentos de bomberos tienen equipos de profesionales que están entrenados para responder a las emergencias. A menudo, estos equipos locales son los primeros en llegar a la escena de un accidente, una crisis o un crimen.

Según el tamaño o la ubicación de un accidente, también responden la policía estatal o los jefes de bomberos. En el caso de catástrofes a gran escala, tales como una inundación o la caída de un avión, participa el gobierno federal. Sus equipos incluyen la Junta Nacional de Seguridad del Transporte, la Agencia Federal para el Manejo de Emergencias y la Oficina Federal de Investigación.

Instrucciones Responde las preguntas de abajo.

1. ¿Con qué propósito escribió el autor este texto?

_____

2. ¿Cómo lo sabes?

_____

3. ¿Qué información te proporciona el autor?

_____

4. ¿Por qué el autor no usa la palabra "Yo" en el texto?

_____

5. ¿Qué palabras podría haber usado el autor para expresar su opinión?

_____

Actividad en casa Su hijo analizó el propósito del autor en un texto de no ficción. Con su hijo, lean en voz alta un artículo o una historieta en un periódico o revista. Comenten el propósito del autor.

Nombre _____

Bomberos paracaidistas

Escritura • Cuento fantástico

Aspectos principales de un cuento fantástico
- Los personajes hacen cosas que no pueden hacerse en la vida real.
- Describe sucesos que no pueden ocurrir en la vida real.
- Puede tener un ambiente que no existe en la vida real.
- Puede estar escrito de manera que parezca casi real.
- Puede tener un tono de felicidad, nostalgia o peligro.

Caza del huracán

A Roberto le gustaba construir modelos. Acababa de terminar el último de sus modelos, un avión de cuatro motores. En una tarde calurosa de verano, sentado en la mesa de picnic del patio de atrás, admiraba las alas plateadas y estilizadas. De repente, un viento helado sopló sobre la mesa y tiró el avión al suelo. Cuando tocó el pasto, el modelo comenzó a hacerse más y más grande. ¡Se transformó en un avión tan grande como uno real!

"Sube y despega. Hay un huracán gigantesco aquí cerca y tienes que investigar el ojo", retumbaba una voz que venía de la radio del avión.

Roberto se metió de un salto en la cabina del piloto. Se instaló en el asiento del piloto y el avión despegó. Roberto observó que no había equipamiento a bordo. ¿Cómo localizaría el huracán y cómo investigaría si lo encontraba?

Una vez más surgieron las instrucciones desde la radio. "Usa tu teléfono celular. Presiona 1 para el radar. Presiona 2 para la velocidad del viento. Presiona 3 para la dirección del viento. Presiona 4 para anotar la información. Presiona 5 para transmitir la información al Centro de huracanes".

Roberto dudaba que su teléfono celular pudiera hacer estas cosas. Pero, de todas maneras, siguió las instrucciones. Presionó 1. El avión voló directamente hacia el ojo del huracán. Roberto presionó con fuerza los números para ver la velocidad y dirección del viento. Presionó 4 para anotar los datos y 5 para enviarlos al Centro de huracanes.

La radio vibraba con fuerza: "¡Buen trabajo! Ahora puedes volver a casa".

Al escuchar esto, el avión cambió de dirección. Cuando aterrizó en el patio de atrás, Roberto saltó al pasto. Allí, en la mesa de picnic, estaba el modelo. Asombrado, Roberto se dio vuelta para mirar al avión de tamaño natural que lo había llevado en la aventura increíble. No estaba en ninguna parte.

1. Vuelve a leer el texto. ¿Por qué es un cuento fantástico?

_____

_____

2. Subraya los elementos del cuento que lo hacen ser un cuento fantástico.

Nombre _____

Bomberos paracaidistas

Vocabulario

Instrucciones Escoge la palabra de la casilla que corresponda a cada definición. Escribe la palabra en la línea.

1. devoción, lealtad _____

2. material y herramientas para llevar a cabo una tarea _____

3. enfocándose mentalmente _____

4. necesario, con los elementos más importantes _____

5. controlar la dirección _____

Verifica las palabras que conoces

- concentrándose
- dedicación
- esencial
- método
- seguro
- dirigirse
- espesura
- equipo

Instrucciones Escoge la palabra de la casilla que mejor reemplace las palabras subrayadas. Escribe las palabras en las líneas.

_____ 6. Los bomberos sabían que los <u>arbustos y árboles pequeños</u> alimentarían el fuego que ya estaba fuera de control.

_____ 7. El paracaidista agradeció que la clase supiera que la <u>manera</u> de liberar el paracaídas era presionando un botón.

_____ 8. El buen estado físico es <u>necesario</u> para combatir los incendios.

Escribe una carta amistosa

Imagina que pasas el verano combatiendo incendios en Montana. En una hoja aparte, escribe una carta a tu familia y describe los peligros del trabajo. Incluye palabras de la lista de vocabulario y detalles sobre combatir incendios, entrenamiento y equipo. Usa tantas palabras de vocabulario como puedas.

Actividad en casa Su hijo identificó y usó palabras de vocabulario de *Bomberos paracaidistas*. Escriba con su hijo un artículo periodístico corto sobre un bombero local imaginario que gana una medalla por heroísmo. Usen tantas palabras de vocabulario como puedan.

Nombre _____

Bomberos paracaidistas

Adjetivos

Un **adjetivo** es una palabra que da información sobre un sustantivo. El adjetivo siempre **concuerda** con el sustantivo al que describe, lo que significa que es singular o plural, masculino o femenino, igual que el sustantivo al que acompaña.

Hay adjetivos que dicen **cómo** es la persona o la cosa que nombra el sustantivo.

Desde lejos se veía una columna de humo oscuro.

Otros adjetivos dicen algo más preciso sobre el sustantivo, por ejemplo, **cuántas** personas o cosas nombra.

Había dos árboles en llamas.

Los adjetivos también complementan la información sobre el sustantivo diciendo **de quién** es: *mi, mis, tu, tus, su, sus, nuestro, nuestros, nuestra* y *nuestras*.

Mi papá es bombero.

Los adjetivos también pueden decir **cuál** es la persona o cosa y si está más o menos cerca de quien habla: *este, esta, estos, estas* (más cerca); *ese, esa, esos, esas* (menos cerca) y *aquel, aquella, aquellos, aquellas* (lejos).

Las **locuciones adjetivas** también dan información sobre un sustantivo:

Paco se puso un disfraz de segunda mano.

Instrucciones Subraya los adjetivos y las locuciones adjetivas de las oraciones siguientes.

1. Combatir el fuego es un trabajo difícil.

2. Los bomberos paracaidistas usan equipos especiales.

3. Nuestros bomberos trabajan hasta dieciocho horas por día.

4. Con este helicóptero llegan a zonas remotas.

5. No pueden trabajar si no tienen equipos de primera.

Actividad para la casa Su niño o niña estudió los adjetivos. Pídale que use adjetivos para contestar preguntas que empiecen con *¿Cómo es...? ¿De quién es...? ¿Cuántos...?* o *¿Cuál...?*.

Nombre _____

Bomberos paracaidistas

Palabras terminadas en
-ción, -sión

Palabras de ortografía
reacción
misión
canción
ilusión
confusión
dedicación
porción
división
tensión
fusión
presión
protección
mansión
profesión
posición
dirección
emoción
loción
diversión
estación

Opuestos Escribe las palabras de la lista que tengan un significado opuesto o casi opuesto.

1. aburrimiento   1. _____
2. cabaña   2. _____
3. multiplicación 3. _____
4. tranquilidad   4. _____
5. decepción   5. _____
6. serenidad   6. _____

Sinónimos Escribe las palabras de la lista que tengan un significado parecido o casi parecido.

7. finalidad   7. _____
8. seguridad   8. _____
9. trabajo   9. _____
10. perfume   10. _____

Definiciones Reemplaza la palabra subrayada con la palabra de la lista que tenga casi el mismo significado.

11. Nuestra ubicación no era la mejor para ver el espectáculo.   11. _____
12. La respuesta de mi papá fue muy astuta.   12. _____
13. La intensidad del agua del río arrastró el barco.   13. _____
14. Escuché a mi hermano mientras cantaba una tonada.   14. _____
15. La equivocación causó un gran problema.   15. _____
16. Las abejas hacen miel con mucha laboriosidad.   16. _____
17. Mi primo siempre me ofrece la última ración.   17. _____
18. Se obtuvo una torta de la mezcla de los ingredientes.   18. _____
19. La época que me gusta del año es la primavera.   19. _____
20. Hay que seguir la trayectoria de las estrellas para llegar al campamento.   20. _____

Actividad en casa Su hijo escribió palabras terminadas en *-ción, -sión*. Diga una palabra de la lista y pida a su hijo que la escriba.

320 **Ortografía** Palabras terminadas en *-ción, -sión*

Nombre _____

Bomberos paracaidistas

Secuencia del cuento B

Título

Personajes

Ambiente

Sucesos

Nombre _____

Bomberos paracaidistas

Vocabulario • Homógrafos

- Los **homógrafos** son palabras que se escriben igual pero que tienen distintos significados. *Llama* como verbo significa "nombra a alguien", como sustantivo significa "animal de la región andina de América del Sur" o "masa gaseosa que producen los cuerpos al arder".
- Usa claves del contexto, palabras y frases que estén cerca del homógrafo, para poder averiguar el significado de los homógrafos.

Instrucciones Lee el texto. Luego responde las preguntas de abajo.

El nuevo museo de prevención contra incendios tiene exposiciones que muestran la evolución de la lucha contra el fuego a lo largo del tiempo. El primer bombero del área fue Byron Blick en 1885. Con la primera señal de humo, enlazaba un buey o dos a un carromato. Los enormes bueyes transportaban agua hasta el lugar del incendio donde Byron mojaba las hierbas cercanas y la maleza para evitar que las llamas se extendieran.

Hoy en día, los trabajadores de emergencia concentran muchos de sus esfuerzos en la prevención de incendios. Los bomberos esperan explotar el apoyo del público por el museo al dirigir y usar ese entusiasmo en programas orientados a concientizar sobre las causas humanas de los incendios. Los oficiales saben que la emoción que genera el museo tarde o temprano se acabará. Para la seguridad del público y de los bosques, el nivel de prevención de las personas tiene que mantenerse alto para que en primer lugar no se inicien incendios.

1. ¿Qué significa la palabra *explotar* en el texto? ¿Cómo lo sabes?

_____

2. ¿Qué significa *concentran*? ¿Cómo lo averiguaste?

_____

3. ¿Qué palabras clave te dicen que *dirigir* significa "encaminar la atención con un fin"?

_____

4. ¿Qué palabras clave te dicen que la palabra *acabará* significa "dar fin a algo"?

_____

Actividad en casa Su hijo identificó el significado de homógrafos con claves del contexto. Juntos, hagan una lista de todos los homógrafos que puedan pensar. Después de cada palabra, hagan un dibujo que muestre los distintos significados de cada palabra.

Nombre _____

Bomberos paracaidistas

Partes de un libro

- Aprender las **partes de un libro** te ayuda a encontrar información. En el frente del libro, la **portada** menciona el título, el autor y la editorial. Luego, la **página de derechos de autor** dice el año en el que se publicó el libro. Por último, la **tabla de contenido** es una lista de títulos y números de páginas de los capítulos y las secciones. En la parte de atrás del libro, un **apéndice** tiene gráficas y tablas. La **bibliografía** es una lista de los libros que el autor usó para investigar o escribir su propio libro. El **índice** es una lista de los números de las páginas donde se encuentran las palabras o ideas importantes. El **glosario** da definiciones de las palabras importantes.

- El **título del capítulo** es el nombre del capítulo. El **encabezado de sección** es el nombre de una sección dentro de un capítulo. Las **leyendas** explican las fuentes gráficas y normalmente aparecen debajo de las ilustraciones. Las **notas de pie de página** numeradas aparecen en la parte inferior de la página o en la parte de atrás del libro. Proporcionan información adicional de un tema.

Instrucciones Estudia la tabla de contenido del libro *Lecciones de la gripe española*.

Tabla de contenido

Capítulo 1: ¡Brote! 1918	4
Fiebres, dolores de garganta y cabeza en el Fuerte Riley	5
La segunda ola de infección	11
Una Guerra Mundial termina, una enfermedad mundial comienza	19
Capítulo 2: Desastre en la población mundial	22
Un objetivo no deseado: Los jóvenes y fuertes	25
De la gripe a la neumonía	28
Número de víctimas: 100,000,000 en todo el mundo	29
Capítulo 3: Historia de las pandemias	34
La Peste Negra	39
Viruela	42
Cólera	47
Capítulo 4: Una mirada microscópica al pasado	54
Estudiando un virus de hace un siglo	58
¿Por qué tan mortal?	60
Viaje global, enfermedad global	65
Capítulo 5: Prepararse para la próxima pandemia	70
La Influenza hoy	77
Sistema de detección precoz	84
Carrera para encontrar una vacuna	89
Apéndice	96
Glosario	104
Índice	110

Destrezas de investigación y estudio 323

Nombre _____

Bomberos paracaidistas

Instrucciones Usa la tabla de contenido para responder las preguntas de abajo.

1. ¿Encontrarías la portada de este libro antes o después de la tabla de contenido?
   _____

2. ¿Las palabras en negrita son ejemplos de qué parte del libro?
   _____

3. ¿"La Peste Negra" es un ejemplo de qué parte del libro?
   _____

4. ¿En qué página puedes comenzar a leer sobre la relación entre la Primera Guerra Mundial y la gripe?
   _____

5. ¿En qué parte de este libro encontrarías una definición de la palabra *contagioso*?
   _____

6. Dado el tema del libro, ¿qué esperarías encontrar en el apéndice?
   _____
   _____

7. ¿Este sería un buen libro para un informe de la Primera Guerra Mundial? ¿Por qué?
   _____
   _____

8. Si quisieras leer sobre la prevención de la gripe, ¿qué capítulo buscarías?
   _____

9. ¿Cómo te ayudaría estudiar esta tabla de contenido antes de leer este libro?
   _____

10. Si quisieras saber si este libro está más actualizado que otro libro sobre enfermedades infecciosas, ¿qué parte del libro consultarías?
    _____
    _____

Actividad en casa Su hijo aprendió cuáles son las partes de un libro y respondió preguntas sobre cómo usar varias partes. Abran juntos un libro de referencia en cualquier página. Tomen nota de los encabezados de la sección, fuentes gráficas y cualquier leyenda. Mencionen otras partes del libro que encuentren en varias páginas diferentes.

Bomberos paracaidistas

Nombre _____

Palabras terminadas en -ción, -sión

Corrige una anécdota Lee el relato de Ana. Encierra en un círculo seis palabras con errores de ortografía y escríbelas correctamente. Encierra en un círculo el error de puntuación y escribe la oración.

> **La primavera**
>
> Empezó la estasión del año que más me gusta la primavera. Todos los días vuelvo corriendo de la escuela con la ilución de poder ir a la tarde con mis amigos al parque. Ayer sentí mucha emosión cuando mi mamá me dijo que podía ir. A mis amigos y a mí nos gusta correr sin tención por el parque. Cuando nos cansamos, nos sentamos, cantamos una cansión y comemos una exquisita torta. Esta parte del día es la que más me interesa porque mi mejor amiga siempre me regala su porsión. Hoy no pude ir, así que espero que mañana pueda porque el día va a ser espectacular.

Palabras de ortografía

reacción
misión
canción
ilusión
confusión
dedicación
porción
división
tensión
fusión
presión
protección
mansión
profesión
posición
dirección
emoción
loción
diversión
estación

1. _____   2. _____   3. _____
4. _____   5. _____   6. _____
7. _____

Palabras correctas Encierra en un círculo la letra que corresponda a la palabra escrita correctamente.

8. Las cuentas de multiplicación me resultan fáciles, pero las cuentas de _____ no.

   A. división   B. divición   C. divissión

9. Cuando salgo con mi abuelo, me pongo _____.

   A. losión   B. losion   C. loción

10. La _____ del juego era encontrar el tesoro.

    A. micsión   B. misión   C. mición

11. Siento la _____ de mi hermano mayor cuando me toma la mano.

    A. protecsión   B. protekción   C. protección

12. Los vecinos nuevos viven en una _____.

    A. mansión   B. manción   C. mansion

Palabras difíciles

exposición
propulsión
erosión
extensión
combinación

Actividad en casa Su hijo identificó palabras terminadas en -ción, -sión que estaban mal escritas. Dicte a su hijo algunas palabras de la lista. Cometa algunos errores para que los corrija.

Ortografía Palabras terminadas en -ción, -sión

Nombre _____

Bomberos paracaidistas

Adjetivos

Lee las oraciones. Luego, lee cada pregunta. Encierra en un círculo la letra de la respuesta correcta.

Justo a tiempo

(1) _____ incendio estaba lejos de la carretera. (2) _____ bomberos subieron al helicóptero. (3) Vieron una columna de humo _____. (4) Ardían unos árboles _____. (5) Los bomberos hicieron una intervención _____.

1 ¿Qué adjetivo completa correctamente la oración 1?

 A Allí
 B Aquel
 C Gran
 D Peligro

2 ¿Qué adjetivo completa correctamente la oración 2?

 A Cinco
 B Entre
 C Valiente
 D Terriblemente

3 ¿Qué adjetivo completa correctamente la oración 3?

 A negro
 B grandes
 C muchos
 D subía

4 ¿Qué adjetivo completa correctamente la oración 4?

 A esa idea
 B fuerte
 C enormes
 D antes

5 ¿Qué adjetivo completa correctamente la oración 5?

 A tristemente
 B rápida
 C nosotros
 D mucho

Actividad para la casa Su niño o niña se preparó para tomar un examen de los adjetivos. Dele un artículo breve de una revista o un periódico. Pídale que subraye los adjetivos que encuentre.

Nombre _____

La ciudad perdida

Comparar y contrastar

- **Comparar y contrastar** significa decir en qué se asemejan y en qué se diferencian dos o más cosas.
- Las palabras clave como *como* y *cual* pueden mostrar semejanzas. Las palabras clave como *sin embargo* y *en cambio* pueden mostrar diferencias.

Instrucciones Lee el texto. Luego completa el diagrama de abajo.

Las culturas antiguas de Grecia y Roma se parecen mucho superficialmente. Por ejemplo, en ambas culturas, las personas vivían en áreas con climas cálidos y usaban ropa similar. Ambas sociedades también tenían grandes poetas y artistas. Sin embargo, tienen algunas diferencias importantes. Grecia era una serie de ciudades estado pequeñas. Por otro lado, Roma era un imperio enorme que gobernaba un emperador. Tanto las construcciones griegas como las construcciones romanas eran grandiosas, pero las de Roma se construyeron con métodos más avanzados.

Culturas de Grecia y Roma	
Semejanzas	**Diferencias**
1.	3.
2.	4.

5. ¿Qué visualizaste cuando leíste el texto?

_____

_____

Actividad en casa Su hijo leyó un texto corto y usó un organizador gráfico para comparar y contrastar dos culturas. Pida a su hijo que compare y contraste dos personas que conozca muy bien. Pida a su hijo que sea específico al mencionar las semejanzas y diferencias.

Comprensión 327

Nombre _____

La ciudad perdida

Escritura • Leyenda

Aspectos principales de una leyenda
- Puede basarse en personajes o sucesos históricos.
- Inventa o exagera las hazañas de un héroe.
- Usa detalles para describir los aspectos de ficción de un héroe.
- A menudo, una parte es real y una parte es ficción.

La leyenda de Pecos Bill y el león de montaña

De niño, Pecos Bill vivía en Texas. Cuando un vecino se mudó a cincuenta millas, su familia decidió que ya había mucha gente en el lugar. Engancharon la vaca y la mula al carromato y salieron en dirección oeste. Bill, que tenía cuatro años, iba en la parte de atrás del carromato.

Cuando cruzaban el río Pecos, la rueda de atrás del carromato golpeó en un pozo. Bill cayó al río. Gritó frenéticamente "¡Espérenme!", pero nadie oyó sus gritos. Cuando su mamá descubrió que estaba perdido, de prisa la familia volvió a buscarlo pero, lamentablemente, no lo encontraron.

Un anciano abuelo coyote encontró a Bill y lo llevó con él. Bill aprendió a hablar a los coyotes. Años después, corría tan rápido que podía superar a un antílope. Era tan fuerte que podía atrapar a un búfalo.

Un día, muchos años después, el hermano de Bill, Chuck, llegó cabalgando. Chuck reconoció a Bill al instante. Aunque Bill insistió en que era un coyote, Chuck lo convenció de que eran hermanos. Persuadió a Bill para que viajara con él al rancho donde Chuck era vaquero.

Chuck sugirió que Bill montara detrás en su poni, pero Bill se rehusó. En cambio, saltó sobre una serpiente que tomaba sol despreocupada y la cabalgó hasta que encontraron a un león de montaña.

El león saltó sobre Bill, pero él también peleó y tiró del pelo del león con mucha fuerza. Después de varias horas, el león suplicó a Bill que se detuviera. "Muy bien", dijo Bill. "Pero tienes que dejar que te monte como a un poni". El león estuvo de acuerdo. Con la serpiente como fusta, Bill continuó su camino.

Al amanecer, varios días después, Chuck y Bill llegaron al rancho. Un hombre de siete pies de estatura con sombrero de vaquero los saludó y dijo: "He sido el jefe de este rancho por muchos años. Pero, desde ahora, tú eres el jefe. Cualquier hombre que puede montar un león de montaña y usar una serpiente como fusta puede ser jefe aquí por el resto de su vida".

1. ¿Qué acciones exageradas de Pecos Bill se incluyen en la leyenda?

_____

2. Encierra en un círculo una parte del cuento que puede estar basada en un suceso real.

Nombre _____

La ciudad perdida

Vocabulario

Instrucciones Escoge la palabra de la casilla que corresponda a cada definición. Escribe la palabra en la línea.

Verifica las palabras que conoces
___ gloriosa
___ granito
___ ruinas
___ terrazas
___ maleza
___ exclamó
___ magnífico

_____ 1. grandioso, fabuloso

_____ 2. magnífica, espléndida

_____ 3. formaciones planas, a nivel de la tierra con forma escalonada

_____ 4. lo que queda después de la destrucción de un edificio

_____ 5. habló con fuerza

Instrucciones Escoge la palabra de la casilla que complete mejor cada oración. Escribe la palabra en la línea de la izquierda.

_____ 6. Las paredes de _____ de la caverna eran frías al tacto.

_____ 7. La _____ espesa de arbustos con bayas cubría las tallas.

_____ 8. Las _____ de la montaña tenían cultivos.

_____ 9. Los arqueólogos se emocionaron al descubrir las _____ de una ciudad antigua.

_____ 10. La luz _____ del sol hacía resplandecer al lago.

Escribe una descripción

Imagina que eres un arqueólogo que acaba de descubrir unas ruinas antiguas. Escribe una descripción sobre lo que encontraste. Usa tantas palabras de vocabulario como puedas.

Actividad en casa Su hijo identificó y usó palabras de vocabulario de *La ciudad perdida*. Con su hijo, invente un cuento sobre una civilización antigua. Usen las palabras de vocabulario de la selección.

Vocabulario 329

Nombre _____

La ciudad perdida

Adverbios

> Un **adverbio** es una palabra que dice cómo, cuánto, cuándo o dónde. Los adverbios dan información sobre el verbo. Algunos adverbios son:
>
> **Cómo** *bien, mal, despacio, deprisa, así, peor, mejor, fácilmente*
>
> La expedición terminó bien.
>
> **Cuánto** *poco, mucho, bastante, más, menos, algo, demasiado, todo, nada, aproximadamente, casi*
>
> Me gusta bastante.
>
> **Cuándo** *antes, después, pronto, tarde, temprano, todavía, aún, ya, ayer, hoy, mañana, siempre, nunca, jamás, próximamente, frecuentemente, anoche, enseguida, ahora, mientras*
>
> Pedro llegará mañana.
>
> **Dónde** *acá, ahí, allá, arriba, abajo, cerca, lejos, delante, detrás, encima, debajo*
>
> Mira la piedra que está debajo.
>
> Las **frases adverbiales** son combinaciones de dos o más palabras que funcionan como un adverbio. Algunas frases adverbiales son *sin duda, tal vez, en mi vida, de repente, en punto, poco a poco, más o menos, a veces, a menudo*.
>
> Poco a poco, nos fuimos acercando a la cima.

Instrucciones Copia el adverbio de cada oración.

1. Puedes llevar esta mochila cómodamente. _____

2. Primero, iremos por un camino llano. _____

3. Luego, subiremos un cerro. _____

4. ¡Allí veo nuestro campamento! _____

5. Falta poco para llegar. _____

Actividad para la casa Su niño o niña estudió los adverbios. Pídale que le describa cosas que le ocurrieron en el curso del día y que use adverbios que indiquen cómo, cuándo, cuánto y dónde. Pídale que identifique los adverbios que usó.

Nombre _____

La ciudad perdida

Sufijos derivados del latín:
-able, -ible, -ancia, -encia, -oso, -osa

Palabras de ortografía

adorable	gloriosa	asombroso	perezoso	accesible
comestible	estable	venenosa	famoso	hermoso
importancia	posible	valioso	fabuloso	existencia
maravilloso	abundancia	temible	razonable	terrible

Grupos de palabras Escribe la palabra de la lista que complete mejor cada grupo.

1. costoso, caro, _____
2. firme, fijo, _____
3. increíble, extraordinario, _____
4. encantador, seductor, _____
5. aterrador, terrorífico, _____
6. holgazán, haragán, _____
7. copiosidad, opulencia, _____
8. bello, lindo, _____
9. sensato, reflexivo, _____
10. sorprendente, admirable, _____

1. _____
2. _____
3. _____
4. _____
5. _____
6. _____
7. _____
8. _____
9. _____
10. _____

Palabras que faltan Completa las oraciones utilizando las palabras de la lista.

11. Esa serpiente es _____.
12. La cima de la montaña sólo es _____ para los escaladores.
13. Encontré un hongo _____.
14. Eduardo no cree en la _____ de fantasmas.
15. Seguir las instrucciones es de gran _____.
16. Es _____ que Manuel llegue tarde.
17. La victoria fue _____.
18. Jorge es un tenista muy _____.
19. El león es un animal _____.
20. Viajar a Egipto fue _____.

11. _____
12. _____
13. _____
14. _____
15. _____
16. _____
17. _____
18. _____
19. _____
20. _____

Actividad en casa Su hijo escribió palabras con sufijos derivados del latín: -able, -ible, -ancia, -encia, -oso, -osa. Pida a su hijo que use cada palabra de la lista en una oración.

Nombre _____

La ciudad perdida

Secuencia del cuento B

Título

Personajes

Ambiente

Sucesos

Nombre _____

La ciudad perdida

Vocabulario • Raíces griegas y latinas

- Muchas palabras tienen **raíces griegas y latinas** que se incluyen a menudo en las definiciones de un diccionario. Comprender raíces griegas y latinas puede ayudarte a comprender el significado de palabras desconocidas.
- La raíz latina *terra*, que significa "tierra, suelo", está en las palabras *terreno* y *territorio*. La raíz latina *gloria* significa "honor", como en la palabra *glorificar*.

Instrucciones Lee el texto. Luego responde las preguntas de abajo.

> La curiosidad me puso nerviosa. Tenía que saber lo que había al final del camino. Habíamos caminado por la terraza accidentada durante horas. Tuvimos que cambiar la dirección dos veces para evitar un torrente muy poderoso que nos habría derrumbado si hubiéramos intentado cruzarlo. Al menos era un día glorioso. El sol resplandecía y el cielo tenía un celeste hermoso. Finalmente, vimos una montaña con terrazas ante nosotros. Cuando salimos del bosque por completo, pude ver la cima de la montaña. Había una estructura enorme de granito en toda su gloria.

1. ¿Cuál es la raíz latina en *terraza*? ¿Cómo te ayuda a comprender el significado de la palabra?

   _____

2. ¿Cómo la raíz de *glorioso* te ayuda a comprender su significado?

   _____

3. ¿Qué significa *terreno*? ¿Cómo te ayuda la raíz a comprender el significado de la palabra? Usa un diccionario como ayuda.

   _____

4. ¿Cómo se relaciona el significado de *glorificar* con el significado de la raíz latina?

   _____

5. Escribe una oración con una palabra nueva que tenga la raíz *gloria* o *terra*.

   _____

Actividad en casa Su hijo leyó un texto corto e identificó el significado de palabras desconocidas usando raíces latinas. Use un diccionario con su hijo para encontrar otras palabras que tengan las raíces latinas *gloria* y *terra*.

Nombre _____

La ciudad perdida

Esquema

> Un **esquema** es un plan que muestra cómo se organiza un cuento, artículo, informe u otro texto. Un esquema incluye un título, temas principales, subtemas y detalles. Puedes usar un esquema para comprender mejor cómo se organiza un texto o como una manera de organizar tus propias ideas antes de escribir algo.

Instrucciones Lee el siguiente esquema. Luego responde las preguntas de abajo.

Civilizaciones antiguas

I. Aztecas
   A. Ubicación y tamaño
      1. México
      2. formado por cientos de estados
      3. 5 a 6 millones de personas
   B. Población
      1. sacerdotes y nobles
      2. guerreros
      3. siervos o esclavos

II. Incas
   A. Ubicación y tamaño
      1. Perú, Ecuador y Chile
      2. aproximadamente 12 millones de personas
   B. Población
      1. emperador
      2. nobles
      3. agricultores

1. ¿Cuál es el título de este esquema?

_____

2. ¿Cuáles son los subtemas debajo de *Aztecas*?

_____

3. ¿Qué tipos de personas incas se incluirán en este informe?

_____

4. ¿Por qué se usan los dos mismos subtemas debajo de *Aztecas* e *Incas*?

_____

_____

5. ¿Cómo te ayudaría un esquema a organizar tus ideas antes de escribir un informe?

_____

_____

Nombre _____

La ciudad perdida

Instrucciones Lee el siguiente artículo. Luego completa el siguiente esquema.

Aunque los incas vivieron hace mucho tiempo, eran altamente civilizados. Su sistema de agricultura estaba bien planificado. Su agricultura les permitía alimentarse y tener suficiente sobrante para comerciar. Los agricultores incas cultivaban algodón, papas, maíz y muchos otros cultivos. Su sistema de irrigación les permitía regar sus cultivos. Los incas también tenían animales de granja. Criaban llamas, patos y alpacas.

Además de su sistema de agricultura, los incas también tenían construcciones y calles. Si fueras a visitar los sitios incas de Sudamérica en la actualidad, podrías ver las ruinas de grandes templos, palacios y fuertes militares. El sistema de transporte inca tenía dos calles principales que se extendían por cientos de millas. Las calles pequeñas se conectaban con las calles principales. También construyeron puentes y túneles.

Instrucciones Escribe la información correcta en la línea de la izquierda para completar el esquema.

Civilización inca

6. I. _____   I. _____

                                                         A. Cultivos

                                                           1. algodón

7. I. A. 2. _____   2. _____

                                                           3. maíz

8. I. B. _____   B. _____

                                                           1. llamas

                                                           2. patos

                                                           3. alpacas

                                            II. Construcciones

                                                      A. Palacios

9. II. B. _____   B. _____

                                                       C. Fuertes

                                           III. Transporte

                                               A. Calles

                                                         1. dos calles principales

10. III. A. 2. _____   2. _____

                                                      B. Puentes y túneles

Actividad en casa Su hijo aprendió cómo funcionan y para qué sirven los esquemas. Lean un artículo y hagan un esquema con la información del artículo.

Destrezas de investigación y estudio

Nombre _____

La ciudad perdida

Sufijos derivados del latín: -able, -ible, -ancia, -encia, -oso, -osa

Corregir un párrafo Encierra en un círculo cinco palabras con errores de ortografía y escríbelas correctamente. Escribe correctamente la oración que tenga el verbo en un tiempo incorrecto.

> La serpiente de cascabel era venenoza. Es un reptil famozo porque en el extremo de su cola tiene unos anillos que al moverse hacen un ruido similar al de un cascabel. Es un animal temivle porque su veneno en abundanzia puede ser mortal. La administración rápida del antídoto es de gran importanzia para salvar vidas.

Palabras de ortografía

adorable
comestible
importancia
maravilloso
gloriosa
estable
posible
abundancia
asombroso
venenosa
valioso
temible
perezoso
famoso
fabuloso
razonable
accesible
hermoso
existencia
terrible

1. _____
2. _____
3. _____
4. _____
5. _____
6. _____

Corregir palabras Encierra en un círculo las palabras de la lista escritas correctamente en cada oración. Escribe la palabra.

7. Tu collar de perlas es muy valioso valiozo.   7. _____

8. Juan nunca termina sus deberes; es muy peresoso perezoso.   8. _____

9. El temblor en Japón fue terrible terrivle.   9. _____

10. Siempre que discutimos, mi hermano es poco razonable razonavle.   10. _____

11. Ese cachorrito es adoravle adorable.   11. _____

12. El gol fue fabuloso fabulozo.   12. _____

Palabras difíciles

infalible
envidiable
decadencia
tolerancia
predecible

Actividad en casa Su hijo identificó palabras con sufijos derivados del latín: -able, -ible, -ancia, -encia, -oso, -osa mal escritas. Lea las palabras de la lista y pida a su hijo que las escriba.

Nombre _____

La ciudad perdida

Adverbios

Lee las oraciones. Luego, lee cada pregunta. Encierra en un círculo la letra de la respuesta correcta.

Cuesta arriba

(1) Jaime y yo subimos la montaña despacio. (2) Manteníamos más o menos el mismo ritmo. (3) Bebíamos agua frecuentemente para estar hidratados. (4) Al final, Jaime y yo estábamos cansados. (5) Afortunadamente, los dos pudimos llegar a la cima.

1. ¿Cuál es el adverbio o la frase adverbial de la oración 1?

   A subimos
   B yo
   C montaña
   D despacio

2. ¿Cuál es el adverbio o la frase adverbial de la oración 2?

   A más o menos
   B ritmo
   C manteníamos
   D mismo

3. ¿Cuál es el adverbio o la frase adverbial de la oración 3?

   A estar
   B frecuentemente
   C Bebíamos
   D para

4. ¿Cuál es el adverbio o la frase adverbial de la oración 4?

   A estábamos
   B Jaime
   C cansados
   D Al final

5. ¿Cuál es el adverbio o la frase adverbial de la oración 5?

   A Afortunadamente
   B cima
   C llegar a
   D pudimos

Actividad para la casa Su niño o niña se preparó para tomar un examen de los adverbios. Dígale que lea un artículo de una revista o de un periódico. Pídale que subraye los adverbios y que le diga si indican cómo, cuándo, cuánto o dónde.

Normas Adverbios **337**

Nombre _____

Francisco Sarabia

Elementos literarios: Personaje, argumento y tema

- Los **personajes** son las personas y los animales de un cuento.
- El **argumento** es la secuencia de sucesos de un cuento.
- El **tema** de un cuento es la idea más importante.

Instrucciones Lee el cuento. Usa la gráfica para identificar los personajes, el argumento y el tema del cuento y responde las preguntas de abajo.

Cuando el gato Bigotes no vino a desayunar, Jasmine se preocupó.
—Bigotes siempre viene a comer —le dijo a su madre—. ¿Y si se perdió?
—Tranquilízate, Jasmine —dijo su mamá—. Es más fácil resolver un problema si estás tranquila.
Así que Jasmine se sentó y pensó. Entonces se dio cuenta: quizá Bigotes estaba en el sótano.
Abrió la puerta del sótano. Allí estaba Bigotes, dormido en las escaleras.
—Ayer Bigotes tenía mucha curiosidad por el sótano —explicó Jasmine.
Su mamá sonrió. —¿Ves lo que sucede cuando te tranquilizas y analizas un problema?

Personajes	Argumento	Tema
1.	2.	3.

4. ¿Cómo averiguó Jasmine el escondite de Bigotes?

_____

5. ¿El narrador del cuento es primera persona o tercera persona?

_____

Actividad en casa Su hijo aprendió acerca de los personajes, el argumento y el tema de un cuento. Comente un problema que su hijo haya resuelto recientemente como si fuera un cuento. Pida a su hijo que le diga los personajes, el argumento y el tema.

Nombre _____

Francisco Sarabia

Escritura • Nota de agradecimiento

Aspectos principales de una nota de agradecimiento
- Usa formato de carta.
- Tiene un tono amistoso.
- Explica por qué quien escribe se siente agradecido.

---

23 de julio de 20____

Querida Anna:

    Caerme de mi bote cuando comenzó la tormenta la semana pasada fue la cosa que más miedo me dio en mi vida. ¡Sentí pánico! Olvidé todo lo que aprendí acerca de enderezar el bote y volver a bordo. Luego te vi venir en mi dirección. Pensé que no me alcanzarías a tiempo. El viento soplaba con más fuerza cada segundo que pasaba. Las olas eran cada vez más altas. Probablemente rescatarme fue la tarea más difícil y peligrosa que hayas hecho alguna vez. ¡Pero eres una marinera fantástica! Me alcanzaste más rápido de lo que pensé fuera posible. Tu voz me ayudó a sentirme más y tus instrucciones precisas me ayudaron a subir con seguridad a tu bote.

    Anna, tu destreza para navegar y tu coraje me salvaron. Nunca olvidaré lo que hiciste. Eres verdaderamente sorprendente.

                                                        Tu amiga agradecida,
                                                         Carol

---

1. Vuelve a leer el texto. ¿Por qué es una nota de agradecimiento?

_____

_____

2. Encierra en un círculo el cuerpo de la nota de agradecimiento.

Nombre _____

Francisco Sarabia

Vocabulario

Instrucciones Escoge la palabra de la casilla que corresponda a cada definición. Escribe la palabra en la línea.

Verifica las palabras que conoces

___ pavoroso
___ paracaídas
___ rutas
___ acrobacias
___ Atlanta
___ fabricantes
___ mecánica
___ acero

_____ 1. caminos largos; recorridos

_____ 2. metal duro y resistente

_____ 3. que da mucho miedo

_____ 4. personas que se dedican a fabricar objetos

_____ 5. objeto que permite descender lentamente

Instrucciones Encierra en un círculo la palabra que tenga el mismo o casi el mismo significado de la primera palabra en cada grupo.

6. **mecánica**	simple	automática	colosal
7. **acrobacias**	piruetas	misiones	obligaciones
8. **pavoroso**	intrépido	bajo	espeluznante
9. **fabricantes**	elegantes	creadores	sutiles
10. **acero**	cerca	metal	número

Escribe una noticia

Imagina que eres un periodista que informa sobre una joven que acompaña a un personaje importante en una expedición. En una hoja aparte, escribe una noticia sobre el suceso. Usa tantas palabras del vocabulario como puedas.

Actividad en casa Su hijo identificó y usó palabras de vocabulario de *Francisco Sarabia*. Lea con su hijo un artículo sobre ascensos o descensos de montaña. Ayude a su hijo a identificar el significado de palabras desconocidas en el artículo.

Nombre _____

Francisco Sarabia

Comparativos y superlativos

> Los **comparativos** nos sirven para contrastar una cosa con otra. Los comparativos pueden ser de superioridad, de inferioridad o de igualdad.
>
> El avión antiguo es <u>más bonito que</u> el nuevo.
>
> El libro verde es <u>menos viejo que</u> el azul.
>
> Eres <u>tan alto como</u> yo.
>
> Hay algunos comparativos irregulares: *mejor* (de bueno), *peor* (de malo), *mayor* (de grande), *menor* (de pequeño).
>
> Los **superlativos** sirven para indicar una cualidad en su grado máximo.
>
> El libro es <u>interesantísimo</u>.
>
> El vuelo fue <u>muy corto</u>.
>
> Fue <u>la</u> ciudad <u>más bonita de</u> las que vi.
>
> ¡Es <u>la mejor</u> comida <u>de</u> mi vida!

Instrucciones Escribe la expresión comparativa que corresponda, según se compare una cosa que sea *más, igual* o *menos* que otra.

1. Este avión es _____ aquel otro. (más, rápido)

2. Los pilotos de antes eran _____ los actuales. (igual, competentes)

3. Los primeros aviones eran _____ los modernos. (menos, seguros)

4. Un aeropuerto pequeño es _____ uno grande. (menos, activo)

5. Desde Ciudad de México, Nueva York está _____ Dallas. (más, lejos)

6. Había unos nubarrones _____ la tinta. (igual, negros)

Actividad para la casa Su niño o niña estudió los comparativos y superlativos. Pídale que compare los medios de transporte con oraciones como *El avión es más cómodo que el tren.*

Normas Comparativos y superlativos **341**

Nombre _____

Francisco Sarabia

Raíces griegas

Grupos de palabras Escribe las palabras de la lista que completen cada grupo.

1. música, cantante, _____
2. famoso, firma, _____
3. paisaje, retrato, _____
4. universo, lente, _____
5. historia de la vida, verdadera, _____
6. letra, escritura, _____
7. música, conjunto de instrumentos, _____
8. bacteria, lente, _____
9. televisión, ficción, _____
10. ciudadano, urbano, _____

1. _____
2. _____
3. _____
4. _____
5. _____
6. _____
7. _____
8. _____
9. _____
10. _____

Palabras de ortografía

telescopio
teléfono
fotografía
fotógrafo
biografía
mecanógrafo
geógrafo
autógrafo
metro
metropolitano
sinfonía
fonética
microscopio
micrófono
televisión
telenovela
perímetro
caligrafía
microbio
megáfono

Palabras que faltan Escribe la palabra de la lista que mejor complete cada oración.

11. El _____ tiene la forma de un cono.
12. Para encontrar el _____, hay que medir los lados de una figura y sumarlos.
13. El _____ sirve para comunicarnos.
14. La persona que saca fotografías es el _____.
15. A través de un microscopio se puede ver un _____.
16. Recién cuando termino la tarea puedo ver _____.
17. La _____ estudia los sonidos de una lengua.
18. Cuando sea grande quiero ser _____ porque me gusta la geografía.
19. Mi papá mide un _____ con ochenta centímetros.
20. La persona que tiene por oficio escribir a máquina es el _____.

11. _____
12. _____
13. _____
14. _____
15. _____
16. _____
17. _____
18. _____
19. _____
20. _____

Actividad en casa Su hijo escribió palabras con raíces griegas. Pida a su hijo que diga el significado de las raíces griegas de las palabras de la lista para poder definir fácilmente el significado de las palabras.

342 Ortografía Raíces griegas

Nombre _____

Francisco Sarabia

Título _____

A. _____
    1. _____
    2. _____
    3. _____

B. _____
    1. _____
    2. _____
    3. _____

C. _____
    1. _____
    2. _____
    3. _____

Nombre _____

Francisco Sarabia

Vocabulario • Palabras poco comunes

- Las **claves del contexto**, las palabras y frases cerca de una palabra **poco común** de un texto, pueden ayudarte a averiguar el significado de la palabra.
- Las claves del contexto no siempre te ayudan a averiguar el significado de una palabra poco común. Si eso sucede, usa un diccionario, es decir, un libro que tiene palabras con sus definiciones en una lista, para encontrar el significado de la palabra.

Instrucciones Lee el texto. Luego responde las preguntas de abajo.

> Jack nunca había ascendido tan lejos con sus hermanos. Hoy habían recorrido una ruta de siete millas para llegar a su pared. Para Jack, la pared parecía una vara plana, o poste, lanzada hacia arriba. Al parpadear, preveía su caída hacia atrás por el hueco, o vacío, que por detrás parecía esperar su resbalón; era pavoroso.
>
> —Vamos, Jack —gritó su hermano mayor, Trev. Trev había escalado durante años, para él era una actividad mecánica y Jack estaba seguro. Trev lo ayudó con su equipo y le mostró dónde colocar sus pies y manos. Sin darse cuenta, ya estaban en la cima de la pared y observaban por sobre la cumbre de las montañas a la distancia. Trev después ayudó a Jack a descender por la pared rocosa. Volvieron a deslizarse por las cuerdas para que el descenso fuera emocionante. Habían hecho una gran acrobacia, y el ejercicio siempre es bueno.

1. ¿Qué significa *ruta*? ¿Cómo lo sabes?

   _____

2. ¿Qué claves del contexto te ayudan a averiguar el significado de *pavoroso*?

   _____

3. ¿Por qué una *acrobacia* puede ser un buen ejercicio?

   _____

4. Usa un diccionario para buscar la palabra *mecánico*. Vuelve a escribir la oración que usa la palabra para dar claves del contexto.

   _____

Actividad en casa Su hijo identificó el significado de palabras poco comunes con claves del contexto. Invente algunas palabras nuevas para objetos de uso cotidiano (por ejemplo: una tapa sería una *pata*). Proporcione claves para los significados en una conversación con su hijo. Pida a su hijo que adivine las palabras reales. Intercambie roles y repita la actividad.

Nombre _____

Francisco Sarabia

Diagrama/Dibujo a escala

- Un **diagrama** es un dibujo especial con rótulos. Normalmente, un diagrama muestra cómo está hecho algo, cómo se relacionan las partes de un objeto o cómo funciona algo. A veces, un diagrama tiene que leerse en un orden determinado para entenderse: de izquierda a derecha, de arriba abajo o de abajo arriba. A menudo, los diagramas tienen textos que explican algo sobre el objeto ilustrado.
- Un **dibujo a escala** es un diagrama que usa una escala matemática. Por ejemplo, una pulgada en un dibujo a escala podría ser igual a un pie del objeto a escala real.

Instrucciones Estudia el diagrama de un arnés para escalar rocas.

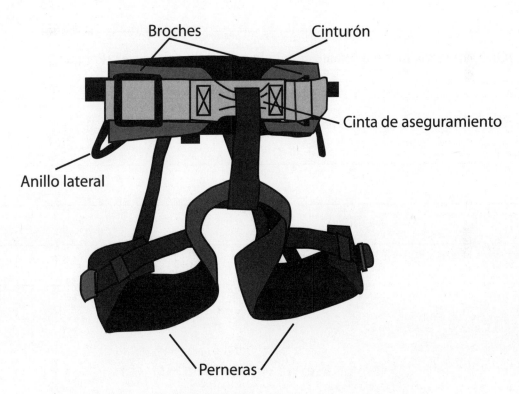

Definiciones

anillo lateral: Lugar para colgar otros instrumentos para escalar rocas.
broches: Sirven para sostener el arnés en su lugar.
cinta de aseguramiento: Lugar donde se ajusta la cuerda y se sujeta a otra persona o a la roca mientras uno escala.
cinturón: Se ajusta alrededor de la cintura.
perneras: Lugar por donde pasan las piernas.

Destrezas de investigación y estudio

Nombre _____

Instrucciones Usa el diagrama para responder las siguientes preguntas.

1. ¿Qué muestra este diagrama?

_____

2. ¿Qué te dicen las definiciones?

_____

3. ¿Dónde se ubica la cinta de aseguramiento del escalador?

_____

4. ¿Qué partes se ajustan alrededor del cuerpo?

_____

5. ¿Qué parte sería más importante comprobar para un buen ajuste? ¿Por qué?

_____

6. ¿Cuándo alguien consultaría un diagrama como éste?

_____

_____

_____

_____

Escuela + Hogar **Actividad en casa** Su hijo aprendió sobre diagramas y dibujos a escala. Usen Internet o un libro de referencia para buscar las medidas reales de una montaña famosa. Luego hagan un dibujo a escala de la montaña.

346 Destrezas de investigación y estudio

Nombre _____

Francisco Sarabia

Raíces griegas

Corrige una actividad Samuel escribió rápidamente la actividad que copió la maestra en el pizarrón. Encierra en un círculo seis palabras con errores de ortografía y un error en el uso de las mayúsculas. Escribe las palabras y la oración correctamente.

> Actividad para la casa: escribe una biografia de cuatro párrafos sobre alguno de los personajes que figuran a continuación.
> Alexander Graham Bell, Inventor del teláfono.
> Ludwig van Beethoven, creador de la Novena Sifonía.
> Anton van Leeuwenhoek, reformador del microskopio.
> Galileo y el telescopo.
> Para completar tu tarea, consigue una fotorafía del personaje que elijas. ¡Suerte!

Palabras de ortografía

telescopio
teléfono
fotografía
fotógrafo
biografía
mecanógrafo
geógrafo
autógrafo
metro
metropolitano
sinfonía
fonética
microscopio
micrófono
televisión
telenovela
perímetro
caligrafía
microbio
megáfono

1. _____   2. _____
3. _____   4. _____
5. _____   6. _____
7. _____

Corregir palabras Encierra en un círculo las palabras de la lista escritas correctamente.

8. micrófono   micróphono   9. televisión   telebisión

10. metopolitano   metropolitano   11. caligrafía   calijrafía

12. fonétika   fonética   13. autójrafo   autógrafo

14. microvio   microbio   15. perímetro   perimetro

Palabras difíciles

microondas
teledirigido
fotómetro
telecomunicaciones
microclima

Actividad en casa Su hijo identificó palabras con raíces griegas mal escritas. Pida a su hijo que identifique y encierre en un círculo las raíces griegas de las palabras de ortografía. Hagan juntos una lista de otras palabras con raíces griegas que conozcan.

Ortografía Raíces griegas

Nombre _____

Francisco Sarabia

Comparativos y superlativos

Lee las oraciones. Luego, lee cada pregunta. Encierra en un círculo la letra de la respuesta correcta.

¡A volar!

(1) La aventura de Sarabia fue _____ la de Lindberg. (2) Este modelo de avión es _____. (3) Su motor es _____ el de los nuevos modelos. (4) ¿Cuál es _____ de todos los medios de transporte? (5) El carro es _____ el avión.

1 ¿Cuáles son las palabras que mejor completan la oración 1?

  A tan arriesgada como
  B arriesgada
  C tan arriesgada
  D mejor

2 ¿Cuáles son las palabras que mejor completan la oración 2?

  A el más antiguo
  B más antiguo que
  C tan antiguo como
  D el más antiguo de

3 ¿Cuáles son las palabras que mejor completan la oración 3?

  A peor
  B menos potente
  C menos potente que
  D el menos potente

4 ¿Cuáles son las palabras que mejor completan la oración 4?

  A más bueno
  B el mejor
  C mejores
  D buen

5 ¿Cuáles son las palabras que mejor completan la oración 5?

  A más peligroso
  B más peligroso que
  C tan peligroso
  D el más peligroso

Actividad para la casa Su niño o niña se preparó para tomar un examen de los comparativos y superlativos. Lean juntos un artículo breve de una revista o un periódico. Pídale que subraye los comparativos y superlativos que encuentre.

Nombre _____

Diario de la Antártida

Idea principal y detalles

- La **idea principal** dice la idea más importante de un párrafo, texto o artículo.
- Los **detalles** dan más información sobre la idea principal.

Instrucciones Lee el siguiente artículo. Luego encuentra la idea principal y los detalles de apoyo para completar el diagrama.

Aunque la Antártida está muy lejos del resto del mundo, los científicos la conocen bastante. Exploraron el continente y caminaron sobre sus hielos. Descubrieron cadenas montañosas y las cartografiaron. Los científicos incluso estudiaron características ocultas de la Antártida que existen bajo el hielo. Ahora el equipo que usa tecnología en sonido con ecos radiales puede determinar cómo son estas características. Los científicos obtuvieron un conocimiento que anima a los turistas a ver el continente por ellos mismos.

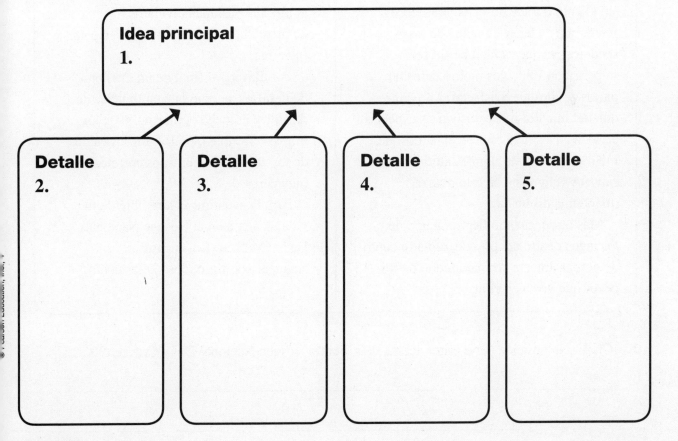

Idea principal
1.

Detalle
2.

Detalle
3.

Detalle
4.

Detalle
5.

Actividad en casa Su hijo usó un organizador gráfico para determinar la idea principal y detalles de apoyo en un artículo. Comente un lugar que su hijo conozca bien. Pídale que escriba un párrafo sobre el lugar e incluya una idea principal y detalles de apoyo.

Comprensión 349

Nombre _____

Diario de la Antártida

Escritura • Anuncio persuasivo

Aspectos principales de un anuncio persuasivo
- Atrae la atención del lector.
- Toma una posición acerca del producto, servicio o idea.
- Usa detalles que animan al lector a la acción o la compra.

¡Visita el Bosque Nacional Davy Crockett!

¿Te gustan las aventuras al aire libre? ¿Te gustaría ir de mochilero, hacer caminatas y pescar en un área natural? ¡Visita el Bosque Nacional Davy Crockett en Texas y será el viaje más emocionante que puedas tener!

Comienza tu viaje de mochilero a través de miles de senderos que te dejan sin aliento por los bosques pintorescos. Asegúrate de tener un mapa de los senderos, ya que es fácil perderse. No se permiten vehículos motorizados en partes del bosque. Disfrutarás de paz y quietud mientras observas varias especies de vida silvestre que viven en el bosque. Incluso puedes ver algunos animales salvajes peligrosos. Si esto ocurre, ¡mantén la distancia!

Más tarde, cuando llegues a uno de los lagos dentro del bosque, toma tu caña de pescar. Intenta atrapar alguno de los peces que viven en el lago.

Probablemente lanzarás el anzuelo a varias lubinas de boca grande o al pez castor. Sin embargo, atrapar uno grande no será fácil. Prevé una pelea difícil que pondrá a prueba tus destrezas como pescador.

Luego, con la puesta del sol, cocina tu pescado fresco en una sartén al fuego al aire libre. Nunca olvidarás tu cena de picnic fabulosa en este ambiente increíble.

Por último, al final de un día lleno de desafíos, acomódate en tu bolsa de dormir y escucha el murmullo de los árboles. También, podrás oír los ruidos de los animales nocturnos correteando muy cerca.

Para la aventura al aire libre de tu vida, acampa en el Bosque Nacional Davy Crockett. Los lugares para acampar son limitados. Reserva hoy.

1. ¿Cuál es la posición del escritor acerca de visitar el Bosque Nacional Davy Crockett?

_____

_____

2. ¿Qué detalles te animan como lector a tomar acción?

_____

_____

Diario de la Antártida

Vocabulario

Instrucciones Escoge la palabra de la casilla que corresponda a cada definición. Escribe la palabra en la línea.

Verifica las palabras que conoces

___ amenazante
___ biología
___ continente
___ convergencia
___ icebergs
___ oceanografía
___ partida

_____ 1. alejamiento

_____ 2. grandes masas de hielo que flotan en el mar

_____ 3. que indica que algo malo va a suceder

_____ 4. ciencia que estudia los seres vivos

_____ 5. ciencia que estudia la vida en el mar

Instrucciones Escoge la palabra de la casilla que complete mejor cada oración. Escribe la palabra en la línea de la izquierda.

_____ 6. La Antártida es un _____ de nuestro planeta.

_____ 7. Los científicos estudian la _____ de dos grandes capas de hielo.

_____ 8. La grieta se ve _____ en la superficie del glaciar.

_____ 9. El barco debía asegurarse de evadir los _____ flotantes.

_____ 10. Mañana es nuestra _____ de la Antártida.

Escribe la entrada de un diario

Escribe la entrada de un diario que quizás hagas después de atravesar navegando las aguas heladas de la Antártida. Usa tantas palabras de vocabulario como puedas.

Actividad en casa Su hijo identificó y usó palabras de vocabulario de *Diario de la Antártida: Cuatro meses en el fin del mundo*. Hagan juntos un crucigrama usando las palabras de la selección.

Nombre _____

Diario de la Antártida

Adverbios de tiempo

- Los **adverbios de tiempo** son los que nos dicen cuándo se produjo la acción. Son adverbios que nos permiten contar los sucesos de una manera ordenada. Algunos adverbios de tiempo son: *primero, luego, antes, después, pronto, tarde, temprano, todavía, aún, ya, ayer, hoy, mañana, siempre, nunca, jamás, próximamente, prontamente, anoche, enseguida, ahora, mientras.*

  El día de la excursión, primero, tomamos el autobús; luego, visitamos el museo; después, almorzamos; finalmente, regresamos a la escuela.

- Hay también **frases adverbiales de tiempo** que cumplen la función de adverbios de tiempo. Por ejemplo: *en seguida, más tarde, en breve, en el futuro, de vez en cuando, de ahora en adelante, dentro de poco, en ningún momento, por último.*

  Dentro de poco se hará de noche.

Instrucciones Copia el adverbio o la frase adverbial de tiempo en cada oración.

1. Mañana tengo que ir a la biblioteca. _____

2. Entonces buscaré información sobre la Antártida. _____

3. Después podré empezar mi cartel. _____

4. Primero, sacaré el papel y las pinturas. _____

5. Luego, haré un boceto con mis ideas. _____

6. Por último, me pondré a pintar el cartel. _____

Actividad para la casa Su niño o niña estudió los adverbios y las frases adverbiales de tiempo. Pídale que le cuente por orden las cosas que hizo desde que se levantó por la mañana y que identifique los adverbios de tiempo que use.

Raíces latinas

Palabras de ortografía

diccionario	dictado	portátiles	portero	describir
especialista	abrupto	espectáculo	portavoz	aspecto
ruptura	erupción	escribir	edicto	transporte
portentoso	veredicto	pasaporte	dictaminar	inspector

Palabras en contexto Escribe la palabra de la lista que completa cada oración.

1. El _____ consiste en la interpretación de poemas musicalizados.
2. Las ballenas hacen un _____ sonido para llamar a sus compañeras.
3. En cuanto al _____ urbano, el autobús es el medio público más usado.
4. El juez ha ordenado citar por _____ a los culpables.
5. Estamos esperando el _____ final del juez.
6. Nuevamente hizo _____ el volcán Chaitén en Chile.
7. Si ordenas tu cuarto, seguro cambiará de _____.
8. Aún no hay fecha para _____ la Reforma Energética.
9. Vuelven los rumores de _____ entre los dos actores.
10. Han salido a la venta los nuevos reproductores _____.
11. El _____ de la Casa Blanca respondió todas las preguntas.
12. Para realizar el trámite necesitas llevar tu _____.

1. _____
2. _____
3. _____
4. _____
5. _____
6. _____
7. _____
8. _____
9. _____
10. _____
11. _____
12. _____

Definiciones Escribe la palabra de la lista que coincide con cada definición.

13. Representar las palabras con letras en papel u otra superficie.
14. Libro en el que se encuentran y se explican de forma ordenada todas las palabras de cada idioma.
15. Decir o explicar cómo es algo o alguien.
16. Acción de escribir lo que otro dice.
17. Persona que realiza una investigación.

13. _____
14. _____
15. _____
16. _____
17. _____

Actividad en casa Su hijo escribió palabras con raíces latinas. Use las oraciones incompletas de la lista y haga que su hijo las complete con las palabras que faltan.

Nombre _____

Diario de la Antártida

Título _____

A. _____
  1. _____
  2. _____
  3. _____

B. _____
  1. _____
  2. _____
  3. _____

C. _____
  1. _____
  2. _____
  3. _____

Nombre _____

Diario de la Antártida

Vocabulario • Raíces griegas y latinas

- Muchas palabras tienen **raíces y afijos griegos y latinos**. Cuando veas una palabra desconocida, puedes usar lo que sabes sobre el griego y latín para poder averiguar el significado de las palabras.
- El prefijo latino *com-* o *con-* significa "con" o "juntos". El prefijo latino *re-* significa "repetición". El prefijo latino *anti-* significa "contra" o "antes".

Instrucciones Lee el texto. Luego responde las preguntas de abajo.

Los científicos nunca sintieron tanto frío. Ayer retomaron el viaje desde Christchurch, Nueva Zelanda. Durante la noche, sintieron el descenso de temperatura y su anticipación se transformó en una realidad difícil. La Antártida, ya lo sabían, les mostraría la convergencia entre la belleza exterior de la naturaleza y el poder para poner la vida en peligro. Iban a quedarse por varios meses para reunir información sobre el ecosistema. Algo destruía la cadena alimenticia natural y los científicos no tenían mucho tiempo para averiguarlo.

1. ¿Cómo el prefijo de *retomar* te ayuda a averiguar el significado?

_____

_____

2. ¿Cuál es el significado de *convergencia*?

_____

3. Define la palabra *reunir*.

_____

_____

4. Piensa en el significado de *exterior* y luego escribe una palabra que signifique lo contrario y use un prefijo latino.

_____

_____

5. ¿Cuál es el significado de *anticipación*?

_____

Actividad en casa Su hijo usó conocimientos sobre las raíces y afijos griegos y latinos para identificar el significado de las palabras. Usen juntos un diccionario para encontrar otras palabras con raíces y afijos griegos y latinos.

Nombre _____

Diario de la Antártida

Estrategia de lectura OPPLER

- **Estrategia de lectura OPPLER:** Es una destreza de estudio que puede ayudarte cuando leas. Sus pasos son:
- **Observar:** Observa el título, el autor, los encabezados de los capítulos y las ilustraciones para tener una idea de lo que vas a leer.
- **Preguntar:** Haz preguntas que se puedan responder cuando leas el texto.
- **Predecir:** Intenta imaginar de qué se trata el texto que vas a leer.
- **Leer:** Lee el texto y recuerda tus predicciones y preguntas.
- **Exponer:** Expón o anota lo que aprendiste al leer el texto.
- **Repasar:** Vuelve a leer el texto, las predicciones y las preguntas que hiciste, las respuestas que encontraste en el texto y la información que aprendiste con tu lectura.

Instrucciones Observa la ilustración y lee la información. Sigue el método mencionado arriba.

Glaciares: maravillas en el hielo

Los llamados glaciares reales están formados por tres capas de hielo. La primera es una capa de nieve superior. La siguiente capa se forma con una mezcla de hielo y nieve. Finalmente, el hielo sólido forma la capa inferior. También hay grietas llamadas fisuras que aparecen cuando el glaciar se mueve. Algunos glaciares se mueven muy lentamente, tan lentamente que es difícil saberlo, mientras que otros quizás se mueven algunos cientos de pies por día. Es este movimiento de la masa de hielo el que forma las características únicas de la tierra. Todos los picos gigantes de montaña, los lagos y los valles resultaron del movimiento y erosión de los glaciares en la tierra durante años.

Puedes visitar glaciares pero no se recomienda caminar sobre los mismos. Puede haber fisuras profundas bajo la nieve que no se ven fácilmente. Las personas entrenadas que tienen experiencia en escalar montañas y glaciares y que tienen herramientas especiales, como cuerda, crampones y piolet, tienen mejores equipos para realizar este tipo de exploración. Las personas que recorren glaciares nunca deben ir solas.

Nombre _____

Diario de la Antártida

Instrucciones Usa la información para responder las siguientes preguntas.

1. Después de observar el título y la ilustración, ¿crees que el texto es de ficción o no ficción?
   _____

2. ¿Qué otras dos preguntas hiciste antes de leer?
   _____

3. Antes de leer, ¿cuál fue tu predicción sobre el texto?
   _____

4. ¿Qué distancia recorren algunos glaciares por día?
   _____

5. ¿De qué está formada la capa intermedia?
   _____

6. ¿Cómo se forman las características únicas de la tierra?
   _____

7. ¿Por qué es peligroso caminar sobre un glaciar?
   _____

8. ¿Qué aprendiste con este texto que no supieras antes?
   _____

9. ¿Cómo te ayuda hacer predicciones antes de leer?
   _____
   _____
   _____

10. ¿Cómo te ayuda repasar tus preguntas y la información?
    _____
    _____
    _____

Actividad en casa Su hijo aprendió un método de estudio. Escoja y lea un cuento de ficción. Pida a su hijo que aplique este método de estudio con el cuento. Pida a su hijo que explique en qué se diferencia el método de estudio cuando lo usa con textos de ficción en vez de no ficción.

Destrezas de investigación y estudio 357

Nombre _____

Diario de la Antártida

Raíces latinas

Corrige el cartel Encierra en un círculo seis palabras con errores de ortografía y escríbelas correctamente. Encuentra la oración con un error de puntuación y escríbela correctamente.

Señores pasajeros:

Se solicita a los turistas que cuiden sus pertenencias, sobre todo, su pazaporte.

La empresa de trasporte no se hará responsable por pérdida de las maletas portatiles que el pasajero lleva consigo. deberá mostrar sus pasajes al inspetor cuando él se lo solicite.

Para mayor información, por favor, comuníquese con el espesialista o portavos que está en la oficina de información.

Palabras de ortografía

diccionario
especialista
ruptura
portentoso
dictado
abrupto
erupción
veredicto
portátiles
espectáculo
escribir
pasaporte
portero
portavoz
edicto
dictaminar
describir
aspecto
transporte
inspector

1. _____ 2. _____
3. _____ 4. _____
5. _____ 6. _____
7. _____

_____

Palabras en contexto Encierra en un círculo la palabra que complete la oración. Escribe la palabra correcta sobre la línea.

8. El ____ es el resultado que da el jurado.   8. _____
   edicto   veredicto

9. Sólo el ____ pudo encontrar a los ladrones. 9. _____
   inspector   portavoz

10. Encontré el significado de la palabra en   10. _____
    el ____.
    diccionario   edicto

Palabras difíciles

jurisdicción
interrupción
portuaria
corrupto
especular

Actividad en casa Su hijo identificó palabras mal escritas. Dicte a su hijo palabras de la lista. Cometa algunos errores para que su hijo las corrija.

358 Ortografía Raíces latinas

Nombre _____

Diario de la Antártida

Adverbios de tiempo

Lee las oraciones. Luego, lee cada pregunta. Encierra en un círculo la letra de la respuesta correcta.

Rumbo al frío

(1) Primero, tomé el autobús a Miami. (2) Después, embarqué en un vuelo hasta Santiago. (3) Luego, tomamos otro avión a Punta Arenas. (4) A continuación, atravesamos la Convergencia Antártica. (5) ¡Al fin hemos llegado a la Antártida!

1. ¿Cuál es el adverbio o la frase adverbial de tiempo de la oración 1?
   - A Primero
   - B tomé
   - C el autobús
   - D a Miami

2. ¿Cuál es el adverbio o la frase adverbial de tiempo de la oración 2?
   - A embarqué
   - B en un vuelo
   - C Después
   - D hasta Santiago

3. ¿Cuál es el adverbio o la frase adverbial de tiempo de la oración 3?
   - A otro avión
   - B tomamos
   - C Luego
   - D a Punta Arenas

4. ¿Cuál es el adverbio o la frase adverbial de tiempo de la oración 4?
   - A atravesamos
   - B Convergencia
   - C Antártica
   - D A continuación

5. ¿Cuál es el adverbio o la frase adverbial de tiempo de la oración 5?
   - A llegado
   - B Al fin
   - C a la Antártida
   - D hemos

Actividad para la casa Su niño o niña se preparó para tomar un examen de adverbios y frases adverbiales de tiempo. Preparen juntos una lista de adverbios y frases adverbiales que indican en qué orden ocurren las cosas. Pídale a su niño o niña que forme una secuencia de oraciones a partir de la lista.

Normas Adverbios de tiempo

Nombre _____

Paseo lunar

Sacar conclusiones

- **Sacar una conclusión** es formar una opinión que se base en lo que ya conoces o en los hechos y detalles del texto.
- Comprueba las conclusiones del autor o las tuyas propias con las preguntas: ¿Es esta la única opción lógica? ¿Son exactos los hechos?

Instrucciones Lee el texto. Luego responde las preguntas de abajo.

> Nuestro equipo de básquetbol, los Halcones, acaba de terminar la temporada. Tuvimos un récord de 7 partidos ganados y 13 perdidos. Nuestra temporada no comenzó muy bien. Perdimos los 6 primeros partidos. El entrenador nos dijo que no jugábamos como un equipo. Después de eso, nos puso a hacer algunas prácticas difíciles. Trabajamos en defensa, pases y en el apoyo mutuo. El entrenador nos dijo que teníamos que jugar dos veces más duro que los otros equipos para ganar.
>
> Después de eso, las cosas mejoraron. Comenzamos a ganar algunos partidos. A los otros equipos no les temblaron las rodillas cuando llegamos a sus gimnasios, pero sabían que tendrían que jugar duro para vencernos. Y vaya si fue divertido. Cuando comenzó la temporada, apenas conocía a los otros jugadores del equipo. Ahora que terminó la temporada, realmente siento que tengo doce buenos amigos; trece si cuentas al entrenador.

1. Saca una conclusión: ¿los Halcones eran un buen equipo de básquetbol al comienzo de la temporada?

_____

2. ¿Qué detalles apoyan esta conclusión?

_____

3. ¿Cómo crees que el entrenador hizo que los Halcones fueran un mejor equipo?

_____

4. Saca una conclusión en la que digas si crees que fue una temporada exitosa. Apoya tu respuesta con hechos.

_____

Actividad en casa Su hijo leyó un texto corto y sacó conclusiones con hechos y detalles. Lea un artículo en la casa con su hijo. Pida a su hijo que saque conclusiones del artículo.

Escritura • Narración personal

¿Softbol o básquetbol?

Era el tiempo de prueba de los equipos. Tenía que decidir para qué equipo hacer la prueba. Era una decisión difícil de tomar. Soy un muy buen jugador de softbol, por lo tanto, estaba casi seguro de que sería de ese equipo. Pero aunque no soy muy bueno en básquetbol, me encanta el juego.

Después de la escuela, hablé con mi hermano, que jugaba en el equipo de básquetbol. Pensaba que yo no podría quedar en el equipo. En la cena, también mi papá me desalentó. "Quédate con lo que haces realmente bien". Después de cenar, fui a mi habitación y pensé y pensé. Decidí arriesgarme.

Las pruebas de básquetbol eran en el gimnasio al día siguiente en la tarde. Antes de que comenzaran, sentía como si las mariposas estuvieran revoloteando en mi estómago. Pero cuando el entrenador tiró la pelota, me olvidé de todo y sólo quería jugar lo mejor que podía. Hice algunos tiros y pases muy buenos y defendí bien. Cuando las pruebas terminaron, me senté en el banco y esperé para escuchar qué jugadores quedaban en el equipo. Después de unos pocos minutos, el entrenador caminó a la cancha. Apenas si podía respirar cuando comenzó a leer los nombres. De repente, escuché mi nombre. Estaba sentado, ¡pero dentro de mí saltaba de emoción! Mi riesgo valió la pena. Estaba en el equipo.

1. Vuelve a leer la selección. ¿Por qué este cuento es una narración personal?

2. Escribe qué ocurre primero, después y por último.

3. Encierra en un círculo los pensamientos y sentimientos del autor.

Nombre _____

Paseo lunar

Vocabulario

Instrucciones Escoge la palabra de la casilla que reemplace mejor a la(s) palabra(s) subrayada(s). Escribe la palabra en la línea.

_____ 1. El Sol iluminaba una <u>abertura angosta</u> de la Luna.

_____ 2. Justin <u>movía lentamente</u> sus pies cuando se cansó de caminar bajo el sol.

_____ 3. Mi hermano escogió el camino más <u>difícil y escarpado</u> para llegar.

_____ 4. El granjero usó su <u>vehículo de trabajo</u> para sembrar.

_____ 5. Lisa <u>se burló</u> de su hermano en la cena.

_____ 6. La cometa <u>subía</u> hacia las nubes.

Verifica las palabras que conoces
- ___ se elevaba
- ___ grieta
- ___ escabroso
- ___ deslizaba
- ___ armándose
- ___ se mofó
- ___ hendidura
- ___ tractor

Instrucciones Escoge la palabra de la casilla que corresponda a cada clave. Escribe la palabra en la línea.

_____ 7. Ésta es una abertura.

_____ 8. Esto pasa cuando alguien está preparándose para la acción.

_____ 9. Quizás alguien hacía eso para pasar desapercibido.

_____ 10. Los granjeros lo usan en su trabajo.

Escribe un cuento

Escribe un cuento sobre una aventura en la Luna. Usa tantas palabras de vocabulario como puedas.

Actividad en casa Su hijo identificó y usó palabras de vocabulario de *Paseo lunar*. Intenten representar el significado de palabras como *deslizaba*, *escabroso*, *hendidura* y *se elevaba*.

Nombre _____

Paseo lunar

Preposiciones y frases preposicionales

Una **preposición** es una palabra que se usa para conectar un sustantivo o un pronombre con otras palabras. Una **frase preposicional** está formada por una preposición y un sustantivo o un pronombre. La palabra principal de la frase preposicional es un sustantivo o un pronombre y se conoce como **término de la preposición**. La preposición indica cómo se relaciona ese sustantivo o pronombre con otras palabras de la oración. Una frase preposicional dice *dónde*, *cuándo*, *cómo* o *cuál*.

Preposición	Los niños fueron a la escuela.
Frase preposicional	a la escuela
Término de la preposición	escuela

Éstas son las preposiciones más comunes: *a, ante, bajo, con, contra, de, desde, en, entre, hacia, hasta, para, por, según, sin, sobre, tras*.

Las preposiciones *a* y *de*, cuando van antes del artículo *el*, se juntan con éste y forman las contracciones *al* y *del*.

Iremos al parque y caminaremos por la orilla del río.

Instrucciones Escribe la frase preposicional de cada oración. Subraya la preposición. Encierra en un círculo el término de la preposición.

1. Vern y Gerry salieron de la cueva. _____

2. Los dos niños saltaron sobre un barranco. _____

3. Vern cayó por una enorme grieta. _____

4. Se vio atrapado entre las rocas. _____

Instrucciones Subraya las dos frases preposicionales de cada oración.

5. Demos un paseo por la galaxia en mi nave espacial.

6. Un inventor de mucha fama me la dio por mi cumpleaños.

Actividad para la casa Su niño o niña estudió las preposiciones y las frases preposicionales. Pídale que nombre algunas preposiciones comunes y que le muestre cómo pueden combinarse con sustantivos o pronombres para formar frases preposicionales.

Paseo lunar

Prefijos *ante-*, *pre-*, *re-*

Palabras de ortografía

anterior	preceder	reanimar	anteayer	predestinado
prelavado	recalentar	anteojos	prematuro	renacer
releer	antepuesto	predecible	reintegrar	antesala
prenatal	preaviso	recolectar	antepasados	preescolar

Palabras en contexto Escribe la palabra de la lista que complete cada oración.

1. Como no veo bien, debo usar _____.
2. El invierno fue _____ el año pasado.
3. Hay muchos libros que vale la pena _____.
4. Ese negocio está _____ a fracasar.
5. El prefijo va _____ a la raíz de la palabra.
6. Hay que _____ fondos para el hospital.
7. El carro que va a _____ el desfile es azul.
8. La _____ del teatro está llena de gente.
9. Me enviaron el _____ de desalojo.
10. La semana _____ Martín fue al cine.
11. El cuidado _____ es muy importante para el bebé que está por nacer.
12. Mis _____ son de origen irlandés.
13. Hoy nos enseñaron una técnica para _____ a personas accidentadas.
14. _____ fue el cumpleaños de Luis.
15. No me gusta _____ la pizza.
16. La educación _____ es muy entretenida.
17. El final de la película fue _____.
18. El _____ de las flores ocurre en la primavera.
19. Compró un pantalón _____.
20. Para _____ al alumno hay que hablar con su maestra.

1. _____
2. _____
3. _____
4. _____
5. _____
6. _____
7. _____
8. _____
9. _____
10. _____
11. _____
12. _____
13. _____
14. _____
15. _____
16. _____
17. _____
18. _____
19. _____
20. _____

Actividad en casa Su hijo escribió palabras con los prefijos *ante-*, *pre-*, *re-*. Diga una palabra de la lista y pida a su hijo que la escriba.

Guía para calificar: Narración personal

	4	3	2	1
Enfoque/Ideas	Narración clara con un tema limitado	Tema mayormente limitado	Relato poco claro, tema demasiado amplio	Relato confuso, tema muy amplio
Organización	Organizado en una secuencia cronológica	Organizado mayormente en una secuencia ordenada cronológicamente	La secuencia no es clara	No es organizado
Voz	Sincera, relato en primera persona	Principalmente sincera, relato en primera persona	El escritor expresa pocos sentimientos	El escritor no expresa sentimientos
Lenguaje	Uso excelente de palabras descriptivas	Buen uso de palabras descriptivas	Poco uso de palabras descriptivas	No hay uso de palabras descriptivas
Oraciones	Oraciones fluidas	Oraciones fluidas principalmente	Muchas oraciones cortas	Principalmente oraciones cortas e irregulares
Normas	Excelente uso de las preposiciones y frases preposicionales	Buen uso de las preposiciones y frases preposicionales	Poco uso y uso incorrecto de las preposiciones y frases preposicionales	Errores en el uso de preposiciones y frases preposicionales

Nombre _____

Paseo lunar

Vocabulario • Sinónimos

- **Sinónimos** son palabras que significan lo mismo o tienen un significado parecido.
- A veces un sinónimo puede ser una clave del contexto que te ayuda a descubrir el significado de una palabra.
- Una analogía compara dos cosas con otro par de cosas. En una analogía el símbolo : representa "es a".

Instrucciones Lee el texto de las vacaciones en la Luna. Luego completa las analogías de abajo. Usa claves del contexto como ayuda para encontrar las respuestas.

Kiko y Val estaban entusiasmados con sus vacaciones en la Luna. A lo largo del viaje en el transbordador espacial, se animaban y entusiasmaban para darse coraje en su primer paseo lunar.

Cuando descendieron, pudieron distinguir algunas de las muchas características de la Luna. Val señaló un riachuelo, que es como un valle.

En su primer día afuera, ambos estaban perplejos y trastabillaban de un lado a otro. La gravedad en la Luna se sentía muy extraña. Cuando Kiko vio una zanja o trinchera profunda, desafió a Val para ver si tenía mucho miedo de mirar y saltar por encima. Aunque a Val no le gustaba que Kiko se burlara de ella, no saltaría hasta no estar perfectamente lista.

1. Montaña : monte lo que río : _____

2. Animarse : entristecerse lo que subir : _____

3. Colina : montículo lo que trinchera : _____

4. Mofarse : burlarse lo que entusiasmar : _____

5. Extraña : rara lo que reto : _____

Actividad en casa Su hijo usó sinónimos y claves del contexto en un texto corto para completar analogías. Con su hijo, vuelvan a leer las analogías de arriba. Para cada número, pida a su hijo que señale los sinónimos y antónimos.

Nombre _____

Paseo lunar

Formulario de pedido/Solicitud

Los formularios de pedido y las solicitudes son tablas con columnas y espacios en los que puedes escribir. Un formulario de pedido es el medio por el que una persona puede comprar productos al completar un formulario y enviarlo por correo electrónico o a una compañía. Una solicitud es un formulario en el que una persona puede pedir un trabajo. Los formularios de solicitud piden información como el nombre, domicilio y número telefónico y también piden la historia educativa y laboral de una persona.

Instrucciones Responde las preguntas de abajo sobre el siguiente formulario de pedido.

```
┌─────────────────────────────────────────────────────────────┐
│           FORMULARIO DE PEDIDO DE LA BASE LUNAR GAMMA       │
│              Haga clic en Enviar al completar este formulario│
│                                                             │
│  Número de artículo   Artículo        Cantidad    Precio    │
│  [13715]              [Brazalete grande] [    ]   [$   ]    │
│                                                   + $5 gastos de envío │
│                                                   [$   ]    │
│                                                             │
│  Domicilio de facturación        Domicilio de envío         │
│                                  ☐ Marque la casilla si es el mismo que │
│                                    el de facturación        │
│  *Nombre    [         ]          *Nombre    [         ]     │
│  *Calle     [         ]          *Calle     [         ]     │
│  *Ciudad    [         ]          *Ciudad    [         ]     │
│  *Estado  [   ] *ZIP [   ]       *Estado  [   ] *ZIP [   ]  │
│  *País      [         ]          *País      [         ]     │
│  Teléfono   [         ]          Teléfono   [         ]     │
│  *Correo    [         ]                                     │
│   electrónico                                               │
│                                                             │
│  FORMA DE PAGO                   Comentarios y mensajes     │
│  *Tarjeta de crédito  _____                                │
│  *Número de cuenta    _____     [                    ]     │
│  *Fecha de expiración _____                                │
│                                                             │
│  *CAMPO REQUERIDO                                   Enviar  │
└─────────────────────────────────────────────────────────────┘
```

1. ¿Cuál es la diferencia entre los dos domicilios del formulario?

_____

2. ¿Cuándo proporcionarías sólo un domicilio?

_____

3. ¿Qué significa "cantidad"?

_____

4. ¿Qué casillas no necesitas completar en este formulario?

_____

5. ¿Qué haces cuando terminas de completar el formulario?

_____

Destrezas de investigación y estudio

Nombre _____

Paseo lunar

Instrucciones Usa este formulario de solicitud de trabajo en línea para responder las preguntas de abajo.

Asociación de biblioteca Lincoln
SOLICITUD DE EMPLEO PARA PASANTÍAS DE VERANO

1. **INFORMACIÓN PERSONAL** Nombre Domicilio Teléfono Fecha en que puedes empezar a trabajar	2. **EDUCACIÓN** Nombre y ubicación de la escuela Año de estudios cursados este año
3. **EXPERIENCIA LABORAL** Trabajo Empleador	4. **OTRAS DESTREZAS**
5. **REFERENCIAS** Nombre Teléfono Relación	
6. **¿POR QUÉ QUIERES ESTE TRABAJO?**	

1. ¿Cuál es el propósito de esta solicitud?

   _____

   _____

2. ¿Por qué la biblioteca pide una referencia?

   _____

   _____

3. ¿En qué sección informarías cuándo puedes empezar tu pasantía?

   _____

   _____

4. ¿En cuál de las seis secciones de la solicitud darías información sobre las destrezas que tienes para un puesto en la biblioteca?

   _____

5. ¿Cuál sería una buena respuesta para la pregunta de la casilla número 6?

   _____

Destrezas de investigación y estudio

Paseo lunar

Nombre _____

Prefijos *ante-*, *pre-*, *re-*

Corrige una historia Ayuda a María a editar su historia sobre un miembro de su familia. Encierra en un círculo seis palabras con errores de ortografía y una oración o frase con un error de mayúscula. Escribe las palabras y la oración correctamente.

una historia familiar

Tengo un tío muy poco predesible y muy alegre. Tiene ochenta años y usa anteogos. Le encanta leer y rreleer las cartas que le han enviado sus amigos y sus familiares. Antealler desapareció de su casa, había salido a pescar sin preabiso. A pesar de que todos nos preocupamos por su ausencia, cuando volvió nadie le dijo nada porque el ejercicio al aire libre es su forma de renazer y sentirse joven de nuevo.

Palabras de ortografía

anterior
prelavado
releer
prenatal
preceder
recalentar
antepuesto
preaviso
reanimar
anteojos
predecible
recolectar
anteayer
prematuro
reintegrar
antepasados
predestinado
renacer
antesala
preescolar

1. _____ 2. _____
3. _____ 4. _____
5. _____ 6. _____
7. _____

Palabras correctas Encierra en un círculo las palabras escritas correctamente. Escribe la palabra.

8. prelavado   prelabado   prelávado   8. _____
9. antezala   antesala   hantesala   9. _____
10. antepasados antepazados antepasadoz   10. _____
11. prescolar   prreescolar preescolar   11. _____
12. rreintegrar reintegrar   reintegrrar   12. _____

Palabras difíciles

antecesor
resoplando
reinstaurar
premeditado
prehistórico

Actividad en casa Su hijo identificó palabras con los prefijos *ante-*, *pre-*, *re-* mal escritas. Invente oraciones con algunas palabras de la lista. Diga la oración omitiendo la palabra de la lista y pida a su hijo que escriba la palabra que falta.

Ortografía Prefijos *ante-*, *pre-*, *re-*

Nombre _____

Paseo lunar

Preposiciones y frases preposicionales

Lee las oraciones. Luego, lee cada pregunta. Encierra en un círculo la letra de la respuesta correcta.

Observando el cielo

(1) Voy a hacer un proyecto _____ astronomía. (2) Tengo que acabarlo _____. (3) Iremos _____ la biblioteca esta tarde. (4) Hay nueve planetas en el Sistema Solar. (5) Todos los planetas dan la vuelta al Sol.

1 ¿Qué preposición completa correctamente la oración 1?

  A contra
  B de
  C según
  D entre

2 ¿Qué frase preposicional completa correctamente la oración 2?

  A hacia un mes
  B sobre un mes
  C en un mes
  D hasta un mes

3 ¿Qué preposición completa correctamente la oración 3?

  A a
  B con
  C entre
  D de

4 ¿Cuál es el término de la preposición en la oración 4?

  A planetas
  B Sistema
  C en
  D Solar

5 ¿Cuál es el término de la preposición en la oración 5?

  A vuelta
  B al
  C planetas
  D Sol

Actividad para la casa Su niño o niña se preparó para tomar un examen de las preposiciones y las frases preposicionales. Pídale que escriba una lista de preposiciones. Luego, diga una preposición de la lista y pídale a su niño o niña que diga una oración usando esa palabra en una frase preposicional.

370 **Normas** Preposiciones y frases preposicionales

Nombre _____

Unidad 5 Semana 1 Repaso interactivo

Palabras terminadas en *-ción, -sión*

Palabras de ortografía				
reacción	confusión	tensión	mansión	emoción
misión	dedicación	fusión	profesión	loción
canción	porción	presión	posición	diversión
ilusión	división	protección	dirección	estación

Clasificar palabras Clasifica las palabras de la lista según el número de sílabas. Escribe todas las palabras.

Palabras de dos sílabas

1. _____
2. _____
3. _____
4. _____
5. _____
6. _____
7. _____
8. _____

Palabras de tres sílabas

9. _____
10. _____
11. _____
12. _____
13. _____
14. _____
15. _____
16. _____
17. _____
18. _____
19. _____

Palabras de cuatro sílabas

20. _____

Actividad en casa Su hijo aprendió palabras terminadas en *-ción, -sión*. Diga cada palabra claramente. Pida a su hijo que introduzca un centavo en una caja cada vez que escuche una sílaba.

Ortografía Palabras terminadas en *-ción, -sión*

Nombre _____

Unidad 5 Semana 1 Repaso interactivo

Adjetivos

Instrucciones En cada una de las oraciones siguientes hay dos adjetivos. Uno está subrayado. Busca el otro y cópialo.

1. Nuestros amigos tuvieron cuidado con su hoguera. _____
2. Ha habido muchos casos de excursionistas imprudentes. _____
3. Vieron el destello de un rayo lejano sobre aquella montaña. _____
4. Los rayos son una causa frecuente de los incendios forestales. _____
5. Vi un terrible incendio que duró tres días. _____
6. Casi quemó varias casas grandes. _____
7. Los bomberos combatieron aquel incendio devastador. _____
8. Ese bombero es mi tío. _____
9. Es un hombre amable y simpático. _____
10. Esta profesión requiere estudios especializados. _____

Instrucciones Decide qué tipo de pregunta contesta el adjetivo subrayado de cada oración. Escribe ¿Cómo? ¿Cuántos? ¿De quién? o ¿Cuál? en cada caso.

11. ¿Crees que los bomberos hacen un trabajo peligroso? _____
12. Los bomberos paracaidistas cargan equipos pesados. _____
13. Mi impresión es que es un trabajo muy duro. _____
14. Estos bomberos pueden aterrizar en terrenos rocosos. _____
15. Combaten incendios en densas zonas boscosas. _____
16. En nuestro condado hubo un incendio el año pasado. _____
17. Se quemó el bosque de aquel monte que se ve a lo lejos. _____
18. Tardará más de veinte años en regenerarse. _____
19. Los estudiantes de mi clase plantarán árboles. _____
20. Dos bomberos hicieron una visita a la escuela. _____

Nombre _____

Unidad 5 Semana 2 Repaso interactivo

Sufijos derivados del latín: *-able, -ible, -ancia, -encia, -oso, -osa*

Palabras de ortografía				
adorable	gloriosa	asombroso	perezoso	accesible
comestible	estable	venenosa	famoso	hermoso
importancia	posible	valioso	fabuloso	existencia
maravilloso	abundancia	temible	razonable	terrible

Definiciones Escribe las palabras de la lista que coincidan con las siguientes definiciones.

1. Vida del hombre.
2. Que causa terror.
3. Conforme a la razón.
4. Hay que dársela sólo a las cosas importantes.
5. Cuando algo nos asombra.
6. Que tiene equilibrio.
7. Que causa asombro.
8. Cuando algo es extraordinario.
9. Cuando es de fácil acceso.
10. Que puede suceder.

1. _____
2. _____
3. _____
4. _____
5. _____
6. _____
7. _____
8. _____
9. _____
10. _____

Analogías Escribe las palabras de la lista que mejor completen la oración.

11. La derrota es a frustrante como la victoria es a _____.
12. El perro es a inofensivo como la serpiente es a _____.
13. El león es a activo como el hurón es a _____.
14. La basura es a fea como el paisaje es a _____.
15. El agua es a bebible como el pan es a _____.
16. El tigre es a aterrador como el gato es a _____.
17. Payaso es a adorable como monstruo es a _____.
18. El papel es a barato como el oro es a _____.
19. Anónimo es a ignorado como conocido es a _____.
20. Luz es a oscuridad como escasez es a _____.

11. _____
12. _____
13. _____
14. _____
15. _____
16. _____
17. _____
18. _____
19. _____
20. _____

Actividad en casa Su hijo aprendió sufijos derivados del latín: *-able, -ible, -ancia, -encia, -oso, -osa*. Use cada palabra de la lista en una oración y pida a su hijo que las diga en voz alta.

Nombre _____

Unidad 5 Semana 2 Repaso interactivo

Adverbios

Instrucciones Copia el adverbio de cada oración.

1. Ayer recibí un correo electrónico de Víctor. _____
2. Me contaba que ha estado en Perú recientemente. _____
3. Primero, visitó la antigua capital de los incas, Cusco. _____
4. Después, fue a conocer las ruinas de Machu Picchu. _____
5. Allí hizo estas magníficas fotografías. _____
6. Machu Picchu le ha gustado muchísimo. _____
7. Yo siempre he querido ir a ver ese lugar. _____
8. Me dicen que está arriba, en las montañas. _____
9. Verdaderamente, las piedras talladas de Machu Picchu impresionan. _____
10. Ahora las casas están deshabitadas. _____

Instrucciones Encierra en un círculo el adverbio o la frase adverbial de cada oración. Escribe *cómo, cuándo, dónde* o *cuánto* para describir lo que dice.

11. Las ruinas tenían encima una densa vegetación. _____
12. Poco a poco, las plantas fueron cubriendo las piedras. _____
13. El valle se ve bien desde las ruinas. _____
14. Normalmente, la gente llega en tren. _____
15. También puedes caminar por el Camino Inca. _____
16. Te cansas bastante, pero vale la pena. _____
17. El camino sube y baja, y se avanza despacio. _____
18. Machu Picchu está lejos. _____
19. Es uno de los lugares que más me han gustado. _____
20. Nunca imaginé que llegaría a verlo. _____

374 Normas Adverbios

Nombre _____

Unidad 5 Semana 3 Repaso interactivo

Raíces griegas

Palabras de ortografía

telescopio	biografía	metro	microscopio	perímetro
teléfono	mecanógrafo	metropolitano	micrófono	caligrafía
fotografía	geógrafo	sinfonía	televisión	microbio
fotógrafo	autógrafo	fonética	telenovela	megáfono

Claves de contexto Escribe las palabras de la lista que completen cada oración.

1. Mi papá sólo me permite ver _____ hasta las ocho de la noche. 1. _____
2. Me gustaría pedirle un _____ a alguien famoso. 2. _____
3. Cristina habla todo el día por _____ con sus amigas. 3. _____
4. La voz del bombero se escuchó a través del _____. 4. _____
5. Todo el país ve la _____ de la tarde. 5. _____
6. La _____ estudia los sonidos de una lengua. 6. _____
7. Susana tiene una _____ perfecta; se entiende todo. 7. _____

Corrige las oraciones Encierra en un círculo las palabras de la lista escritas incorrectamente en cada oración. Escribe correctamente la palabra sobre las líneas.

8. El perimetro mide el contorno de una figura. 8. _____
9. El hombre meropolitano extraña la ciudad. 9. _____
10. Con un teleskopio todos podemos ver la Luna más grande. 10. _____
11. Conozco la vida de un actor famoso cuando leo su viografía. 11. _____
12. Mi tío me compró un mikrófono porque quiero ser cantante. 12. _____
13. Esta noche voy a escuchar una cinfonía en el teatro del barrio. 13. _____
14. La escalera tiene un mettro de alto. 14. _____

Pares griegos Usa dos palabras de la lista con la misma raíz para completar cada oración.

El _____ es un instrumento con el que se puede observar un _____.

15. _____ 16. _____

El _____ es la persona que estudia el territorio y el _____ es la persona que sabe escribir a máquina perfectamente.

17. _____ 18. _____

El _____ obtuvo una _____ de mi fiesta de cumpleaños.

19. _____ 20. _____

Actividad en casa Su hijo aprendió palabras con *raíces griegas*. Pida a su hijo que busque palabras con *foto* y *micro* y luego diga lo que probablemente signifiquen.

Ortografía Raíces griegas **375**

Nombre _____

Unidad 5 Semana 3 Repaso interactivo

Comparativos y superlativos

Instrucciones Elige la palabra o expresión entre ( ) que completa correctamente cada oración. Luego escribe en la raya la oración completa.

1. Mi hermano dice que la historia de la aviación está bien, pero que la de la navegación es (mejor, más).

___

2. Los aviones son mucho (menos ligeros, tan ligeros) que los pájaros.

___

3. El avión de Lindberg era (el más moderno, más moderno) que el de los hermanos Wright.

___

4. El pilotaje es (tan difícil, menos difícil) que manejar un carro de carreras.

___

5. Es la experiencia más (emocionante, mejor) que he vivido.

___

6. Uno vuela (rapidísimo, más rápido) que los pájaros.

___

7. Fue un piloto (más famoso de, muy famoso) en su tiempo.

___

8. Yo estudiaré pilotaje y seré (tan bueno, mejor) como mi papá.

___

9. Mi circo aéreo será (el mejor, el más mejor) espectáculo del mundo.

___

10. Hay aviones de observación casi (más pequeños, tan pequeños) como un juguete.

___

Instrucciones Escribe la expresión comparativa que corresponda, según se compare una cosa que sea *más, igual* o *menos* que otra.

11. El carro verde es _____ el azul. (más, pequeño)

12. Los aviones de hélice son _____ los aviones a reacción. (menos, rápidos)

13. Las butacas de los aviones modernos son _____ las de casa. (igual, cómodas).

14. La línea del tren Transiberiano es _____ la del Transandino. (más, larga)

Nombre _____

Unidad 5 Semana 4 Repaso interactivo

Raíces latinas

Palabras de ortografía

diccionario	dictado	portátiles	portero	describir
especialista	abrupto	espectáculo	portavoz	aspecto
ruptura	erupción	escribir	edicto	transporte
portentoso	veredicto	pasaporte	dictaminar	inspector

Instrucciones Encierra en un círculo las palabras escritas correctamente.

1. edikto   edicto
2. rutura   ruptura
3. aspecto   aspekto
4. beredicto   veredicto
5. portátiles   portátils
6. portentoso   portentozo

Completa el párrafo Usa las palabras de la lista con *port* para completar el párrafo.

El **7.** _____ de mi edificio es el **8.** _____ de todo el barrio. Por eso, cuando tenemos un problema recurrimos a él. Una vez, logró que el **9.** _____ escolar sea puntual para llevarnos todos los días a la escuela. Mi papá, que trabaja en una empresa de viajes, quiso agradecerle y le regaló un pasaje para ir a visitar a su familia al exterior, pero no pudo ir porque no tenía **10.** _____.

7. _____   8. _____

9. _____   10. _____

Mezcla de palabras Ordena las letras y escribe las palabras de la lista.

11. ciseaisletap   _____
12. ncicioiaord   _____
13. ourpatb   _____
14. enrpciuó   _____
15. nrpiscteo   _____
16. ebcdsirir   _____
17. aiacitdnrm   _____
18. ecpáesucotl   _____
19. aoidcdt   _____
20. rsberici   _____

Actividad en casa Su hijo aprendió palabras con raíces latinas. Ayude a su hijo a formar una lista con palabras con *port*, *dic* y *spec*.

Ortografía Raíces latinas   **377**

Adverbios de tiempo

Instrucciones Copia el adverbio o la frase adverbial de tiempo de cada oración.

1. A veces paso la noche en la isla Litchfield. _____
2. Ya me enseñaron cómo se camina a campo abierto. _____
3. Primero, empaco comida y la ropa en una bolsa impermeable. _____
4. Luego, pongo lápices, pluma y papel en la mochila. _____
5. Después, cargo dos cantimploras de agua para beber. _____
6. Siempre hay provisiones de emergencia en un almacén. _____
7. De vez en cuando oigo el canto de las aves. _____
8. Anoche dormí mal en mi carpa. _____
9. Al amanecer hizo muchísimo frío. _____
10. Ahora el calor de la base resulta un alivio. _____

Instrucciones Subraya el adverbio o la frase adverbial de tiempo de cada oración.

11. Al principio, vimos un par de orcas.
12. ¡Nunca había visto un depredador así!
13. Bajamos la velocidad del motor inmediatamente.
14. A continuación vimos un grupo de pingüinos.
15. De pronto, una orca atrapó un indefenso pingüino.
16. Lo lanzó por los aires al momento.
17. Entretanto, la otra orca atrapó otro pingüino.
18. Al poco rato, las dos se alejaron con sus presas.
19. Entonces nos apresuramos para regresar a Palmer.
20. Nos dimos cuenta después del peligro que habíamos corrido.

Prefijos *ante-*, *pre-*, *re-*

Unidad 5 Semana 5 Repaso interactivo

Nombre _____

Palabras de ortografía				
anterior	preceder	reanimar	anteayer	predestinado
prelavado	recalentar	anteojos	prematuro	renacer
releer	antepuesto	predecible	reintegrar	antesala
prenatal	preaviso	recolectar	antepasados	preescolar

Opuestos Escribe las palabras de la lista que tengan un significado opuesto o casi opuesto.

1. posterior
2. reescribir
3. pospuesto
4. descendientes
5. reenfriar

1. _____
2. _____
3. _____
4. _____
5. _____

Sinónimos Escribe las palabras de la lista que tengan un significado parecido.

6. gafas
7. recoger
8. elegido
9. vestíbulo
10. anteceder

6. _____
7. _____
8. _____
9. _____
10. _____

Actividad en casa Su hijo aprendió palabras con prefijos *ante-*, *pre-*, *re-*. Pida a su hijo que use dos palabras con el mismo prefijo en una oración.

Preposiciones y frases preposicionales

Instrucciones Escribe la frase preposicional de cada oración. Subraya la preposición. Encierra en un círculo el término de la preposición.

1. ¿Cuál es el planeta más cercano a la Tierra?

2. Marte no está muy lejos de nuestro planeta.

3. Venus está entre la Tierra y Mercurio.

4. Leí un artículo sobre Saturno.

5. Gira el telescopio hacia Júpiter.

6. Ahora está enfocado en Marte.

7. Desde este lugar se ve muy bien.

Instrucciones Subraya las dos frases preposicionales de cada oración.

8. Pablo leyó *Los primeros hombres en la Luna* de H. G. Wells.

9. Trata de un científico que desafía las leyes de la gravedad.

10. Vuela desde la Tierra hasta la Luna.

11. En la Luna descubre que hay una civilización bajo la superficie.

Nombre _____

**Proceso de la escritura
Unidad 5**

Tabla del ensayo persuasivo

Instrucciones Completa la tabla del ensayo persuasivo con la introducción en la que expresas tu posición, razonamientos con los que defiendes tu posición y una conclusión.

Introducción: Expresa tu posición

↓

Primera razón

↓

Segunda razón

↓

Tercera razón

↓

Conclusión

Palabras persuasivas

Instrucciones Encierra en un círculo la palabra o las palabras persuasivas de cada oración. Escribe tu propia oración con la misma palabra o las mismas palabras persuasivas. Para el número 5, escribe una oración con una de las palabras no usadas de la casilla.

> **Palabras persuasivas**
>
> mejor   peor   debe   deberían   más importante   necesita
>
> el/la mejor   el/la peor   nunca   necesario   efectivo

1. Nuestra clase debe visitar la torre Willis.

   _____

2. Los estudiantes deberían tener la oportunidad de visitar una ciudad grande y ver los rascacielos.

   _____

3. La mejor vista de la ciudad es desde la bóveda cubierta.

   _____

4. La razón más importante para visitar la torre Willis es la de aprender más de la arquitectura urbana.

   _____

5. _____

Adjetivos expresivos

Instrucciones Escribe una palabra de la casilla para completar cada oración.

> cauteloso   tonto   curiosos   olorosos   asombroso   peligrosos
> populares   esencial   memorables   intocables

1. El Parque Yellowstone es uno de los sitios de vacaciones más _____ en Estados Unidos.

2. La vida silvestre en Yellowstone es la razón _____ por la que mucha gente lo visita.

3. Puedes ver alces, bisontes, osos y un número _____ de otros animales.

4. Sin embargo, debes ser _____ en el trato con estos animales.

5. Recuerda que pueden ser _____.

6. El Parque tiene partes que son _____ desde hace siglos.

7. No intentes perseguir a los animales domésticos, aunque parezcan _____ y se te acerquen.

8. No los alimentes y guarda muy bien en tu campamento los productos _____.

9. Recuerda que un vacacionista _____ puede resultar lastimado.

10. Mantén tu distancia y lleva tu cámara para registrar las imágenes _____.

Nombre _____

**Proceso de la escritura
Unidad 5**

Comentar un ensayo persuasivo entre compañeros

Instrucciones Lee el ensayo de tu compañero. Consulta la Lista para revisar mientras haces tus comentarios o preguntas. Ofrece elogios así como sugerencias para las revisiones. Dale tus notas a tu compañero. Una vez que hayas hablado con tu maestro sobre tu ensayo, agrega los comentarios de tu maestro a las notas.

Lista para revisar

Enfoque/Ideas

- ¿Establece el ensayo persuasivo una posición y luego se enfoca en esa posición?
- ¿Se apoya la posición en suficientes detalles, razones, hechos y ejemplos?

Organización

- ¿Se enuncia claramente la posición en la introducción del ensayo?
- ¿Están los detalles de apoyo organizados en párrafos?
- ¿Termina el ensayo con una conclusión?

Voz

- ¿Es la voz del escritor confiable y convincente?

Lenguaje

- ¿Se usan palabras persuasivas y adjetivos expresivos para que la posición y los detalles de apoyo sean claros y coherentes?

Oraciones

- ¿Son correctas las oraciones y están escritas en una variedad de tipos y longitudes?

Cosas que pienso fueron buenas _____

_____

_____

Cosas que pienso que se podrían mejorar _____

_____

_____

Comentarios del maestro _____

Nombre _____

Mi hermano Martín

Causa y efecto

- Una **causa** es por qué algo ocurre. Un **efecto** es lo que ocurre.
- Las palabras clave como *porque, entonces* y *ya que* a veces señalan una relación de causa y efecto.
- A veces un efecto puede volverse la causa de otro efecto, que a su vez causa otro, y así sucesivamente. Esto se llama una cadena de sucesos.

Instrucciones Lee el siguiente cuento. Luego completa el diagrama.

Un día, hace mucho tiempo, un niño llamado Jack estaba haciendo su tarea. La madre de Jack comenzó a revisar su libro de texto. Una expresión de confusión nubló su cara. Notó que el libro estaba gastado y le faltaban docenas de páginas.

Al día siguiente, le dijo al director de la escuela que Jack merecía mejores materiales. El director estuvo de acuerdo, pero le dijo que solamente en los distritos de personas blancas tenían textos nuevos.

Las escuelas en áreas afroamericanas tenían libros viejos y dañados.

Entonces, la mamá de Jack se reunió con un abogado.

Presentaron una acción legal y reclamaron por el trato desigual e injusto hacia Jack. Un juez decidió que la madre de Jack tenía razón. La Junta de Educación acordó revisar el sistema de suministro de materiales a las escuelas en el distrito.

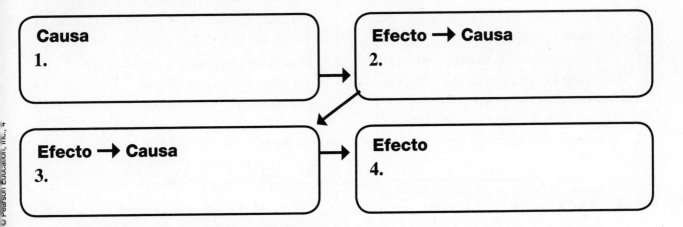

Causa
1.

Efecto → Causa
2.

Efecto → Causa
3.

Efecto
4.

5. ¿Cuándo crees que tiene lugar este cuento de ficción? Usa la información del texto y tus conocimientos previos para responder la pregunta.

Actividad para la casa Su hijo usó un organizador gráfico para determinar causas y efectos. Con su hijo, lea un texto. Usen un organizador gráfico como el de arriba para diagramar las causas y los efectos en el cuento.

Comprensión 385

Nombre _____

Mi hermano Martin

Escritura • Ensayo de causa y efecto

Aspectos principales del ensayo de causa y efecto
- describe sucesos o resultados
- incluye detalles que explican por qué ocurrieron los sucesos o los resultados
- usa palabras que indican las relaciones de causa y efecto

Sojourner Truth

Sojourner Truth nació como Isabella Baumfree. Era una persona esclavizada en el estado de Nueva York que vivió alrededor de 1797. Después de ganar su libertad, Isabella adoptó el nombre de Sojourner Truth porque describía su trabajo como predicadora que recorría todo el país para pronunciar discursos sobre la esclavitud de las personas. Durante toda su vida, las palabras de Sojourner Truth cambiaron la vida de las personas.

Un hombre blanco le dijo una vez que sus discursos no eran más importantes que una picadura de pulga. Consecuentemente, ella le respondió: "Quizás así sea, pero si el Señor lo desea, lo seguiré picando".

A comienzos de la Guerra Civil, Truth habló con los hombres afroamericanos. Como resultado, los hombres se enlistaron con los grupos del Norte.

En 1864, Truth volvió a usar sus palabras para mejorar las cosas. Dirigió una campaña, o grupo de actividades, contra la política que no permitía a los afroamericanos sentarse con los blancos en los trenes.

Después de la Guerra Civil, Truth habló y trabajó con personas para que los afroamericanos consiguieran trabajo.

Gracias a las palabras de Sojourner Truth y a las palabras de otros como ella, se abolió la esclavitud, las costumbres injustas se declararon ilegales y muchas personas afroamericanas ingresaron a la fuerza laboral. Poco a poco, nuestro país comenzaba a cambiar y la vida de las personas también cambiaba.

1. Vuelve a leer la selección. ¿Por qué cambió la vida de las personas? ¿Cuál es la causa?

_____

2. Cuando Sojourner Truth hablaba, ¿qué sucedía? ¿Cuál fue el efecto con el tiempo?

_____

_____

_____

Nombre _____

Mi hermano Martin

Vocabulario

Instrucciones Dibuja una línea para unir cada palabra de la izquierda con su definición de la derecha.

1. desprevenidos   muchos
2. numerosos   plataforma en una iglesia desde donde el ministro predica
3. púlpito   personas de nuestra familia que nacieron mucho tiempo atrás
4. ministro   miembro del clero
5. antepasados   que no están alertas

Instrucciones Escoge la palabra que mejor coincida con la pista. Escribe la palabra en la línea.

Verifica las palabras que conoces
___ antepasados
___ desprevenidos
___ generaciones
___ ministro
___ numerosos
___ púlpito
___ demoledor

_____ 6. Que no están preparados para algo.

_____ 7. Esta persona trabaja en una iglesia.

_____ 8. Tus tatarabuelos son un ejemplo.

_____ 9. Esto describe un gran número de algo.

_____ 10. Éstas son períodos de aproximadamente treinta años.

Escribe un poema

Finge que acabas de escuchar al Dr. Martin Luther King Jr. hablar en una reunión sobre los derechos civiles. Escribe un poema sobre el suceso. Usa tantas palabras del vocabulario como puedas.

Actividad para la casa Su hijo identificó y usó palabras del vocabulario de *Mi hermano Martin*. Pida a su hijo que haga dibujos que representen los significados de las palabras de la selección.

Vocabulario 387

Nombre _____

Mi hermano Martin

Conjunciones

> Las **conjunciones** como *y/e, ni, pero, o/u* conectan palabras, grupos de palabras u oraciones.
> - Usa *y/e* o *ni* para añadir información o juntar ideas relacionadas:
>   Jugaron al béisbol y al fútbol.
>   No jugaron ni Juan ni Ana.
> - Usa *pero* para juntar ideas distintas:
>   Martin era tranquilo, pero tenía carácter.
> - Usa *o/u* para mostrar que se puede elegir:
>   O cedes o luchas.
> - Las conjunciones *e* y *u* generalmente se usan en lugar de *y* y *o* cuando la palabra que sigue a la conjunción empieza con *i* o con *o*, respectivamente, sola o con *h* delante.
>   Carlos e Ignacio salieron a jugar.
>   Puedes dibujar escarabajos u hormigas.
> - Usa las conjunciones correlativas *tanto... como...* para unir palabras o grupos de palabras.
>   Tanto Julia como José estaban cansados.
> Las conjunciones forman sujetos, predicados y oraciones compuestos.
>   **Sujetos compuestos**   Martin y su hermano eran menores que Christine.
>   **Predicados compuestos**   Los tres vivían y jugaban en la avenida Auburn.
>   **Oraciones compuestas**   Su vida fue difícil, pero Martin luchó por alcanzar su sueño.

Instrucciones Escribe la conjunción de cada oración.

1. En la avenida Auburn vivían familias blancas y negras. _____
2. Los niños jugaban juntos, pero a algunos adultos no les parecía bien. _____
3. O dejas de jugar con los vecinos o me enfado. _____

Instrucciones Usa las conjunciones *y/e, ni, o/u* o *pero* para juntar cada par de oraciones. Escribe las nuevas oraciones.

4. Martin podría haber llevado una vida tranquila. Decidió cambiar las cosas.

_____

_____

5. No quería ver sufrir a los suyos. No le parecía una situación justa.

_____

Actividad para la casa Su niño o niña estudió las conjunciones. Pídale que le diga ejemplos de cómo se pueden usar las conjunciones *y/e, ni, pero* y *o/u* en oraciones distintas.

Nombre _____

Mi hermano Martin

Sufijos griegos: *-logía, -fobia, -ismo, -ista*

Palabras de ortografía				
biología	atletismo	analogía	periodismo	hidrofobia
alpinismo	egoísmo	zoología	turismo	geología
altruista	mecanismo	artista	pianista	metodología
analfabetismo	mineralogía	ciclista	comentarista	motorista

Antónimos Escribe la palabra de la lista que tenga el significado opuesto o casi opuesto.

1. generosidad _____
2. egoísta _____
3. diferencia _____
4. sedentarismo _____

Sinónimos Escribe la palabra de la lista que tenga el mismo o casi el mismo significado.

5. ignorancia _____
6. creador _____
7. rabia _____
8. técnicas _____

Palabras que faltan Completa las oraciones escribiendo una palabra de la lista.

9. Mi vecino practica ciclismo; es ____ profesional.
10. La ____ estudia a la Tierra.
11. La ____ estudia a los animales.
12. La ____ estudia a todos los seres vivos.
13. El ____ del clima dijo que hoy lloverá.
14. El ____ es una carrera que me gusta.
15. Un ____ recorrió la ruta en moto.
16. El ____ es un buen negocio.
17. Mi hermano hace ____; le gusta escalar montañas.
18. El ____ del reloj es complejo.
19. La ____ es la ciencia que estudia los minerales.
20. Mi tía es concertista de piano; es ____.

9. _____
10. _____
11. _____
12. _____
13. _____
14. _____
15. _____
16. _____
17. _____
18. _____
19. _____
20. _____

Actividad para la casa Su hijo escribió palabras con los sufijos: *-logía, -fobia, -ismo, -ista*. Diga algunas palabras de la lista y pida a su hijo que las escriba.

Nombre _____

Mi hermano Martin

Causa y efecto

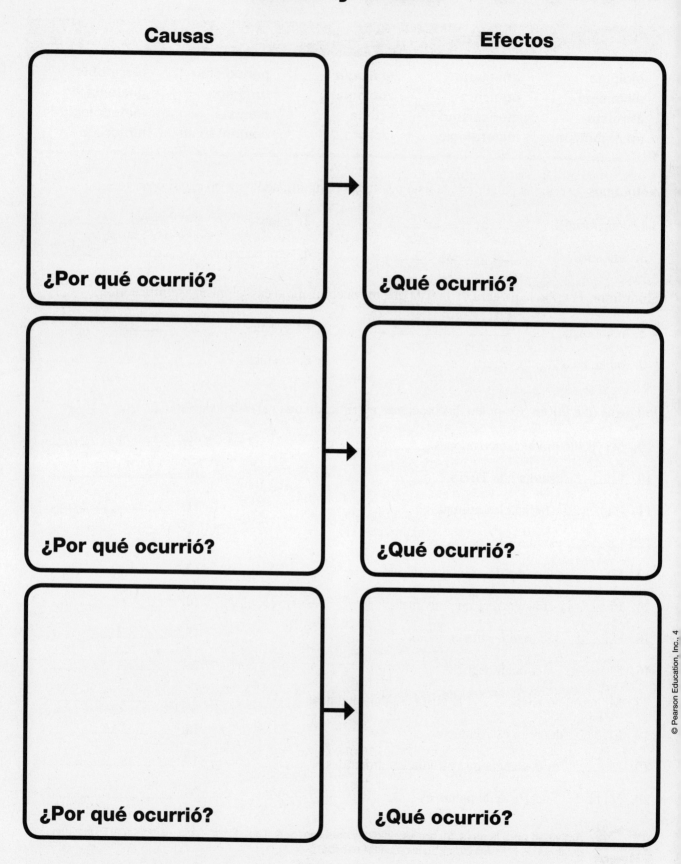

Nombre _____

Mi hermano Martin

Vocabulario • Raíces de las palabras

- Una **raíz** es la parte de una palabra que forma otras palabras. También se pueden formar palabras nuevas a partir de una palabra base.
- La palabra base de *desprevenidos* es *prevenir*. La palabra base de *numerosos* es *número*. La palabra base de *generaciones* es *generar (originar)*. Una *generación* es un grupo de personas que nacieron en el mismo período de tiempo.

Instrucciones Lee la siguiente carta. Luego responde las preguntas de abajo.

Querido Dr. King:
　Oí su discurso frente a numerosas personas hoy. Me di cuenta de que realmente le importa proteger a las personas del peligro y asegurar lo mismo para las futuras generaciones para que no estén desprevenidas. Sé que debe ser difícil hablar sobre igualdad de derechos cuando algunas personas en este país están en contra de ello. La misma situación vivieron nuestros antepasados. Podría haber evitado el tiempo que pasó en la cárcel con sólo vivir sus días como ministro. Sin embargo, creyó que el cambio no vendría de esa forma. Admiro su valor.
Atentamente,
Sra. Roberta Watson

1. ¿Qué significan las palabras *desprevenido* y *prevenir*? ¿Cuál es la diferencia entre ellas?

   _____

2. ¿Qué palabra del texto tiene la misma raíz que *número*? _____ ¿Cómo se relaciona el significado de esta palabra con el significado de *número*?

   _____

3. Piensa en el significado de la palabra *antepasado*. ¿Cuál crees que puede ser la base de esta palabra? _____

   ¿Qué significa *antepasado*? _____

4. Una generación incluye a todas las personas que nacen en la misma época. Por ejemplo, todas las personas que nacieron en la década de 1990 son de la misma *generación*. ¿Qué crees que significa *futuras generaciones*?

   _____

Actividad para la casa Su hijo identificó raíces y bases de palabras. Lea un cuento con su hijo. Pídale que le muestre cómo identificar raíces y palabras base en una oración.

Nombre _____

Mi hermano Martin

Tomar notas/ Parafrasear y sintetizar/ Anotar los descubrimientos

> **Tomar notas** y **anotar los descubrimientos** sobre una información clave te ayuda a comprender y a recordar mejor el texto. También puede ayudarte a organizar información para estudiar para un examen o para incluirla en un informe de investigación. Cuando tomas notas, **parafraseas** o dices lo que lees con tus propias palabras. Intenta **sintetizar**, o combinar la información cuando tomes notas. Esto te permitirá incluir todas las ideas del autor, así como también detalles importantes. Usa palabras clave, frases u oraciones cortas.

Instrucciones Lee el artículo de abajo. Toma notas en una hoja aparte. Luego úsalas para responder las siguientes preguntas.

Como el Dr. Martin Luther King Jr., César Chávez sabía que la igualdad de derechos era algo por lo que valía la pena luchar. Pasó la mayor parte de su vida de adulto intentando hacer lo que creía correcto.

Chávez nació en 1927 en Arizona. Cuando tenía diez años, su familia perdió su granja durante la Gran Depresión. Se convirtieron en trabajadores migratorios que se mudaban de un lugar a otro en busca de una granja para trabajar. Tiempo después, Chávez se unió a la Marina de los Estados Unidos, se casó y se estableció en California.

Chávez comenzó a trabajar para mejorar las condiciones sociales cuando se hizo miembro de la Organización de Servicios a la Comunidad. Este grupo trabajó para combatir la discriminación en contra de las personas de origen hispano. Chávez se expresó en contra de la discriminación e impulsó a los ciudadanos de origen hispano a usar su poder como votantes. Creía que los votos de los latinos podían hacer que el gobierno conociera las necesidades de su comunidad.

Chávez sabía que un grupo de latinos en particular necesitaba su ayuda: los trabajadores migratorios. Comenzó una organización para ayudar a los trabajadores agrícolas a recibir un sueldo, beneficios y el trato que se merecían.

Se dio cuenta de que el primer desafío era conseguir la atención de las personas de toda la nación. Creía firmemente en la idea de la protesta pacífica. Chávez ayudó a difundir los problemas del trabajo agrícola organizando huelgas. También impulsó a los consumidores a no comprar productos de compañías que maltrataban a los trabajadores agrícolas migratorios. Otro método de protesta fue el ayuno. Durante el ayuno, una persona no come. Una vez, Chávez protestó ayunando por treinta y seis días.

César Chávez nunca se convirtió en un hombre rico. El propósito de su trabajo era justicia, no fama. Simplemente le importaba ayudar a los demás.

1. ¿Cómo se organiza el artículo?

_____

2. Parafrasea la primera oración del artículo.

_____

Destrezas de investigación y estudio

Nombre _____

Mi hermano Martin

Instrucciones Usa tus notas como ayuda para responder las siguientes preguntas.

3. ¿Por qué es tan importante tomar nota de que Chávez haya sido trabajador migratorio?

   _____

   _____

4. ¿El detalle de que Chávez se uniera a la Marina de los Estados Unidos es suficientemente importante como para incluirlo en tus notas? ¿Por qué?

   _____

   _____

5. ¿Qué hizo Chávez con la Organización de Servicios a la Comunidad?

   _____

   _____

6. ¿Qué métodos pacíficos usó Chávez en sus protestas?

   _____

   _____

   _____

7. ¿Por qué es importante escribir sólo las ideas principales cuando hablamos de tomar notas?

   _____

   _____

8. Cuando tomas notas para un informe, es importante escribir el título y el autor del libro o artículo que lees. ¿Por qué necesitas hacer esto?

   _____

   _____

   _____

9. Describe un organizador gráfico que puedas usar para organizar tus notas.

   _____

   _____

   _____

10. Copia una parte de tus notas del artículo en las siguientes líneas.

    _____

    _____

Actividad para la casa Su hijo aprendió cómo tomar notas y cómo sintetizar y parafrasear información. Léale un artículo o un cuento en voz alta. Después de cada oración, ayúdelo a parafrasearla. Vea cuántas oraciones puede parafrasear.

Destrezas de investigación y estudio 393

Nombre _____

Mi hermano Martin

Sufijos griegos: *-logía, -fobia, -ismo, -ista*

Corrige el informe Encierra en un círculo seis palabras con errores de ortografía en el informe de Alex. Escribe las palabras correctamente.

> El hombre y las ciencias
>
> Las ciencias han sido algo que siempre ha interesado al hombre. Para que una disciplina sea considerada ciencia, debe tener una metodolojía. Cada ciencia tiene su propio mecanizmo de estudio.
>
> Entre las ciencias que me interesan están la zoolojía y la biolojía porque me gustan los seres vivos. Aunque también me interesan la mineralogia y la geologia.

Palabras de ortografía

biología
alpinismo
altruista
analfabetismo
atletismo
egoísmo
mecanismo
mineralogía
analogía
zoología
artista
ciclista
periodismo
turismo
pianista
comentarista
hidrofobia
geología
metodología
motorista

1. _____ 2. _____

3. _____ 4. _____

5. _____ 6. _____

Palabras correctas Tacha la palabra mal escrita de cada oración. Escribe la palabra correctamente.

Palabras difíciles

tecnofobia
claustrofobia
regionalismo
paracaidista
arqueología

7. La hidrofovia es el temor al agua.   7. _____

8. El ciclizta ganó la medalla.   8. _____

9. Un rejionalizmo es una palabra propia de una región determinada.   9. _____

10. Realmente el atletizmo no es mi fuerte.   10. _____

11. Jaime fue altruicta al donar ese dinero.   11. _____

Actividad para la casa Su hijo identificó palabras con los sufijos *-logía, -fobia, -ismo, -ista* mal escritas. Invente oraciones con algunas palabras de la lista. Diga la oración omitiendo la palabra de la lista y pida a su hijo que escriba la palabra que falta.

Ortografía Sufijos griegos: *-logía, -fobia, -ismo, -ista*

Nombre _____

Mi hermano Martín

Conjunciones

Lee las oraciones. Luego, lee cada pregunta. Encierra en un círculo la letra de la respuesta correcta.

Lucha sin violencia

(1) Martin Luther King Jr. luchó por la justicia _____ la igualdad. (2) Creía en la acción, _____ no en la violencia. (3) O aceptamos la injusticia _____ defendemos nuestros derechos. (4) No hay que aceptar las injusticias _____ tolerarlas. (5) El Dr. King murió, _____ su recuerdo sigue vivo.

1 ¿Qué conjunción completa correctamente la oración 1?
  A ni
  B pero
  C y
  D u

2 ¿Qué conjunción completa correctamente la oración 2?
  A o
  B pero
  C e
  D hasta

3 ¿Qué conjunción completa correctamente la oración 3?
  A desde
  B y
  C pero
  D o

4 ¿Qué conjunción completa correctamente la oración 4?
  A sin
  B o
  C ni
  D entre

5 ¿Qué conjunción completa correctamente la oración 5?
  A pero
  B por
  C o
  D que

Actividad para la casa Su niño o niña se preparó para tomar un examen de las conjunciones. Pídale que busque diez ejemplos de *y/e, ni, pero* y *o/u* en un artículo de un periódico o una revista y que le diga qué une cada conjunción.

Normas Conjunciones **395**

Nombre _____

Biblioteca para Juana

Hechos y opiniones

- Un **hecho** es una oración que puede probarse como verdadera o falsa.
- Una **opinión** es una oración que dice lo que alguien piensa, siente o cree.
- Puedes evaluar una opinión al preguntar si la oración es válida o incorrecta.
- Una sola oración puede contener tanto un hecho como una opinión.

Instrucciones Lee el siguiente texto.

> Una vez se consideró a Jim Thorpe como el mejor atleta del mundo. Se destacó en muchos deportes y ganó muchos premios y distinciones. Para algunos, Jim Brown fue el mejor atleta, uno de los mejores jugadores de fútbol americano. Brown también fue un jugador de lacrosse típicamente estadounidense. Se destacó en béisbol y pudo haber sido un boxeador profesional.
>
> Wilt "El Zancos" Chamberlain fue el jugador de básquetbol más importante del mundo. ¡Una vez anotó 100 puntos en un juego! Chamberlain también fue una estrella de atletismo en pista. Aunque muchos consideraban a Wilt como el mejor jugador universitario de básquetbol del mundo, nadie sabe quién fue realmente "El mejor".

Instrucciones Completa la tabla de abajo.

Oración	¿Puede probarse como verdadera o falsa?	¿Hecho? ¿Opinión? ¿Ambas?
Una vez se consideró a Jim Thorpe como el mejor atleta del mundo.	1.	2.
Wilt "El Zancos" Chamberlain fue el jugador de básquetbol más importante del mundo.	3.	4.
5.	La primera parte puede probarse como verdadera o falsa, pero la segunda parte no.	Contiene tanto hecho como opinión.

Actividad en casa Su hijo identificó hechos y opiniones en un texto de no ficción. Con su hijo, comente las personas cuyas habilidades inspiran a otras personas. Cuando hable, pregunte a su hijo si algunas oraciones son hechos u opiniones.

Nombre _____

Biblioteca para Juana

Escritura • Reseña de un libro

Aspectos principales de una reseña de un libro
- Dice de qué se trata el libro.
- Comenta el tema o mensaje del libro.
- Da una opinión sobre el libro.

Un cambio de vida

En *Sólo un problema: La historia de Althea Gibson*, Sue Stauffacher escribe sobre cómo una niña salvaje y poco femenina de la ciudad se convirtió en la mejor tenista del mundo.

Criada en Harlem, un vecindario pobre de la ciudad de Nueva York, a Althea Gibson sólo le interesaban los juegos de béisbol callejero, básquetbol y pádel. Como no le interesaba lo que la gente pensara y no le gustaba que le dijeran cómo comportarse, la gente decía a menudo que Althea era sólo un problema.

Cuando un líder deportivo, Buddy Walter, descubrió lo bien que Althea jugaba al pádel en la calle, las cosas comenzaron a cambiar. Aunque apenas pudo pagarla, Buddy le compró a Althea una raqueta de tenis usada. Después Buddy y un miembro del club, Juan Serrell, hicieron posible que Althea se uniera a un club de tenis.

En el club de tenis, un profesional de tenis con un solo brazo, Fred Jonson, trabajó con Althea para mejorar su juego, y la señora Rhoda Smith le compró a Althea su primer equipo de tenis. Aun así, Althea perdía los estribos a menudo y mostraba espíritu deportivo pobre en la cancha. La gente seguía diciendo que era sólo un problema. Pero una vez más, con la ayuda de Buddy, Althea aprendió a mantener la calma y ser respetuosa. Poco después ganaba los torneos principales de tenis. Con el tiempo, Althea se convirtió en la primera afroamericana en competir y ganar la Copa Wimbledon, uno de los premios más importantes en tenis. Durante toda su vida, Althea nunca dejó de agradecer a las personas que la ayudaron a cambiar su vida.

Creo que el mensaje del autor para los lectores es que cuando las personas se preocupan lo suficiente por ayudarnos, podemos cambiar nuestras vidas y hacer realidad nuestros sueños. Disfruté este libro porque da ejemplos graciosos de por qué Althea, en ocasiones, era sólo un problema. Además, fue interesante saber cómo Althea cambió completamente: de ser una niña salvaje y poco femenina, se convirtió en una atleta respetuosa y de nivel mundial.

1. Vuelve a leer la reseña del libro. ¿Cuál es el título del libro? ¿Quién es el autor?

_____

2. ¿Esta reseña de un libro hace que quieras leer el libro? Explica en una hoja aparte.

Escritura Reseña de un libro

Nombre _____

Biblioteca para Juana

Vocabulario

Instrucciones Escoge la palabra de la caja que mejor coincida con cada definición. Escribe las palabras en la línea.

_____ 1. vestimenta de los religiosos

_____ 2. puntas afiladas

_____ 3. ámbito donde vive y trabaja la realeza

_____ 4. astutos, capaces

_____ 5. obstinada, tenaz

Verifica las palabras que conoces

- corte
- hábitos
- terca
- espinas
- inteligentes
- monjas

Instrucciones Escoge la palabra de la caja que mejor complete la oración. Escribe la palabra en la línea que aparece a la izquierda.

_____ 6. Admiro a las personas _____ que son útiles para los demás.

_____ 7. Me lastimé con la _____ de un rosal.

_____ 8. Reconocí que era religioso por sus _____.

_____ 9. Vi unas _____ salir del convento.

_____ 10. No hay persona más _____ que mi hermana, siempre logra lo que quiere.

Escribe una descripción

Escribe una descripción de cómo una persona puede lograr sus metas. Usa tantas palabras del vocabulario como puedas.

Actividad en casa Su hijo identificó y usó palabras del vocabulario de *Una biblioteca para Juana*. Juntos, formen oraciones con espacios en blanco (como las que aparecen en la segunda actividad) usando las palabras del vocabulario de la selección.

Biblioteca para Juana

Nombre _____

Mayúsculas y abreviaturas

Éstas son algunas reglas para el uso de las **mayúsculas** y **abreviaturas.**

- Se escriben con mayúscula inicial la primera palabra de una oración, y los nombres propios de personas, animales, lugares y cosas.

    Jaime **R**obles montaba su caballo **T**rueno junto al río **C**olorado.

- En las direcciones, se escribe con mayúscula inicial el nombre propio de la calle, así como la abreviatura del tipo de vía (St., Ave., etc.), la ciudad y el estado o país. En el caso del estado, las dos letras de la abreviatura se escriben con mayúscula.

    calle del **P**ez, 2   600 **S**oledad **S**t.   **S**an **A**ntonio, **TX**

- Se escriben con mayúscula inicial los nombres de los días festivos.

    Cuatro de **J**ulio

- Se escriben también con mayúscula inicial los nombres de los documentos y sucesos históricos.

    la **G**uerra **C**ivil

- Las abreviaturas de los títulos o cargos profesionales se escriben con mayúscula inicial y punto final.

    Dra. **J**ulia **O**rtiz   **S**r. **R**afael **B**iedma

- Todas las letras de las abreviaturas de los puntos cardinales van en mayúscula.

    N   S   E   O   NE   NO   SE   SO

Instrucciones Copia las oraciones usando correctamente las mayúsculas.

1. Mañana iré a la biblioteca peterson con miguel y paula.

_____

_____

2. Está en waterford st., cerca de union station.

_____

_____

3. La sra. martínez nos ayudará a buscar más información sobre juana inés de la cruz.

_____

_____

Actividad para la casa Su niño o niña estudió las mayúsculas y las abreviaturas. Escriba las direcciones de tres parientes o amigos, poniendo todas las letras en minúscula. Pídale que vuelva a escribir las direcciones introduciendo las mayúsculas correspondientes.

Nombre _____

Biblioteca para Juana

Palabras compuestas

Palabras de ortografía				
ciempiés	puntapiés	paraguas	tentempié	anteayer
abrelatas	bocacalle	espantapájaros	sacapuntas	quehacer
tiovivo	boquiabierto	coliflor	medianoche	telaraña
baloncesto	vaivén	guardacostas	agridulce	asimismo

Palabras que faltan Escribe las palabras de la lista que completan cada oración.

1. Los _____ se usan para ahuyentar a los pájaros en las huertas.   1. _____
2. Me encanta mezclar los sabores, por eso como comida _____.   2. _____
3. Se rompió la punta de mi lápiz, ¿alguien tiene un _____?   3. _____
4. No me gusta el olor de la _____ al cocinarla.   4. _____
5. ¡El partido de _____ fue intenso!   5. _____
6. El _____ es un utensilio imprescindible si compras envasados.   6. _____
7. La araña construye su _____ para atrapar moscas.   7. _____
8. Salí con _____ porque anunciaron tormenta.   8. _____
9. Cuando era más pequeño me encantaban los caballitos del _____.   9. _____
10. Los buques _____ están vigilando la zona.   10. _____
11. Se detuvo el tráfico en la _____ de la esquina de mi casa.   11. _____
12. Aunque le dimos varios _____, la pelota no entró.   12. _____

Antónimos Escribe una palabra de la lista que tenga un significado opuesto o casi opuesto.

13. indiferente   13. _____
14. ocio   14. _____
15. mediodía   15. _____
16. pasado mañana   16. _____
17. tampoco   17. _____
18. quietud   18. _____
19. bípedo   19. _____
20. plato principal   20. _____

Actividad en casa Su hijo aprendió a escribir palabras compuestas. Pregunte a su hijo si conoce otras palabras compuestas y pídale que las escriba.

Nombre _____

Biblioteca para Juana

Tabla de cuatro columnas

Escritura 401

Nombre _____

Biblioteca para Juana

Vocabulario • Palabras de varios significados

- Las palabras de varios significados son palabras que tienen más de un significado.
- Los diccionarios dan una lista de las palabras y sus significados. Al leer, un lector puede encontrarse con una palabra desconocida o una palabra conocida con un significado que no conoce. Si esto ocurre, usa un diccionario o un glosario para buscar el significado.

Instrucciones Lee el siguiente texto. Luego responde las preguntas de abajo usando un diccionario o un glosario.

Tengo una hermana que es sumamente terca. Además tiene unos hábitos bastante extraños. Para empezar, lee día y noche; lee sobre todo lo que encuentra. Muchas veces la invito a jugar videojuegos, pero ella prefiere leer. Tiene una muñeca de porcelana a la que llamó Juana Inés.

Ahora se ha hecho un corte de pelo similar al que usaba su escritora favorita.

La verdad es que es un poco extraña, pero siempre me ayuda con la tarea y en todo lo que necesito. Pronto irá a la universidad, quiere estudiar Literatura. ¡Realmente voy a extrañarla!

1. ¿Cuál es el significado de *hábitos* en este texto?

   _____

2. ¿Cuál es el significado de *muñeca* en este pasaje? ¿Cuál es el otro significado de *muñeca*?

   _____

3. ¿Cuál es el significado de *corte* en este texto?

   _____

4. ¿Cuál es el significado de *extraña* en este texto? ¿Cuál es otro significado de *extraña*?

   _____

5. Escoge una palabra de varios significados del texto. Escribe una oración usando la palabra con un significado diferente del que se usa en el texto.

   _____

   _____

Actividad para la casa Su hijo identificó el significado correcto de las palabras de varios significados en un texto breve. Escriba una lista de palabras de varios significados. Túrnense para representar y adivinar los diferentes significados de las palabras.

Nombre _____

Biblioteca para Juana

Revistas/Periódico

- Un **periódico** es una publicación que aparece en períodos regulares, como todas las semanas o todos los meses. Una **revista** es un tipo de periódico. Las revistas contienen una variedad de artículos, incluyendo noticias, artículos de fondo, artículos periodísticos, columnas regulares de opinión y anuncios.
- La mayoría de las revistas organiza los artículos de acuerdo al interés. Primero se presentan las noticias de mayor interés. Una tabla de contenido de una revista hace una lista de los diversos artículos que contiene.
- La mayoría de los artículos de revista siguen el formato de 6 preguntas, es decir, el lector sabe el "quién", el "qué", el "cuándo", el "dónde", el "porqué" y el "cómo" de un tema.

Instrucciones Lee el artículo de revista de abajo. Luego responde las preguntas en la siguiente página.

ENTREVISTAS

**El secreto del éxito de Williamson
por R. L. Dawson**

Cada vez que me siento a escribir esta columna mensual, descubro que la personalidad de los deportistas me sorprende gratamente.

Este mes tuve la oportunidad de entrevistar a Bobby Edstrom, jugador de los Tigres de la Universidad Meadow. Bobby es un jugador de fútbol americano que mide seis pies cinco pulgadas de altura y pesa trescientas libras. Cuando lo ves, automáticamente piensas que si lo ofendieras, te derrumbaría en dos segundos exactos.

Nos sentamos a conversar en la oficina de su entrenador. Comenzaba el entrenamiento de fines de verano. Usaba una camiseta de los Tigres y jeans. Se veía muy relajado y sociable. De repente no me sentí tan nervioso. Comencé a preguntarle sobre su trayectoria y sobre cómo llegó a ser tan buen jugador de fútbol americano. Su respuesta me sorprendió.

Verán, pensé que Bobby era uno de esos "atletas naturales", que son estrellas desde sus comienzos en el campo de juego. Ése no era el caso de Bobby. Tuvo dificultades en la secundaria. Casi no integra el equipo en segundo año.

Cuando le pregunté cómo llegó a donde está hoy, dijo dos palabras: "Entrenador Williamson". El entrenador de la secundaria de Bobby Edstrom, Leonard Williamson, le dijo que si practicaba mucho, aun con dificultades, podía llegar adonde quisiera. Este entrenador animó a Bobby en cada paso del camino. Nunca permitió que Bobby pensara que no podría alcanzar sus objetivos. Cuando Bobby hablaba de su entrenador, una lágrima corría por su mejilla. Le pregunté si alguna vez había tenido la oportunidad de agradecerle a su entrenador y me dijo que no. El entrenador Williamson se había mudado a otra ciudad y Bobby perdió contacto con él.

Bueno, Bobby, hay posibilidades de que el entrenador Williamson lea esta columna. Creo que puedes considerar esto como una sincera tarjeta de agradecimiento, aunque tardía, para un profesor importante e inspirador.

Nombre _____

Biblioteca para Juana

1. ¿Cuál es el título de este artículo?
   _____

2. ¿Quién escribió el artículo?
   _____

3. ¿En qué parte, o sección, de la revista aparece este artículo?
   _____

4. ¿Qué tipo de artículo es? ¿Cómo lo sabes?
   _____

5. ¿Quién es el "quién" de este artículo?
   _____

6. ¿Qué es el "qué" de este artículo?
   _____

7. ¿En qué tipo de revista puede aparecer este artículo?
   _____

8. ¿En qué se diferencia el artículo de otro que relate los puntajes de fútbol americano?
   _____
   _____

9. ¿Crees que esta entrevista aparezca antes o después de las noticias? ¿Por qué?
   _____
   _____

10. ¿Por qué crees que el título del artículo es "El secreto del éxito de Williamson"?
    _____
    _____
    _____

Escuela + Hogar

Actividad para la casa Su hijo aprendió sobre revistas y periódicos e identificó sus elementos. Lean juntos un artículo de revista. Identifiquen el "qué" y el "quién" del artículo que eligieron.

404 Destrezas de investigación y estudio

Nombre _____

Biblioteca para Juana

Palabras compuestas

Corrige las palabras Encierra en un círculo seis palabras con errores de ortografía y escríbelas correctamente.

Hoy fui al parque y mi tío me subió al tio vivo. Lo que más me gustó fue ver cómo subían y bajaban los caballos que tiene. Más tarde, comimos unas manzanas muy raras que tenían un sabor agri dulce. Nos tuvimos que ir rápido porque comenzó a llover y no habíamos llevado para aguas. Cuando ya estaba oscureciendo volvimos en el carro de mi tío por una boca calle que estaba bastante oscura. La verdad que me dio un poco de miedo. Cerca de la media noche me fui a dormir. Estaba muy contento porque había pasado un día muy lindo con mi tío. Me prometió que el próximo fin de semana jugaríamos balón cesto.

Palabras de ortografía
ciempiés
abrelatas
tiovivo
baloncesto
puntapiés
bocacalle
boquiabierto
vaivén
paraguas
espantapájaros
coliflor
guardacostas
tentempié
sacapuntas
medianoche
agridulce
anteayer
quehacer
telaraña
asimismo

Palabras difíciles
hazmerreír
menospreciar
portaaviones
enhorabuena
picahielo

1. _____
2. _____
3. _____
4. _____
5. _____
6. _____

Palabras correctas Encierra en un círculo las palabras escritas correctamente. Escribe las palabras.

7. espanta pájaros   espantapájaros   espantapajaros   _____

8. vaiven   vaivén   vai ven   _____

9. sacapuntas   saca puntas   sacapúntas   _____

10. asimismo   asímismo   a simismo   _____

11. punta piés   puntapies   puntapiés   _____

12. boqui abierto   boquiabierto   boquiabiérto   _____

Actividad en casa Su hijo identificó palabras compuestas mal escritas. Pida a su hijo que use cada palabra de la lista en una oración.

Ortografía Palabras compuestas

Nombre _____

Biblioteca para Juana

Mayúsculas y abreviaturas

Lee los grupos de palabras. Luego, lee cada pregunta. Encierra en un círculo la letra de la respuesta correcta.

Sucesos y direcciones

(1) galveston, tx 77551 (2) 5322 belmont st. (3) la guerra de la independencia
(4) el sr. y la sra. Gómez (5) el ne de méxico

1 ¿Cuál es la versión correcta del grupo de palabras 1?
   A Galveston, Tx 77551
   B galveston, TX 77551
   C Galveston, tx 77551
   D Galveston, TX 77551

2 ¿Cuál es la versión correcta del grupo de palabras 2?
   A 5322 belmont St.
   B 5322 Belmont St.
   C 5322 Belmont st.
   D 5322 Belmont ST.

3 ¿Cuál es la versión correcta del grupo de palabras 3?
   A la Guerra de la Independencia
   B la guerra de la Independencia
   C la Guerra de la independencia
   D la guerra De La Independencia

4 ¿Cuál es la versión correcta del grupo de palabras 4?
   A el Sr. y la sra. Gómez
   B el sr. y la Sra. Gómez
   C el Sr. y la Sra. Gómez
   D el Sr. y la Sra. gómez

5 ¿Cuál es la versión correcta del grupo de palabras 5?
   A el NE de México
   B el Ne de México
   C el NE de méxico
   D el ne de México

Actividad para la casa Su niño o niña se preparó para tomar un examen de las mayúsculas y las abreviaturas. Díctele varias oraciones de una revista o de un periódico. Compruebe si usó correctamente las mayúsculas.

Nombre _____

Cuando tía Lola vino

Secuencia

- La **secuencia** es el orden en que ocurren los sucesos de un cuento. Cuando leas, piensa en lo que ocurre primero, después y al final.
- La trama o argumento de un cuento tiene una secuencia de sucesos principales.
- A veces, los sucesos principales no se dicen en secuencia. Quizás un suceso que ocurrió primero se revela después.

Instrucciones Lee el texto. Luego, responde las preguntas.

> Cuando la abuela se mudó a la casa de su hija, tuvo miedo de que sus costumbres pasadas de moda avergonzaran a su nieta, Leah. Primero la abuela cambió su peinado para verse como en las revistas. Después cambió sus vestidos oscuros por unos coloridos. Hasta intentó cambiar su manera de hablar.
>
> Una noche, la abuela tenía dificultades para cocinar lo que creía que le agradaría a su nieta.
>
> Finalmente, Leah le dijo: —Ya sabes, abuelita, te quiero tal como eres. Así que no cambies. Inmediatamente, la abuela volvió a sus vestidos cómodos, a la manera en que siempre habló y a sus adoradas recetas. ¡Pero conservó su nuevo peinado!

1. ¿Cuál es el primer suceso principal de este cuento? _____
2. ¿Qué hace primero la abuela para intentar adaptarse? _____
3. ¿Qué hace después? ¿Qué pistas te indican esto?

_____

4. En este texto, ¿la palabra *finalmente* indica el último suceso del cuento? ¿Cómo lo sabes?

_____

_____

5. ¿Leah sabe en todo momento que su abuela intentaba cambiar para agradarle? ¿Cómo lo sabes?

_____

_____

_____

Actividad en casa Su hijo leyó un texto corto y respondió preguntas sobre la secuencia de sucesos. Después de ver una película o un programa de televisión de ficción juntos, pregunte a su hijo sobre el argumento. ¿Cuál fue la secuencia de sucesos? ¿Había narraciones retrospectivas?

Nombre _____

Cuando tía Lola vino

Escritura • Escena dramática

Aspectos principales de una escena dramática
- tiene diálogo y acotaciones
- tiene pocos personajes y un ambiente
- se escribe para representarse, como una obra de teatro corta

La práctica hace al maestro

(Martin Luther King (M. L.) y Alfred Daniel King (A. D.) están en la sala de su casa en un día caluroso de verano. Tienen destornilladores para aflojar las patas del banco del piano).

M. L.: ¡Me estoy cocinando! ¡No quiero sentarme dentro de esta sofocante casa y tocar el piano durante una hora!

A. D.: (frota sus nudillos) No practiqué en toda esta semana. Ya puedo sentir el golpe de la regla cuando no pueda tocar una melodía.

M. L.: No te preocupes. Pronto practicaremos béisbol en el patio y después bajaremos a la estación de bomberos para practicar cómo ser bomberos.

A. D.: ¡Apresúrate! Escucho al maestro Mann. ¡Vuelve a colocar el banco!

(M. L. y A. D. colocan el banco en posición vertical y esconden rápidamente los destornilladores en sus bolsillos. El maestro Mann entra a la habitación con una hoja de música y una regla).

M. L. y A. D.: (contienen la risa) ¡Buenos días, maestro Mann!

MANN: (golpetea el banco del piano con la regla) Bien, muchachos. ¿Quién quiere tocar primero? Siéntese al lado mío en el banco.

(El maestro Mann se sienta en el banco y se cae).

MANN: ¡Uy! Tendrán que reparar este banco.

M.L.: ¿Entonces se cancela la clase?

MANN: (se pone de pie y arregla su ropa) ¡Sí, pero la próxima semana tendremos una clase de dos horas!

(M. L. y A. D. salen negando con la cabeza).

1. ¿Por qué es importante leer las acotaciones?

_____

2. En su diálogo, ¿cómo sabes cómo se siente M. L. sobre las clases de piano?

_____

Nombre _____

Cuando tía Lola vino

Vocabulario

Instrucciones Dibuja una línea para unir cada palabra de la izquierda con su definición de la derecha.

1. brochazo — moverse en forma sigilosa

2. retoños — rango militar inferior a general

3. destello — movimiento de la brocha

4. merodeando — brillo, chispa

5. coronel — brotes pequeños

Verifica las palabras que conoces
___ retoños
___ coronel
___ destello
___ merodeando
___ paleta
___ pintoresco
___ brochazo

Instrucciones Escoge la palabra que concuerde con la pista. Escribe la palabra en la línea.

_____ 6. Un artista usaría este objeto.

_____ 7. Tal vez viste a alguien pintar así.

_____ 8. Un diamante puede mostrar esto cuando refleja la luz.

_____ 9. Un cocodrilo que observa su presa podría estar haciendo esto.

_____ 10. Un paisaje podría describirse así.

Escribe una conversación

Imagina que un pariente se acaba de mudar con tu familia. Escribe una conversación que podrías tener con esta persona. Usa tantas palabras del vocabulario como puedas.

Actividad en casa Su hijo identificó y usó palabras del vocabulario de *Cuando tía Lola vino*. Invente un cuento con su hijo sobre dos personas, un artista y un coronel, de diferentes mundos. Usen las palabras del vocabulario de la selección.

Vocabulario 409

Nombre _____

Cuando tía Lola vino

Uso de la coma

> Éstas son algunas reglas para el uso de la **coma**.
>
> - La coma se usa para separar los elementos de una serie, salvo los que estén precedidos por las conjunciones *y/e*, *o/u* o *ni*.
>
>   Fuimos al parque, jugamos al fútbol, nos sentamos y comimos sándwiches.
>
> - Se separa con una coma el nombre de la persona a quien se habla.
>
>   Martín, apúrate.   Dime, Lalo, ¿dónde estamos?
>
> - Se usa una coma después de las palabras o frases introductorias de una oración.
>
>   No, nunca estuve en tu casa.   Por supuesto, me encantaría visitarte.
>
> - En una dirección, se pone coma entre la ciudad y el estado.
>
>   Iré a San Antonio, Texas.
>
> - Se usa coma antes de escribir la fecha, después del nombre del lugar.
>
>   Madison, 17 de enero de 2010

Instrucciones Escribe *C* si se usaron correctamente las comas en la oración. Si no fue así, agrégalas en el lugar correcto.

1. Abuelo ¿viste alguna vez jugar a Juan Marichal? _____
2. Sí, vi su primer partido de las Grandes Ligas en 1960. _____
3. Aquel día estuvo fuerte rápido e insuperable. _____

Instrucciones Escribe la oración, agregando las comas necesarias.

4. Juan Marichal jugó con los Giants los Red Sox y los Dodgers.

_____

Escuela + Hogar **Actividad para la casa** Su niño o niña estudió el uso de la coma. Pídale que enumere los objetos que vea a su alrededor, empezando por *Veo....* Pídale que diga la palabra *coma* después de cada elemento de la lista.

Prefijos *ex-*, *pos(t)-*, *bi-*, *tri-*

Cuando tía Lola vino

Palabras de ortografía

extiende	ex presidente	posterior	bilingüe	triángulo
extraer	expulsar	posdata	bicicleta	triciclos
extranjero	ex ministro	postgraduado	bilateral	triple
excavar	exportar	posponer	binoculares	trilingüe

Sinónimos Escribe las palabras de la lista que tengan un significado igual o casi igual al de las palabras de abajo.

1. postergar
2. trío
3. expeler
4. vehículo de dos ruedas
5. aclaración
6. vender
7. siguiente
8. largavistas

Opuestos Escribe las palabras de la lista que tengan un significado opuesto o casi opuesto al de las palabras de abajo.

9. monolingüe
10. introducir
11. pregraduado
12. actual mandatario
13. unilateral
14. nativo
15. encoge

Palabras que faltan Completa las oraciones con las palabras de la lista.

16. El _____ vivió en Francia mientras duró su cargo.
17. Mi papá es _____: habla español, inglés y portugués.
18. Un _____ es una figura geométrica que tiene tres lados.
19. Los _____ son vehículos de juguete para niños pequeños.
20. Las palas sirven para _____.

Actividad en casa Su hijo escribió palabras con los prefijos *ex-*, *pos(t)-*, *bi-*, *tri-*. Diga una palabra, pida a su hijo que le añada un prefijo y que la escriba.

Nombre _____

Cuando tía Lola vino

Secuencia del cuento B

Título

Personajes

Ambiente

Sucesos

Nombre _____

Cuando tía Lola vino

Vocabulario • Palabras poco comunes

> Cuando leas y veas una **palabra poco común,** puedes usar las claves del contexto, o las palabras alrededor de la palabra poco común, para descubrir su significado.

Instrucciones Lee el texto. Luego responde las preguntas de abajo.

> Todo lo que Amalia siempre quiso hacer fue pintar. Un día, su tía dijo que necesitaba una niñera para sus hijos. A Amalia le gustaban sus primitos, así que le pidió a su tía ser la niñera. Ser una niñera facilitaría, o permitiría, que Amalia tuviera mucho tiempo para pintar.
>
> Amalia y sus primos viven en una ciudad pintoresca con casas antiguas y calles de adoquín. Un día, descubrió el destello, o brillo, de luz en un charco. Esa semejanza, o parecido, con un espejo la inspiró. Cuando Amalia volvió a casa, mezcló las pinturas en su paleta para pintar la luz del charco.

1. ¿Qué claves del contexto te ayudan a descubrir el significado de *facilitaría*?

   _____

2. ¿Qué claves del contexto te ayudan a descubrir el significado de *pintoresca*?

   _____

   _____

3. Una clave del contexto para *destello* es *brillo*. Si no supieras el significado de *destello*, ¿cómo podrías descubrir el significado con el contexto?

   _____

   _____

4. ¿Qué clave del contexto te da el significado de *paleta*?

   _____

5. Escribe tu propia oración usando una clave del contexto para la palabra *semejanza*.

   _____

   _____

Actividad en casa Su hijo leyó un texto corto y usó claves del contexto para identificar el significado de palabras poco comunes. Lean juntos un cuento desafiante. Cuando encuentren una palabra poco común, pida a su hijo que encuentre claves del contexto. Si no existen, ayude a su hijo a parafrasear la información alrededor de la palabra poco común.

Nombre _____

Cuando tía Lola vino

Diccionario y glosario

> Un **diccionario** es un libro de palabras y sus significados. Un **glosario** es un diccionario breve en la parte de atrás de algunos libros. Tiene definiciones de palabras que se usan en el libro. Los diccionarios y glosarios se organizan en orden alfabético. Las **entradas** están en negrita en los diccionarios y glosarios. Para cada entrada, puedes encontrar la **categoría gramatical**, la **definición** y una oración.

Instrucciones Estudia las entradas de diccionario y de glosario de abajo. Luego responde las siguientes preguntas.

Entradas de diccionario	Entradas de glosario
culto [cul–to] adj. Dotado de las cualidades que provienen de la cultura o instrucción. **cultura** [cul–tu–ra] 1. sust. elegancia; sofisticación 2. sust. tradiciones y costumbres de un grupo de personas; *La cultura italiana se conoce por su comida.* **Cumberland** [Cum–ber–land] sust. río que fluye en Kentucky y Tennessee; se conecta con el Río Ohio.	**bordillo** [bor • di • llo] sustantivo, cordón de un material duro, como piedra u hormigón, en el borde de la calle (pág. 53) **complicado** [com • pli • ca • do] adjetivo, difícil de comprender (pág. 22) **cultura** [cul • tu • ra] sustantivo, costumbres de un grupo de personas (pág. 98) **engañoso** [en • ga • ño • so] adjetivo, mentiroso o desleal (pág. 22)

1. ¿Cuál es la diferencia entre un diccionario y un glosario?

_____

_____

2. ¿Cuál es la palabra de entrada previa a *Cumberland*? ¿Por qué está antes?

_____

_____

414 Destrezas de investigación y estudio

Nombre _____

Cuando tía Lola vino

Instrucciones Usa las entradas de diccionario y de glosario para responder las siguientes preguntas.

3. En la entrada de una palabra, ¿dónde encontrarías la categoría gramatical? En un diccionario, ¿cómo sabrías si una palabra es un sustantivo?

   _____
   _____

4. ¿Qué categoría gramatical tiene *culto*?

   _____
   _____

5. En un glosario, ¿qué crees que significa el número de página después de la definición?

   _____
   _____

6. El diccionario muestra varias definiciones para la palabra *cultura*. ¿Por qué crees que hay solo una en el glosario?

   _____
   _____

7. ¿Qué crees que tienen en común las palabras en un glosario?

   _____
   _____

8. En el diccionario, ¿cuál es el propósito de que las oraciones estén en *cursiva*? Escribe una oración que se podría agregar a la definición de *culto* para mostrar cómo se usa.

   _____
   _____

9. Describe cuándo usarías un glosario en vez de un diccionario.

   _____
   _____

Actividad en casa Su hijo aprendió cómo usar entradas de un diccionario y de un glosario. Escoja una palabra de una página del diccionario. Memorice su definición, categoría gramatical, etc. Dele a su hijo el diccionario abierto en esa página. Pídale a su hijo que le haga preguntas para intentar descubrir la palabra que escogió. Por ejemplo, "¿La palabra es un sustantivo?".

Destrezas de investigación y estudio 415

Prefijos *ex-*, *pos(t)-*, *bi-*, *tri-*

Cuando tía Lola vino

Corrige un ensayo Ayuda a Julián a corregir su ensayo para el concurso literario de la escuela. La nueva publicidad tiene errores que deben corregirse antes de que se publique. Encierra en un círculo seis palabras con errores de ortografía y una palabra con un error de mayúscula. Escribe las palabras correctamente.

La llave del éxito

La existencia es vilateral, Tiene momentos de felicidad y momentos de tristeza. Lo importante es hacer un esfuerzo treple: pasar parte del día al aire libre (por ejemplo, andar en vicicleta), no pozponer nuestras obligaciones y hacer una reflexión pozterior a cada acción para evaluar nuestro desempeño en la vida. además, es de gran importancia espulsar los malos hábitos.

Palabras de ortografía

extiende
extraer
extranjero
excavar
ex presidente
expulsar
ex ministro
exportar
posterior
posdata
postgraduado
posponer
bilingüe
bicicleta
bilateral
binoculares
triángulo
triciclos
triple
trilingüe

1. _____
2. _____
3. _____
4. _____
5. _____
6. _____
7. _____

Palabras difíciles

excéntrico
bidimensional
posventa
tricentenario
bíceps

Palabras correctas Encierra en un círculo las palabras escritas correctamente. Escribe las palabras.

8. bidimencional — bidimensional — vidimensional _____

9. excéntrico — exéntrico — exzéntrico _____

10. exportar — esportar — ezportar _____

11. bilingue — bilinge — bilingüe _____

12. ezcavar — excavar — escavar _____

Actividad en casa Su hijo identificó palabras con los prefijos *ex-*, *pos(t)-*, *bi-*, *tri-* mal escritas. Diga uno de los prefijos y pida a su hijo que encuentre y escriba todas las palabras de la lista que empiecen con ese prefijo.

Nombre _____

Cuando tía Lola vino

Uso de la coma

Lee las oraciones. Luego, lee cada pregunta. Encierra en un círculo la letra de la respuesta correcta.

¡Vamos al partido!

(1) Fenway Park está en _____. (2) ¡Es la cancha más _____ del país! (3) ¿Puedes _____ si iremos a un partido este año? (4) _____ ya tengo los boletos. (5) Iremos todos: _____.

1. ¿Qué grupo de palabras completa correctamente la oración 1?
   A   4 Yawkey Way Boston, MA
   B   4 Yawkey Way Boston MA
   C   4 Yawkey Way, Boston, MA
   D   4, Yawkey, Way, Boston, MA

2. ¿Qué grupo de palabras completa correctamente la oración 2?
   A   pequeña vieja, y extraña
   B   pequeña, vieja y, extraña
   C   pequeña vieja y extraña
   D   pequeña, vieja y extraña

3. ¿Qué grupo de palabras completa correctamente la oración 3?
   A   decirme papá,
   B   decirme, papá,
   C   decirme papá
   D   decirme, papá

4. ¿Qué grupo de palabras completa correctamente la oración 4?
   A   Claro que iremos
   B   Claro que, iremos
   C   Claro que iremos,
   D   Claro, que iremos

5. ¿Qué grupo de palabras completa correctamente la oración 5?
   A   mamá Claudio tú y yo
   B   mamá Claudio, tú y yo
   C   mamá, Claudio tú, y yo
   D   mamá, Claudio, tú y yo

Actividad para la casa Su niño o niña se preparó para tomar un examen del uso de la coma. Léale al azar algunas direcciones de las páginas amarillas. Pídale que las escriba usando correctamente las comas.

Normas Uso de la coma   **417**

Nombre _____

Un regalo del corazón

Generalizar

- Una **generalización** es un enunciado o regla amplia que se aplica a muchos ejemplos.
- Las palabras clave como *todos*, *la mayoría*, *siempre* o *generalmente* indican generalizaciones.
- Una generalización es válida si los datos o detalles la apoyan. Es errónea si no tiene apoyo.

Instrucciones Lee el texto.

Generalmente, Pluma Roja practicaba lacrosse todos los días. Era un juego que había aprendido con los ancianos del pueblo que transmitían la tradición de generación en generación. Como la mayoría de los niños hurones, había llevado un palo de lacrosse desde que tuvo edad suficiente para caminar.

Cuando los niños hurones del pueblo de Pluma Roja jugaban con niños de otros pueblos, el equipo de Pluma Roja siempre ganaba. Era como si todos los niños de su equipo hubieran nacido con un amor por el juego que otros no podían igualar. El lacrosse para los niños de su pueblo era más que un simple juego, era una forma de vida.

Instrucciones Escribe generalizaciones y las palabras clave del texto para completar la tabla.

Generalización	Palabra clave
Generalmente, Pluma Roja practicaba lacrosse todos los días.	1.
2.	3.
4.	mayoría
Era como si todos los niños hubieran nacido con un amor por el juego que otros no podían igualar.	5.

418 **Comprensión**

Nombre _____

Un regalo del corazón

Escritura • Obra de teatro

> **Aspectos principales de una obra de teatro**
> - Es un cuento con argumento, ambiente y tema que se escribe para representarse.
> - Incluye diálogo rotulado con el nombre de los personajes.
> - Puede dividirse en actos y escenas.

El gran alarde de Davy Crockett

Personajes: Davy Crockett, Annie Bates, Tom Ironsmith

Acto I
(Ambiente: siglo XIX, un lugar en lo profundo del bosque, Davy, Tom y Annie están debajo de un árbol).

TOM: ¿Sabes de qué hizo alarde Davy? Davy dijo: "Puedo sacar cualquier cosa con mi sonrisa. Puedo sacar un mapache de un árbol con mi sonrisa".
ANNIE: ¡A ver si lo haces entonces, Davy!
DAVY: (Señala hacia arriba). Veo un mapache en esa rama alta. Vean cómo baja con mi sonrisa.

(Davy mira hacia arriba en el árbol y comienza a sonreír hasta que sus mejillas se cansan).

TOM: Parece que el mapache está dispuesto a sentarse en el árbol todo el día.
DAVY: (Enojado) ¡Esa criatura no me ganará! ¡Cortaré el árbol!

(Davy corta el árbol y éste cae al suelo. Davy, Tom y Annie corren para inspeccionarlo).

ANNIE: No viste un mapache. Es sólo un nudo en el tronco.
DAVY: (Se ve incómodo). ¿Ese animal sólo era el hueco de un nudo?
TOM: Espera un minuto. ¡La corteza alrededor del hueco ya no está. ¡Sacaste la corteza del árbol con tu sonrisa!
DAVY: (Se ve orgulloso). ¡Les dije que podía sacar cualquier cosa con mi sonrisa!

1. ¿Cuál es el ambiente de esta obra de teatro?

_____

2. ¿Qué mensaje sobre Davy Crockett quiere el autor que los lectores conozcan?

_____

3. ¿Cómo se siente Davy cuando el mapache no sale del árbol? ¿Cómo lo sabes?

Nombre _____

Un regalo del corazón

Vocabulario

Instrucciones Dibuja una línea para unir cada palabra de la izquierda con su definición de la derecha.

1. chamán
2. sequía
3. abundantes
4. pastaban
5. conmocionados

se alimentaban con hierba
agitados, inquietos
largo período de clima seco
en grandes cantidades
hechicero

Verifica las palabras que conoces
___ chamán
___ pastaban
___ sequía
___ ceremonial
___ conmocionados
___ abundantes

Instrucciones Escoge la palabra de la caja que mejor complete cada oración.

6. En el verano, los caballos _____ en la pradera todo el día.

7. Debido a la larga _____ muchos cultivos se marchitaron bajo el sol de Texas.

8. Los granjeros estaban _____ por la posibilidad de perder sus rebaños.

9. Finalmente llegaron las lluvias, y la cosecha produjo _____ beneficios.

10. Los habitantes de la aldea le pidieron al _____ que hiciera un baile _____.

Escribe un reportaje noticioso

Imagina que eres un reportero para un periódico. En una hoja aparte, escribe un reportaje noticioso sobre una granja o una comunidad agrícola que tiene problemas por la sequía. Usa tantas palabras de vocabulario como puedas.

Actividad para la casa Su hijo identificó y usó palabras del vocabulario de *Un regalo del corazón*. Con su hijo, escriba un cuento sobre una época de problemas económicos o agrarios. Usen palabras de vocabulario del cuento.

Nombre _____

Un regalo del corazón

Raya y comillas

La **raya** sirve para indicar el comienzo de un diálogo. Después de la raya inicial, la primera palabra comienza con mayúscula.

- Se pone una raya cada vez que habla un personaje. Luego se deja un espacio y se pone otra delante de lo que dice el narrador.

    —Tendría que llover —dijo Cazador de Sombras.

Las **comillas** se usan para destacar algo en el texto.

- Las comillas se usan para citar exactamente lo que pensó o dijo una persona o lo que aparece en otro texto.

    Colibrí pensó: "Es cierto".

- También se usan para encerrar el título de un artículo, de un poema, de un cuento o de una canción, cuando éstos se mencionan dentro de un texto.

    Alejandra Costa es la autora del artículo "Cómo construir un tipi".

Instrucciones Subraya la oración en la que se usa correctamente la raya.

1. —Águila Sabia se ha marchado —dijo Pequeña Niña.

   —Águila Sabia se ha marchado, dijo —Pequeña Niña.

2. — ¿Cuándo volverá?, preguntó.

   —¿Cuándo volverá? —preguntó.

Instrucciones Escribe las oraciones agregando las comillas que faltan.

3. ¿Conocen el poema Atardecer en la pradera?

   _____

4. Ayer escuché la canción Llega la lluvia.

   _____

Actividad para la casa Su niño o niña estudió el uso de la raya y las comillas. Miren juntos un cuento y pídale que le señale las rayas que indican que los textos son diálogos.

Normas Raya y comillas **421**

Nombre _____

Un regalo del corazón

Sufijos *-mente, -dad, -ez, -eza, -anza*

Palabras de ortografía

rápidamente	fácilmente	escasez	madurez	generosidad
profundamente	bondad	nobleza	confianza	pureza
finalmente	mudanza	naturaleza	enseñanza	esperanza
nuevamente	honradez	oscuridad	brevedad	lucidez

Sufijos Completa cada oración con una palabra de la lista que tenga el mismo sufijo que la palabra subrayada.

1. La <u>solidaridad</u> va de la mano con la _____.   1. _____
2. Hay gente de gran _____, sin complicaciones, que siempre actúa con <u>simpleza</u>.   2. _____
3. Mi abuelo atribuye su <u>sensatez</u> a que lo educaron con _____.   3. _____
4. ¡Cómo se siente en el aire la _____; este paisaje es de enorme <u>belleza</u>!   4. _____
5. A pesar de su <u>vejez</u>, Aurelia conserva intacta su _____.   5. _____
6. Pedro se equivocó _____, tendrá que rehacer su tarea <u>serenamente</u>.   6. _____
7. En contacto con la _____ debemos recibir al día que recién <u>empieza</u>.   7. _____
8. Mi abuela nombra a su madre con <u>añoranza</u> porque de ella recibió la mejor _____.   8. _____
9. El turista perdió su documento de <u>identidad</u> y quiere recuperarlo a la _____.   9. _____
10. ¡Cuánta _____ con los demás! Valoro mucho tu <u>hospitalidad</u>.   10. _____
11. Carlitos rindió su materia <u>excelentemente</u>; ahora podrá dormir _____.   11. _____
12. El señor de la tienda olvidó la <u>balanza</u> en el camión donde hacía su _____.   12. _____

Antónimos Escribe la palabra de la lista que sea un antónimo de la palabra subrayada.

13. Cuánta <u>claridad</u> hay en la habitación de Elena.   13. _____
14. Esta es una tarea que mi hermano <u>difícilmente</u> realice.   14. _____
15. Tanta <u>desesperanza</u> pone triste a la gente.   15. _____
16. Cuando Miriam se levanta <u>inicialmente</u> se lava la cara.   16. _____
17. ¡Cuánta <u>abundancia</u> hay en nuestra tierra!   17. _____
18. La <u>insensatez</u> de tus pensamientos me impresiona.   18. _____
19. No te apures, José, puedes caminar <u>lentamente</u>.   19. _____
20. A Cristina le produce <u>inseguridad</u> salir de noche.   20. _____

Actividad en casa Su hijo escribió palabras con los sufijos *-mente, -dad, -ez, -eza, -anza*. Diga algunas palabras de la lista y pida a su hijo que las escriba.

Nombre _____

Un regalo del corazón

Secuencia del cuento B

Título _____

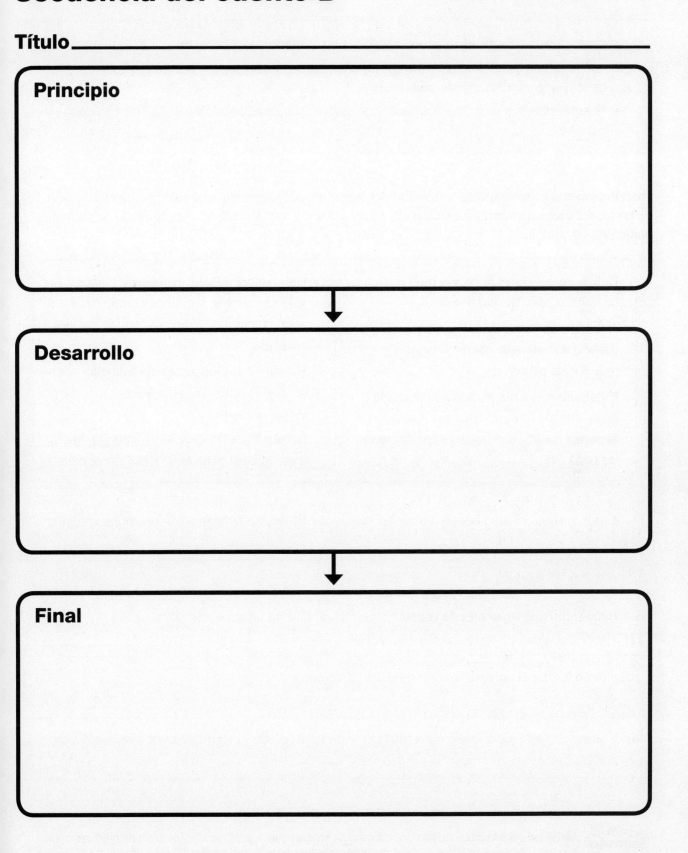

Escritura 423

Nombre _____

Un regalo del corazón

Vocabulario: Palabras poco comunes

- Cuando leas una **palabra poco común,** busca claves del contexto.
- Las palabras y oraciones alrededor de una palabra poco común pueden ayudarte a descubrir el significado de una palabra.
- El autor puede incluir una definición, un sinónimo u otra clave para el significado de la palabra.

Instrucciones Lee el siguiente texto sobre los habitantes de un pueblo que sufre una sequía. Luego responde las preguntas de abajo. Busca claves del contexto para descubrir el significado de cualquier palabra poco común.

Habitante 1: Esta es la peor sequía que puedo recordar. Mi pozo se secó.

Habitante 2: (Asiente con la cabeza). El ganado no tiene qué comer. Pastaron todo lo que pudieron.

Habitante 1: ¿Fuiste al mercado agrícola de la ciudad? Las personas dan vueltas conmocionadas, como si no supieran qué les pasó.

Habitante 2: ¿Puedes culparlos? Hace sólo seis meses, teníamos tiempo de abundancia. Los granjeros tenían muchas cosechas.

Habitante 1: Quizás sea el momento de que dejemos la agricultura completamente.

Habitante 2: (Encoge sus hombros). Me temo que mi ganado no tiene esa opción.

1. 1. ¿Una *sequía* es algo bueno o malo? ¿Qué claves del cuento ayudan a responder esta pregunta?

_____

_____

2. ¿Qué significa *pastar* en este cuento?

_____

3. ¿Cómo te dice el contexto lo que significa *abundancia*?

_____

4. Escribe una oración que use claves del contexto para revelar el significado de *conmocionadas*.

_____

_____

Actividad para la casa Su hijo usó claves del contexto para identificar el significado de palabras poco comunes. Anime a su hijo a escribir un párrafo que incluya claves del contexto para revelar el significado de palabras difíciles o poco comunes.

Nombre _____

Un regalo del corazón

Manual en línea

- Un **manual** puede ser un libro o puede aparecer en Internet. Tiene instrucciones que indican cómo hacer algo. Generalmente, un manual tiene una tabla de contenido, secciones temáticas, fotos o ilustraciones, un glosario y un índice.
- Los manuales en Internet se diseñan para ayudarte a encontrar información rápidamente y pueden actualizarse con mayor frecuencia y rapidez que los manuales impresos.
- Los manuales deben leerse cuidadosamente antes de intentar un procedimiento. A menudo tienen advertencias sobre un procedimiento y explican cualquier peligro implícito.

Instrucciones Estudia esta página de un manual en Internet.

Asociación Agrícola de los Estados Unidos: Procedimientos agrícolas seguros para el medioambiente

- Búsqueda por tema
- Presentación
- Conservación del agua
- Conservación del suelo
- Agricultura orgánica
- Tecnología "ecológica"
- Productos aprobados
- Diagramas
- Información nueva y actualizaciones
- Glosario de términos
- Ayuda
- Contactos

Conservación del suelo

No importa si tiene un jardín pequeño o un campo de cien acres, la conservación del suelo es vital para el medioambiente. El tratamiento inadecuado del suelo puede tener efectos devastadores. La Cuenca de Polvo de la década de 1930 fue tanto resultado de la pobre conservación del suelo como de la sequía.

Siga los siguientes pasos para promover la conservación del suelo. El suelo sano significa cultivos sanos.

1. **Rotar los cultivos.** Los cultivos absorben las sustancias nutritivas del suelo. Plantar el mismo cultivo en el mismo lugar una y otra vez extrae todas las sustancias nutritivas del suelo. Rotar los cultivos ayuda a mantener la riqueza del suelo.
2. **Usar fertilizantes.** El fertilizante agrega sustancias nutritivas al suelo para producir cultivos sanos y abundantes.
3. **Crear barreras contra el viento.** Las barreras contra el viento protegen la capa superior del suelo para que el viento no quite sus sustancias nutritivas. Una barrera contra el viento puede ser tan grande como una hilera de árboles o sólo una pequeña cerca en un jardín.
4. **Agricultura a nivel.** Para prevenir la erosión de la rica capa vegetal debido al agua, use agricultura a nivel. Adapte sus cultivos al tipo de suelo. Si su suelo forma curvas, también las deben formar los surcos de cultivos.

 Es importante que use fertilizantes naturales en sus cultivos. El uso prolongado de fertilizantes industriales que tienen sustancias químicas peligrosas puede dañar el suelo.

SIGUIENTE

Destrezas de investigación y estudio 425

Nombre _____

Un regalo del corazón

Instrucciones Usa el manual para responder las preguntas.

1. ¿Para qué es el manual?
   _____

2. ¿Dónde podrías hacer clic si no comprendieras una palabra del manual?
   _____

3. ¿Por qué usarías el botón de Búsqueda por tema?
   _____

4. ¿Qué significa ¡A!?
   _____

5. ¿Qué pasaría si cultivaras lo mismo en tu jardín todas las estaciones?
   _____

6. ¿Cómo puedes averiguar si un fertilizante es seguro para tu jardín?
   _____
   _____
   _____

7. ¿Cuándo usarías el botón de Contactos?
   _____

8. ¿En qué botón harías clic para aprender sobre las últimas técnicas de agricultura a nivel?
   _____

9. ¿En qué se diferenciaría usar un manual en Internet de un manual impreso?
   _____
   _____

10. ¿Cómo te ayudaría a lograr tus objetivos la lectura de un manual?
    _____

Actividad para la casa Su hijo aprendió cómo usar un manual en Internet. Busque un manual impreso de un electrodoméstico o aparato electrónico que use en su casa. Pida a su hijo que le explique las distintas secciones del manual.

Sufijos -mente, -dad, -ez, -eza, -anza

Un regalo del corazón

Corrige un artículo Este pequeño artículo necesita ser corregido antes de imprimirse. Encierra en un círculo seis palabras mal escritas y escríbelas correctamente. Escribe correctamente la palabra con error de mayúscula.

Una escuela en el campo

La escuela apollo 11 realiza nevamente su rifa anual para recaudar dinero con el fin de ayudar a los niños que no pueden acceder a una buena enseñansa. Los padres y los vecinos colaboran con gran generocidad en este evento.

Esta escuela realiza actividades variadas, como caminatas en contacto con la naturalesa, que los maestros aprovechan para inculcar a los niños la vondad con los animales y la confiansa en sí mismos.

Toda colaboración de parte de la comunidad será bienvenida. Las buenas intenciones de esta escuela lo merecen.

Palabras de ortografía

rápidamente
profundamente
finalmente
nuevamente
fácilmente
bondad
mudanza
honradez
escasez
nobleza
naturaleza
oscuridad
madurez
confianza
enseñanza
brevedad
generosidad
pureza
esperanza
lucidez

Palabras difíciles

heroicamente
sinceridad
tozudez
solidaridad
delicadeza

1. _____
2. _____
3. _____
4. _____
5. _____
6. _____
7. _____

Palabras correctas Encierra en un círculo las palabras escritas correctamente. Escribe las palabras.

8. lusidez   lucidez   lucides   _____

9. honradez   onradez   honrades   _____

10. tozudez   tosudez   tozudes   _____

11. solidaridá   soridaridad   solidaridad   _____

12. puresa   pureza   purreza   _____

Actividad en casa Su hijo identificó palabras con los sufijos -mente, -dad, -ez, -eza y -anza mal escritas. Pida a su hijo que use cada palabra de la lista en una oración.

Ortografía Sufijos -mente, -dad, -ez, -eza, -anza

Nombre _____

Un regalo del corazón

Raya y comillas

Lee las oraciones. Luego, lee cada pregunta. Encierra en un círculo la letra de la respuesta correcta.

¡A cantar!

(1) —¿Dónde vive el pueblo comanche? _____ (2) —Vive en la pradera texana _____ (3) —¿Conoces la canción _____ (4) Todos contestaron: _____ (5) —¡Vamos a cantarla _____

1. ¿Cuál es el final correcto de la oración 1?
   A   preguntó—Miriam.
   B   —preguntó Miriam.
   C   preguntó Miriam.
   D   preguntó Miriam—.

2. ¿Cuál es el final correcto de la oración 2?
   A   contestó Dani.
   B   —contestó —Dani.
   C   —contestó Dani.
   D   contestó Dani—.

3. ¿Cuál es el final correcto de la oración 3?
   A   "Agua"? —preguntó Olga.
   B   Agua? —preguntó Olga.
   C   "Agua"? preguntó Olga.
   D   Agua? preguntó Olga.

4. ¿Cuál es el final correcto de la oración 4?
   A   "Sí.
   B   —Sí—.
   C   "Sí".
   D   Sí.

5. ¿Cuál es el final correcto de la oración 5?
   A   juntos! propuso Miriam.
   B   juntos! propuso —Miriam.
   C   juntos! propuso Miriam—.
   D   juntos! —propuso Miriam.

Actividad para la casa Su niño o niña se preparó para tomar un examen del uso de la raya y las comillas. Léale parte de un cuento que contenga diálogos. Pídale que le indique dónde deberían ir las rayas y las comillas, si las hubiere.

Nombre _____

El hombre que fue

Fuentes gráficas

- Una **fuente gráfica** muestra la información visualmente.
- Observar las fuentes gráficas antes de leer te ayudará a ver sobre qué trata el texto. Volver a observarlas mientras lees te ayudará a comprender el texto.

Instrucciones Observa atentamente la siguiente fuente gráfica. Luego responde las preguntas de abajo.

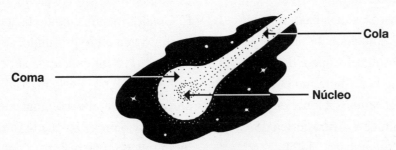

Las partes de un cometa

Un cometa está compuesto de tres partes. Hielo, gases, rocas y polvo forman el núcleo. La coma, o cabellera, que rodea al núcleo está compuesta por más polvo y gases. El núcleo y la coma forman la cabeza del cometa. Finalmente, la cola es el resultado del polvo y los gases que se esparcen como consecuencia de los vientos solares.

1. ¿Qué te muestra esta fuente gráfica?

_____

2. ¿Qué tipo de artículo incluiría esta fuente gráfica?

_____

_____

3. ¿Qué partes forman la cabeza de un cometa?

_____

4. Describe la coma de un cometa.

_____

_____

5. ¿Cómo te ayuda el diagrama a comprender la información de la leyenda?

_____

Actividad en casa Su hijo usó una fuente gráfica para responder preguntas sobre un texto. Busque un artículo de revista o del periódico que contenga una fuente gráfica. Pida a su hijo que observe la fuente gráfica antes de leer y mientras lee. Juntos, hablen sobre cómo la fuente gráfica hace que el texto sea más comprensible.

Comprensión

Nombre _____

El hombre que fue

Aspectos principales de la no ficción narrativa
- cuenta sobre un suceso verdadero
- incluye detalles importantes
- a menudo, se cuenta en el orden en que ocurrieron los sucesos

La reina de la frontera profunda

Durante toda su vida, la Dra. Sylvia Earle pasó numerosos días bajo el agua para explorar el emocionante mundo de los océanos. La Dra. Earle, apodada "Su Profundidad", fue la primera mujer designada jefa de la Oficina Nacional de Administración Oceánica y Atmosférica de los Estados Unidos. Sin embargo, la Dra. Earle es probablemente más conocida por el récord que obtuvo el día que se paró sola en el fondo del océano Pacífico.

La inmersión más famosa de la Dra. Earle tuvo lugar en 1979 frente a la costa de Hawái. Antes de entrar al agua, la Dra. Earle tuvo que ponerse un traje de buzo protector llamado traje de buceo atmosférico. Al igual que el traje de los astronautas, el traje de buceo atmosférico protegía a la Dra. Earle y le proporcionaba aire y temperatura normal. La Dra. Earle hizo su viaje al fondo amarrada al frente de un pequeño submarino llamado *Star II*. Generalmente, cuando las personas se sumergen en lo profundo, se atan con una cuerda a un bote en la superficie. Sin embargo, la Dra. Earle hizo su inmersión profunda sin atarse con una cuerda a la superficie. Esto hizo que la inmersión fuera mucho más peligrosa que las demás. Cuando finalmente llegó al fondo, sólo una cuerda corta la unía al *Star II*. La Dra. Earle permaneció las siguientes dos horas y media caminando por el suelo del océano y contemplando criaturas marinas asombrosas como el pez relámpago y el coral brillante. Al final, llegó la hora de volver a la superficie. El *Star II* levantó a la Dra. Earle del suelo del océano donde había logrado el récord de la inmersión más profunda (1,250 pies o 381 metros) sin amarrarse a la superficie. El récord que estableció sigue vigente hasta el día de hoy.

1. ¿Sobre quién habla este informe de no ficción narrativa?

_____

2. ¿Qué suceso real describe este informe?

_____

3. ¿Dónde ocurrió este suceso?

_____

4. ¿Cuándo ocurrió este suceso?

_____

Nombre _____

El hombre que fue

Vocabulario

Instrucciones Escoge la palabra de la caja que concuerde con cada definición. Escribe la palabra en la línea.

Verifica las palabras que conoces

___ astronautas
___ cápsula
___ portezuela
___ horizonte
___ lunar
___ módulo
___ cuarentenas

_____ 1. Línea en la que parece que la Tierra se encuentra con el cielo.

_____ 2. Unidad independiente dentro de un sistema más grande.

_____ 3. Sección cerrada que está en la parte frontal de un cohete.

_____ 4. Que proviene de, se refiere o se parece a la Luna.

_____ 5. Aislamientos para prevenir que se esparzan enfermedades infecciosas.

Instrucciones Encierra en un círculo la palabra o las palabras que tengan el mismo significado o un significado parecido al de la primera palabra de cada grupo.

6. **horizonte**   límite   ocaso   esfera

7. **cápsula**   tren   barco   cabina

8. **astronautas**   meseros   maestros   tripulación espacial

9. **cuarentenas**   libertad   aislamientos   enfermedad

10. **portezuela**   escotilla   armario   cabaña

Escribe un cuento

En una hoja de papel aparte, escribe un cuento sobre viajar por el espacio. Describe lo que ves y lo que haces durante el viaje. Incluye tantas palabras del vocabulario como puedas.

Actividad en casa Su hijo identificó y usó palabras del vocabulario de *El hombre que fue a la cara oculta de la Luna: La historia del astronauta del Apollo 11, Michael Collins*. Con su hijo, lea un artículo sobre el espacio o sobre la exploración espacial. Comenten el artículo, usando las palabras del vocabulario de este texto.

Nombre _____

El hombre que fue

Títulos

- La primera palabra de los títulos de libros se escribe con mayúscula inicial. En cambio, los títulos de revistas y periódicos llevan mayúscula en todos los sustantivos y adjetivos que forman parte de ellos.

    Título de libro   *El coronel no tiene quién le escriba*
    Título de periódico   *Los Tiempos*

- En materiales impresos, los títulos de libros, revistas y periódicos se escriben en letra cursiva, como en el ejemplo anterior. Si se escriben a mano, en cambio, se subrayan:
    <u>El coronel no tiene quién le escriba</u>   <u>Los Tiempos</u>

- Los títulos de artículos, ensayos, poemas, cuentos y canciones van entre comillas. La primera palabra de estos títulos se escribe con mayúscula.
    Cantaremos "Las mañanitas".

Instrucciones Copia a mano el título que hay en cada oración. Haz los cambios que sean necesarios.

1. Nuestra clase está preparando una revista titulada *Ideas Creativas*.

_____

2. Tania publicará una poesía titulada "Eclipse total".

_____

Instrucciones Copia el título de cada oración corrigiendo los errores. Si no contiene ningún error, escribe *Correcto*.

3. Me gusta el libro *El señor de los anillos*.

_____

4. La canción se titula *hoy es mi día*.

_____

Actividad para la casa Su niño o niña estudió las reglas que se aplican a la escritura de títulos. Miren juntos títulos de libros, revistas y periódicos en español que tengan en la casa. Pídale que le indique qué letras van en mayúscula en cada título.

Nombre _____

El hombre que fue

Sufijos -ante, -ero, -era, -dor, -dora

Palabras de ortografía

cantante	visitante	enfermero	cochera	computadora
ayudante	carpintera	portador	reparadora	nadador
dibujante	hormiguero	operadora	contador	ropero
panadero	acelerador	limonero	diseñadora	librero

Analogías Escribe las palabras de la lista que completen las analogías.

1. Estudiante es a maestro como enfermo es a _____.
2. Las cuerdas son a la guitarra como la canción es al _____.
3. El diario es al diariero como los libros son al _____.
4. Las plantas son al jardinero como la madera es a la _____.
5. El oso es a la cueva como la hormiga es al _____.

Completa Escribe una palabra de la lista para completar cada oración.

6. Mi padre hace artesanías con madera: hoy hizo un _____.
7. El _____ logró hacer una buena caricatura de nosotros.
8. El _____ de electricidad de mi casa no funciona.
9. El _____ del carro funcionaba bien en el camino a la montaña.
10. La _____ de modas se ha dedicado a la confección de ropa y de accesorios.
11. El _____ llegó con regalos para todos.
12. El servicio de _____ internacional es el número 000.
13. La _____ tiene espacio suficiente para varios carros.
14. El _____ consiguió la medalla olímpica con mucho sacrificio.
15. El _____ de mi vecindario siempre me regala pasteles.
16. Todo lo que se rompe en mi casa lo arregla mi abuela, ella es una gran _____.
17. Sólo un veterano es _____ de las insignias.
18. ¡Mis padres me regalaron para mi cumpleaños una _____ nueva!
19. Tengo tanto trabajo que necesitaré un _____.
20. En la cocina se utiliza el fruto del _____ para decorar y aromatizar muchos platos.

1. _____
2. _____
3. _____
4. _____
5. _____
6. _____
7. _____
8. _____
9. _____
10. _____
11. _____
12. _____
13. _____
14. _____
15. _____
16. _____
17. _____
18. _____
19. _____
20. _____

Actividad en casa Su hijo escribió palabras con sufijos -ante, -ero, -era, -dor, -dora. Diga una palabra de la lista y pida a su hijo que la escriba.

Ortografía Sufijos -ante, -ero, -era, -dor, -dora   **433**

Nombre _____

El hombre que fue

Guía para calificar: No ficción narrativa

	4	3	2	1
Enfoque/Ideas	Ensayo claro sobre un suceso verdadero; incluye detalles importantes	Ensayo en su mayor parte claro sobre un suceso verdadero; algunos detalles importantes	Ensayo sin enfoque; los detalles no son importantes	Ensayo confuso y sin desarrollo; no contiene detalles
Organización	Sucesos descritos claramente en orden cronológico	Organizados en su mayor parte en orden cronológico	La secuencia no es siempre clara	No tiene orden lógico; sucesos confusos y mezclados
Voz	La participación del escritor es clara; informativo y entretenido	El escritor hace un gran esfuerzo por ser informativo	El escritor no está muy involucrado con el tema	El escritor está totalmente desinteresado
Lenguaje	Lenguaje específico; los sucesos cobran vida	Palabras específicas y en ocasiones coloridas	Común; a veces usa lenguaje impreciso	Lenguaje incorrecto o confuso
Oraciones	Oraciones variadas; combina oraciones cortas relacionadas	Oraciones algo variadas; pocas oraciones cortas relacionadas	Oraciones poco variadas; demasiadas oraciones cortas relacionadas	Fragmentos u oraciones seguidas
Normas	Precisión; no hay errores; uso correcto de la coma; títulos escritos correctamente	Pocos errores; uso de la coma mayormente correcto; no hay errores en los títulos	Muchos errores; algunos errores en el uso de la coma y los títulos	Errores frecuentes que impiden la comprensión; demasiados errores

Nombre _____

El hombre que fue

Vocabulario • Palabras de varios significados

- Las **palabras de varios significados** son palabras que se escriben igual pero tienen significados diferentes.
- Cuando lees, puedes encontrar palabras de las que conoces su significado, pero que no tienen sentido en esa oración.

Instrucciones Lee el siguiente texto. Luego responde las siguientes preguntas.

> Sandy Robinson, astronauta, abrió la portezuela y entró en la cápsula. Estaba lista para su misión: investigar rocas de la Luna. Dos años antes, Sandy orbitó la Luna en un módulo individual mientras otros miembros de la tripulación caminaban sobre la superficie de la Luna. Algunos dijeron que no fue justo. Sin embargo, esta vez Sandy sí caminaría en la Luna.
>
> Sandy se aseguró de estar lista. Luego bajó con seguridad el tren de aterrizaje en la superficie de la Luna. Sandy se aseguró de que su traje espacial estuviera bien puesto. Apenas podía soportar los nervios que sentía en su estómago. Luego se abrió la puerta.

1. En este texto, ¿cuál es el significado de la palabra de varios significados *cápsula*? ¿Cómo lo sabes? _____

2. ¿Cómo sabes que *lista* no significa "conjunto de palabras escritas en orden"?

3. ¿Qué claves del contexto te ayudan a comprender el significado de la palabra *tren*?

4. ¿Las palabras *sí* y *si* son palabras de varios significados?

5. Explica por qué crees que la palabra *traje* es, o no es, una palabra de varios significados. ¿Cómo podrías saber si lo es o no?

Actividad en casa Su hijo usó claves del contexto para identificar palabras de varios significados. Juntos, escojan un puñado de palabras de varios significados. Luego escriban un poema que use todos los significados de las palabras de varios significados.

Vocabulario 435

Nombre _____

El hombre que fue

Enciclopedia

> Una **enciclopedia** da información general sobre muchos temas diferentes. La información de una enciclopedia se organiza alfabéticamente por tema en un conjunto de volúmenes, o libros.
>
> Una **entrada** es la información sobre un tema particular. Una entrada comienza con una **palabra de entrada** que nombra el tema. Si no puedes encontrar una entrada para un tema particular en una enciclopedia, quizás necesites pensar en otra **palabra clave** para poder encontrar la información.

Instrucciones Lee las entradas de enciclopedia de abajo. Luego responde las preguntas de la página siguiente.

Entrada 1

CONSTELACIÓN

Conjunto de estrellas que parece formar un patrón visual en el cielo. A muchas constelaciones les pusieron nombre hace mucho tiempo. Sus nombres provienen de mitos antiguos. Por ejemplo, a las constelaciones Perseo y Orión les pusieron los nombres de personas importantes de los mitos, y a otras constelaciones les pusieron el nombre de animales míticos, como Cygnus el cisne y Leo el león. Ochenta y ocho constelaciones tienen nombre.

Algunas de las formaciones estelares más famosas son parte de grupos más grandes de estrellas. Por ejemplo, el Carro Mayor es parte de la constelación más grande Osa Mayor. De igual manera, el Carro Menor es parte de la constelación Osa Menor.

Ver también las entradas de las siguientes constelaciones: *Andrómeda; Cygnus el cisne; Draco el dragón; Hércules; Leo el león; Libra la balanza.*

Entrada 2

MARTE

Planeta de nuestro sistema solar. En términos de distancia del Sol, Marte es el cuarto planeta. Marte es rojo y a veces parece ser muy brillante. El diámetro de Marte es aproximadamente la mitad del tamaño del diámetro de la Tierra. La atmósfera de Marte se compone de dióxido de carbono, argón y gases de nitrógeno. Las temperaturas de la superficie del planeta van desde aproximadamente 80 grados Fahrenheit durante el día hasta –100 grados Fahrenheit durante la noche.

La superficie de Marte parece un desierto, aunque también hay cráteres, cañones y volcanes. El planeta parece experimentar un cambio de estaciones. Los científicos opinan esto porque las capas polares, formadas con hielo o posiblemente hielo seco, parecen encogerse durante determinadas épocas del año. Los científicos no han descubierto ningún organismo vivo en Marte.

Ver también las entradas de *planeta, sistema solar* y *espacio.*

436 Destrezas de investigación y estudio

Nombre _____

El hombre que fue

1. ¿Cuál es la palabra de entrada de la Entrada 1?

2. Si esta enciclopedia contiene veintinueve volúmenes (un volumen por cada letra del alfabeto), ¿en qué volumen encontrarás la Entrada 1? ¿Y la Entrada 2?

3. ¿Cuántas constelaciones tienen nombre?

4. ¿De qué color es Marte?

5. ¿De dónde provienen los nombres de las constelaciones?

6. Si quisieras ver una tabla que compare a Marte con otros planetas, ¿dónde la buscarías en esta enciclopedia?

7. ¿Cuáles son algunas de las características físicas de Marte?

8. ¿En qué grupo más grande de estrellas encontrarías el Carro Mayor y el Carro Menor?

9. ¿Por qué al final de la Entrada 1 se sugiere ver otras seis entradas?

10. ¿Crees que es importante usar una enciclopedia que tenga fecha de publicación reciente? ¿Por qué?

Actividad en casa Su hijo usó las entradas de una enciclopedia para responder preguntas. Busque un tema desconocido en un volumen de enciclopedia. Después de que su hijo encuentre la palabra de entrada, pídale que le lea y le resuma la entrada.

Destrezas de investigación y estudio 437

Nombre _____

El hombre que fue

Sufijos *-ante, -ero, -era, -dor, -dora*

Corrige un póster A modo de broma, un amigo de Enrique inventó este póster. Encierra en un círculo cinco palabras con errores de ortografía y escríbelas correctamente. Encierra en un círculo el verbo que no concuerde con su sujeto y escribe el verbo en su forma correcta.

> ¿Alguna vez ha visto a Enrique? Es un pamadero excepcional. ¡Pero un pésimo dibugante, un muy desafinado cantamte y un mal nadator! Y mejor no hablar de su viejo coche y de su desordenado ropeo. No sabe utilizar la conputadora y siempre traba la puerta de su chocera. De todas maneras, lo verdaderamente importante es que somos el mejor amigo que uno puede tener.

1. _____   2. _____
3. _____   4. _____
5. _____   6. _____
7. _____   8. _____

Palabras de ortografía

cantante
ayudante
dibujante
panadero
visitante
carpintera
hormiguero
acelerador
enfermero
portador
operadora
limonero
cochera
reparadora
contador
diseñadora
computadora
nadador
ropero
librero

Palabras correctas Encierra en un círculo las palabras escritas correctamente. Escribe la palabra.

9. reparadorra   reparadora   reparardora   9. _____
10. contado   contador   contator   10. _____
11. ayudante   ayudate   ayudamte   11. _____
12. limonero   linonero   limónero   12. _____
13. hormigero   hormigüero   hormiguero   13. _____
14. livrero   librero   libero   14. _____
15. vizitante   visitante   bisitante   15. _____
16. enfermero   emfermero   enferneno   16. _____
17. disenadora   diseniadora diseñadora   17. _____
18. aselerador   acelerador   hacelerador   18. _____
19. simulator   simulador   simuladór   19. _____
20. operadora   operadorra   operardora   20. _____

Palabras difíciles

exigente
ingeniera
simulador
licuadora
absorbente

Actividad en casa Su hijo identificó palabras con los sufijos *-ante, -ero, -era, -dor, -dora* mal escritas. Pida a su hijo que elija cinco palabras de la lista de Palabras de ortografía que contengan estos sufijos y que escriba una oración para cada una.

438 **Ortografía** Sufijos *-ante, -ero, -era, -dor, -dora*

Nombre _____

El hombre que fue

Títulos

Lee las oraciones. Luego, lee cada pregunta. Encierra en un círculo la letra de la respuesta correcta.

Lectura para toda la familia

(1) El periódico preferido de mi papá es _____. (2) El libro que lee mamá se titula _____. (3) Mi tío está leyendo _____, un ensayo muy interesante. (4) Mi hermano pequeño y ahora está cantando _____. (5) ¿Quieres que te lea el cuento _____?

1. ¿Qué título completa correctamente la oración 1?
   A "Noticias del Mundo"
   B *Noticias del mundo*
   C "Noticias del mundo"
   D *Noticias del Mundo*

2. ¿Qué título completa correctamente la oración 2?
   A "Una Breve historia de la medicina"
   B "Una breve historia de la Medicina"
   C *Una Breve Historia de la Medicina*
   D *Una breve historia de la medicina*

3. ¿Qué título completa correctamente la oración 3?
   A *Viajes lunares*
   B "viajes lunares"
   C "Viajes lunares"
   D *Viajes Lunares*

4. ¿Qué título completa correctamente la oración 4?
   A "Cumpleaños Feliz"
   B "Cumpleaños feliz"
   C *Cumpleaños Feliz*
   D *cumpleaños feliz*

5. ¿Qué título completa correctamente la oración 5?
   A *Bernardo y los linces*
   B "Bernardo y los linces"
   C "Bernardo y Los Linces"
   D "bernardo y los linces"

Actividad para la casa Su niño o niña se preparó para tomar un examen del uso de los títulos. Léale títulos de canciones, cuentos, libros, revistas y artículos, diciéndole qué es cada uno de ellos. Pídale que escriba correctamente el título en cada caso.

Normas Títulos

Nombre _____

Unidad 6 Semana 1 Repaso interact

Sufijos griegos: *-logía*, *-fobia*, *-ismo*, *-ista*

Palabras de ortografía				
biología	atletismo	analogía	periodismo	hidrofobia
alpinismo	egoísmo	zoología	turismo	geología
altruista	mecanismo	artista	pianista	metodología
analfabetismo	mineralogía	ciclista	comentarista	motorista

Palabras en contexto Escribe una palabra de la lista para completar cada oración.

1. El _____ estaba listo para andar por la pista.
2. Los campeones de _____ obtuvieron medallas doradas.
3. Mi hermano practica _____ en montañas altas.
4. El _____ es un defecto.
5. Una persona _____ piensa en los demás.
6. Conozco un _____ que en sus obras usa sólo el color azul.
7. La _____ estudia la Tierra y la naturaleza de las materias que la componen.
8. Sería maravilloso que no hubiera más _____.
9. El _____ recorrió el país en moto.
10. El _____ es una buena actividad para las vacaciones.

1. _____
2. _____
3. _____
4. _____
5. _____
6. _____
7. _____
8. _____
9. _____
10. _____

Significados Escribe la palabra de la lista que corresponda a cada definición.

11. músico que toca el piano
12. conjunto de métodos que se siguen en la investigación científica
13. ciencia que estudia la vida
14. ciencia que estudia los minerales
15. aversión al agua
16. partes que funcionan juntas
17. profesión dedicada a la información
18. semejanza entre dos cosas
19. persona que trabaja en los medios y hace comentarios
20. ciencia que estudia los animales

11. _____
12. _____
13. _____
14. _____
15. _____
16. _____
17. _____
18. _____
19. _____
20. _____

Actividad en casa Su hijo aprendió palabras que contienen sufijos derivados del griego. Juntos, digan oraciones con las palabras de la lista y luego sugieran otras palabras con las mismas terminaciones.

440 **Ortografía** Sufijos griegos: *-logía*, *-fobia*, *-ismo*, *-ista*

Nombre _____

Unidad 6 Semana 1 Repaso interactivo

Conjunciones

Instrucciones Encierra en un círculo la conjunción de cada oración.

1. Estados Unidos se pobló con gente de Europa y de África.

2. La mayoría de los europeos eran libres, pero casi todos los africanos llegaron esclavizados.

3. Los afroamericanos no poseían cultivos ni comercios.

4. Trabajaban como esclavos en los campos y en las ciudades.

5. Muchos no estaban de acuerdo con esta situación tan dura e injusta.

6. ¿Se inclinaría el país por la esclavitud de personas u optaría por la libertad de ellas?

Instrucciones Usa la conjunción *y/e, ni, pero* u *o/u* para juntar cada par de oraciones. Escribe las nuevas oraciones.

7. La Guerra Civil acabó con la esclavitud de los afroamericanos. Impulsó la liberación de los afroamericanos.

_____

_____

8. Esto no bastó para cambiar la sociedad. No acabó con la opresión de los esclavos liberados de ascendencia africana.

_____

_____

9. Los afroamericanos eran libres. Se los seguía tratando como esclavos.

_____

_____

10. ¿Se arriesgaban a desafiar esas crueles leyes? ¿Debían respetarlas?

_____

Actividad para la casa Su hijo o hija aprendió a identificar y usar correctamente las conjunciones. Lean juntos un artículo de periódico y subrayen las conjunciones que encuentren.

Normas Conjunciones

Nombre _____

Unidad 6 Semana 2 Repaso interac

Palabras compuestas

Palabras de ortografía

ciempiés	puntapiés	paraguas	tentempié	anteayer
abrelatas	bocacalle	espantapájaros	sacapuntas	quehacer
tiovivo	boquiabierto	coliflor	medianoche	telaraña
baloncesto	vaivén	guardacostas	agridulce	asimismo

Significados Escribe la palabra de la lista que corresponda a cada definición.

1. unión de dos calles
2. mezcla de sabores agrio y dulce
3. ir y venir
4. carrusel
5. impresionado, sorprendido
6. el día anterior a ayer
7. de mismo modo
8. vegetal blanco
9. animal con muchos pies
10. deporte en el que se encesta el balón

1. _____
2. _____
3. _____
4. _____
5. _____
6. _____
7. _____
8. _____
9. _____
10. _____

Analogías Escribe la palabra de la lista que complete mejor la oración.

11. El desocupado es a la inactividad como el atareado es al _____.
12. Papel es a tijera como lápiz es a _____.
13. Sol es a sombrilla como lluvia es a _____.
14. Luz es a mediodía como oscuridad es a _____.
15. Nuez es a cascanueces como lata es a _____.
16. Almuerzo es a comida como merienda es a _____.
17. Pájaro es a nido como araña es a _____.
18. Manos es a puños como pies es a _____.
19. La casa es al perro guardián como la huerta es al _____.
20. Los niños son a la niñera como la costa al _____.

11. _____
12. _____
13. _____
14. _____
15. _____
16. _____
17. _____
18. _____
19. _____
20. _____

Actividad en casa Su hijo aprendió palabras compuestas. Escriba las palabras de la lista y corte cada palabra por la mitad, de manera que cada parte de la palabra compuesta quede separada. Luego vuelvan a unir las palabras compuestas.

Nombre _____

Unidad 6 Semana 2 Repaso interactivo

Mayúsculas y abreviaturas

Instrucciones Copia las oraciones usando correctamente las mayúsculas.

1. Juana inés nació en san miguel nepantla.

2. En esta población de nueva españa vivía también su abuelo pedro.

3. Cuando tuvo diez años, fue a vivir con su tía maría a la capital de méxico.

4. El poeta octavio paz escribió sobre juana inés de la cruz.

Instrucciones Escribe C si las mayúsculas de los grupos de palabras están escritas correctamente. Si no, escribe esas palabras correctamente.

5. 900 Harrison st. _____

6. Topeka, KS _____

7. Día de los veteranos _____

8. Dr. lucas Valcárcel _____

9. la plaza de la Concordia _____

10. barco con rumbo ne _____

Normas Mayúsculas y abreviaturas 443

Nombre _____

Unidad 6 Semana 3 Repaso interac

Prefijos *ex-, pos(t)-, bi-, tri-*

Palabras de ortografía

extiende	ex presidente	posterior	bilingüe	triángulo
extraer	expulsar	posdata	bicicleta	triciclos
extranjero	ex ministro	postgraduado	bilateral	triple
excavar	exportar	posponer	binoculares	trilingüe

Búsqueda de palabras Encierra en un círculo las palabras de la lista.

```
A N M D B C B I L I N G Ü E
K F O L O L I H D G H L O I
B I N O C U L A R E S B A P
I A H C F I A M U C F I G O
C M Ñ N H N T C A K O E H S
I C T M K G E Ñ I H M X S P
C H R E X T R A E R C T N O
L G I L O M A I D F L I C N
E I C O I D L A N U B E T E
T R I P L E U C D B U N N R
A U C K U F H L G Ñ M D U A
F H L C E X T R A N J E R O
U A O M U F G S T I G T F M
N M S N I I A O H L N D M A
```

| triciclos |
| binoculares |
| posponer |
| bilingüe |
| extraer |
| bicicleta |
| extranjero |
| extiende |
| triple |
| bilateral |

Palabras en contexto Escribe una palabra de la lista que complete cada oración.

11. La empresa ha decidido _____ manzanas al sur.
12. Tres líneas unidas forman un _____.
13. Olvidé escribir algo, por eso agregué una _____.
14. Lucy habla inglés, español y francés, es _____.
15. No es necesario _____, el tesoro no está enterrado.
16. Una vez que sea _____, empezaré a trabajar.
17. En la parte _____ de mi casa hay un patio.
18. En la entrevista, el _____ contó sobre su mandato.
19. No creo que sea necesario _____ a nadie.
20. El _____ quiere volver a su cargo en Finanzas.

11. _____
12. _____
13. _____
14. _____
15. _____
16. _____
17. _____
18. _____
19. _____
20. _____

Actividad en casa Su hijo escribió palabras con prefijos *ex-, pos(t)-, bi-, tri-*. Anímelo a buscar más palabras con estos prefijos en diarios y revistas, luego comenten el significado de las palabras que encuentre.

Nombre _____

Unidad 6 Semana 3 Repaso interactivo

Uso de la coma

Instrucciones Escribe *C* si se usaron correctamente las comas en la oración. Si no fue así, agrégalas en el lugar correcto.

1. Es verdad mi equipo juega el próximo martes. _____
2. Jugamos en Columbus, Ohio. _____
3. Los Tigers los Spartans y los Browns también están en nuestra liga. _____
4. Yo jugaré en primera base en segunda o en el campocorto. _____
5. La dirección es Seymour Drive Columbus, Ohio 43235. _____
6. ¡Bueno espero que puedas venir! _____

Instrucciones Copia las oraciones agregando las comas necesarias.

7. Ismael fue a casa de su tío en Brooklyn Nueva York.

_____

_____

8. Su tío le dijo: "Felicidades Ismael hoy es tu cumpleaños".

_____

_____

9. Sí Ismael estaba contento pero también intrigado.

_____

_____

10. Su tío anunció: "Mira te doy estos boletos para el partido de los Yankees".

_____

_____

Normas Uso de la coma   **445**

Nombre _____

Unidad 6 Semana 4 Repaso interactivo

Sufijos -mente, -dad, -ez, -eza, -anza

Palabras de ortografía				
rápidamente	fácilmente	escasez	madurez	generosidad
profundamente	bondad	nobleza	confianza	pureza
finalmente	mudanza	naturaleza	enseñanza	esperanza
nuevamente	honradez	oscuridad	brevedad	lucidez

Sinónimos Escribe la palabra de la lista que signifique lo mismo o casi lo mismo que cada palabra.

1. reiteradamente
2. sensatez
3. educación
4. velozmente
5. penumbra
6. bondad
7. hondamente
8. últimamente

1. _____
2. _____
3. _____
4. _____
5. _____
6. _____
7. _____
8. _____

Palabras en contexto Escribe la palabra de la lista que complete cada oración.

9. Dicen que la _____ es sabia.
10. Necesito _____ para resolver un ejercicio.
11. La _____ es importante en la amistad.
12. Escalé _____ y sin esfuerzo la montaña más alta.
13. La _____ de agua en el mundo es preocupante.
14. La _____ de Mary me conmueve: es capaz de darlo todo.
15. Empaqué mis cosas y las cargaron en el camión de la _____.
16. Resumiré lo que pasó con la mayor _____ posible.
17. La _____ del aire es un derecho de todos.
18. Raúl tiene la _____ de ganar el concurso.
19. La _____ es ser bueno con los demás.
20. Tener _____ hace que los demás confíen en ti.

9. _____
10. _____
11. _____
12. _____
13. _____
14. _____
15. _____
16. _____
17. _____
18. _____
19. _____
20. _____

Actividad en casa Su hijo aprendió palabras con los sufijos *-mente, -dad, -ez, -eza, -anza*. Digan más palabras con estos sufijos y comenten su significado.

446 **Ortografía** Sufijos *-mente, -dad, -ez, -eza, -anza*

Nombre _____

Unidad 6 Semana 4 Repaso interactivo

Raya y comillas

Instrucciones Subraya la oración en la que se usa correctamente la raya.

1. —¿Por qué estás tan enfadado? preguntaron los cantantes—.

   —¿Por qué estás tan enfadado? —preguntaron los cantantes.

2. —¿Quién quiere arrojar un regalo a la hoguera? —preguntó Águila Sabia.

   —¿Quién quiere arrojar un regalo a la hoguera?" preguntó Águila Sabia.

3. —Yo no quiero arrojar mi tambor dijo —Pequeño Búfalo.

   —Yo no quiero arrojar mi tambor —dijo Pequeño Búfalo.

4. —Yo no quiero quemar mi flauta —dijo Colibrí.

   —Yo no quiero quemar mi —flauta, dijo Colibrí.

5. —Te quiero mucho, muñequita —dijo Pequeña Niña.

   —Te quiero mucho, muñequita dijo —Pequeña Niña.

Instrucciones Escribe las oraciones agregando las comillas y las rayas que faltan.

6. Vamos a cantar Que llueva, que llueva dijo Manuel.

   _____

   _____

7. ¿Tú te sabes esa canción? preguntó Lidia.

   _____

   _____

8. ¿No me la cantas? pidió Quique.

   _____

   _____

Normas Raya y comillas **447**

Nombre _____

Unidad 6 Semana 5 Repaso interact

Sufijos *-ante, -ero, -era, -dor, -dora*

Palabras de ortografía				
cantante	visitante	enfermero	cochera	computadora
ayudante	carpintera	portador	reparadora	nadador
dibujante	hormiguero	operadora	contador	ropero
panadero	acelerador	limonero	diseñadora	librero

Clasificar Escribe la palabra de la lista que corresponda a cada grupo.

1. biblioteca, libros, _____   1. _____
2. matemáticas, cuentas, _____   2. _____
3. teléfono, llamada, _____   3. _____
4. programas, Internet, _____   4. _____
5. lápices, papel, _____   5. _____
6. hospital, médico, _____   6. _____
7. madera, artesanía, _____   7. _____
8. música, micrófono, _____   8. _____
9. masa, harina, _____   9. _____
10. agua, deporte, _____   10. _____

Palabras desordenadas Ordena las letras de las palabras y escríbelas correctamente en las líneas.

11. hcorcea   11. _____
12. ghoimurreo   12. _____
13. roartpdo   13. _____
14. avitsinet   14. _____
15. rpeaaarrdo   15. _____
16. atuandey   16. _____
17. erorpo   17. _____
18. celaeradro   18. _____
19. ñasaeiddor   19. _____
20. lineomor   20. _____

Actividad en casa Su hijo escribió palabras con sufijos *-ante, -ero, -era, -dor* y *-dora*. Diga una palabra de la lista, pida a su hijo que la escriba y que la use en una oración. Juntos, piensen en palabras que tengan estos sufijos y comenten su significado.

448 Ortografía Sufijos *-ante, -ero, -era, -dor, -dora*

Nombre _____

Unidad 6 Semana 5 Repaso interactivo

Títulos

Instrucciones Lee cada par de oraciones. Marca la que tenga el título escrito correctamente.

1. _____ Mi abuelita cantaba una canción llamada *Luna de octubre*.
   _____ Mi abuelita cantaba una canción llamada "Luna de octubre".

2. _____ Mi tía está suscrita a la revista *Casa y Jardín*.
   _____ Mi tía está suscrita a la revista "Casa y jardín".

3. _____ Hemos comprado un libro titulado *La Educación de tu Cachorro*.
   _____ Hemos comprado un libro titulado *La educación de tu cachorro*.

4. _____ *La pata que mete la pata* es un poema muy gracioso.
   _____ "La pata que mete la pata" es un poema muy gracioso.

5. _____ *El Correo de la Loma*, nuestro diario local, publicó mi cuento.
   _____ *El Correo De La Loma*, nuestro diario local, publicó mi cuento.

Instrucciones Escribe correctamente los títulos siguientes. Las palabras entre ( ) te indican a qué corresponde cada uno.

6. el sol de texas (periódico)

_____

7. un elefante se balanceaba (canción)

_____

8. la llamada de lo salvaje (libro)

_____

9. los mejores juegos de computadora del año (artículo)

_____

10. alimentación y vida sana (revista)

_____

Nombre _____

Proceso de la escritura
Unidad 6

Gráfica S-Q-A

Instrucciones Completa esta gráfica S-Q-A para que puedas organizar tus ideas.

Tema _____

Lo que sé	Lo que quiero saber	Lo que aprendí

Pregunta determinante _____

_____

Nombre _____

Proceso de la escritura
Unidad 6

Oraciones principales y con detalles

Instrucciones Decide cómo organizarás tus párrafos. Luego escribe una oración principal y detalles de apoyo para cada párrafo.

Párrafo 1
Oración principal _____
_____

Oraciones con detalles _____
_____
_____
_____

Párrafo 2
Oración principal _____
_____

Oraciones con detalles _____
_____
_____
_____

Párrafo 3
Oración principal _____
_____

Oraciones con detalles _____
_____
_____
_____

Párrafo 4
Oración principal _____
_____

Oraciones con detalles _____
_____
_____
_____

Nombre _____

**Proceso de la escritura
Unidad 6**

Combinar oraciones

Cuando escribes, puedes combinar oraciones cortas y entrecortadas en una oración más larga. Puedes formar oraciones compuestas al unir oraciones con las conjunciones *y, pero* y *o*. Puedes formar oraciones complejas al unir oraciones con palabras como *cuando, como* y *si*.

Instrucciones Usa las palabras entre ( ) para combinar las oraciones. Recuerda usar mayúscula en la primera palabra de cada nueva oración y usar comas cuando sea necesario.

1. (como) Los delfines son inteligentes. Aprenden rápido.

_____

_____

2. (y) Hacen trucos. Entretienen al público.

_____

_____

3. (pero) Los delfines pueden escuchar bien. No tienen el sentido del olfato.

_____

_____

4. (cuando) Los delfines se comunican. Usan un sistema sonar.

_____

_____

5. (o) Véanlos en el acuario. Pueden leer sobre ellos en la biblioteca.

_____

_____

Nombre _____

**Proceso de la escritura
Unidad 6**

Corrección 3

Instrucciones Corrige este párrafo. Observa los errores de ortografía, de gramática y de puntuación. Usa las marcas de corrección para mostrar las correcciones.

Marcas de corrección	
Borrar	⌒
Agregar	∧
Ortografía	◯
Mayúscula	≡
Minúscula	/

El tigre de China del Sur está en problemas. Se considera una de las especies en mayor pelijro de extinción en el mundo. Algunos motivos es la contaminación, la falta de alimento y, la destrucción de los bosques Los cazadores también son un problema. En 1977, china aprobará una ley que convertía en crimen cazar o matar estos animales. Sin embargo, la cacería continuó, puesto que muchas personas creian que los tigres eran peligrosos. En la actualidad, ay cerca de 60 tigres en zoológicos de China del sur y nadie has visto tigres en libertad por más de 30 años. De acuerdo con BBC Noticias, un granjero expresa haber visto uno estos tigres el 3 octubre de 2007. Tenía fotos pero se demostró que eran falsas.